AF412145

NEW YORK
Born back into the Past

dalla collezione di
Stefano e Silvia Lucchini

testi di
Geminello Alvi
Gianni Riotta

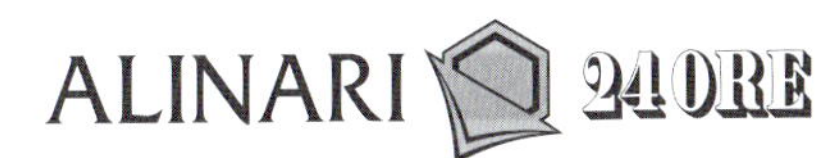

Alinari 24 ORE
Direttore editoriale
Giovanna Naldi

Traduzioni/*Translations*
Robert Burns
Erika Pauli

Realizzazione editoriale
Edited and published by
24 ORE Cultura S.r.l.

Coordinamento editoriale
Editorial coordination
Giuseppe Scandiani

Progetto grafico e impaginazione
Graphic design and page layout
Maurizio Bartomioli

Fotolito/*Photolithograph*
Valter Montani

Coordinamento organizzativo
Organizational assistant
Nicoletta Grassi

Photo consultant
Catia Zucchetti - CZ Fotografia snc, Milano

© 2011 Alinari 24 ORE
Largo Alinari 15 - 50123 Firenze
www.alinari.it / info@alinari.it

Proprietà artistica e letteraria riservata per tutti i Paesi
Ogni riproduzione, anche parziale, è vietata

Prima edizione maggio 2011
First edition May 2011

ISBN 978-88-6302-056-4

New York è una città da guardare non solo con gli occhi
ma con il cuore. L'idea di questo libro è nata quando
due anni fa ho acquistato un curioso album di foto.
Il fascino intriso su quei rullini, scatti fugaci di quella
New York che non dorme mai, dall'estremo sud di
Manhattan sin su al nord, oltre l'eterno Central Park.
E la vediamo in continuo movimento, dinamica
nel suo essere una grandiosa metropoli, perfetta
nei suoi palazzi, luminosa malgrado gli scatti in bianco
e nero, sempre la più emozionante, punto di incontro
di gente, realtà e sentimenti diversi. Sempre lei,
quella New York che rimane impressa nel cuore di tutti.
Evanescente e intrigante, aperta a riflessioni di speranza,
meta finale di milioni di fuggitivi. Lei e solo lei,
la nuova Babylon scintillante ed effervescente.
Con la speranza di risonanze migliori.

Stefano Lucchini

New York is a city you must behold not only with your
eyes but also with your heart. The idea for this book
got its spark two years ago when I bought a curious
photo album. The film in it is steeped in allure, fleeting
snapshots of a New York that never sleeps, from the
southern tip of Manhattan north past Central Park.
And we see it in ceaseless movement, dynamic in its
eternal identity as a grand metropolis, perfect in its
buildings, revealing its luminosity in spite
of being shot in black and white, always the most stirring,
meeting point of different people, realities and sentiments.
It is always the New York that has remained impressed in
everyone's heart. Evanescent and intriguing, its arms open
to hopeful thoughts, final destination of millions of
fugitives. It and it alone is the new scintillating and
effervescent Babylon. In hopes of a better future.

Stefano Lucchini

"Questi racconti cominciano ai tempi del mio congedo dall'esercito, alla fine della Seconda guerra mondiale [...] e sembrano a tratti storie di un mondo perduto per sempre, quando la città di New York era ancora illuminata dalla luce del fiume, e la radio del negozio di cancelleria all'angolo diffondeva il ritmo della band di Benny Goodman e quasi tutti andavano in giro con il cappello. Sono l'ultimo di una generazione di fumatori accaniti, che al mattino svegliava il mondo a colpi di tosse, si sborniava ai cocktail parties e ballava danze fuori moda, 'Il pollo Cleveland', attraversando l'Atlantico in piroscafo, colma di nostalgia per l'amore e la felicità: e i suoi Dei erano antichi come i miei e i tuoi, chiunque tu sia."
Così lo scrittore John Cheever, il meno conosciuto in Italia fra i maestri americani del XX secolo, apre la sua raccolta di racconti, negli Stati Uniti pubblicata da The Library of America, da noi antologizzata da Garzanti, poi da Fandango, ma mai – finora – completa. I lettori si perdono così il Cechov dei sobborghi, e chi si accinge a passeggiare per New York con le fotografie salvate da Stefano Lucchini si perde un Virgilio brillo, ma affettuoso.
I personaggi di Cheever erano anonimi, semplici, i *doormen*, i portinai della New York bene, in divisa a coccolare le paturnie dei *businessmen* nell'Upper East Side, i pendolari che arrivavano a Grand Central, o Penn Station, dai villaggi vicini, giornale sotto braccio e borsalino a

"These stories date from my Honorable Discharge from the Army at the end of World War II. [...] These stories seem at times to be stories of a long-lost world, when the city of New York was still filled with a river light, when you heard the Benny Goodman quartets from a radio in the corner stationery store, and when almost everybody wore a hat. Here is the last of that generation of chain smokers who woke the world in the morning with their coughing, who used to get stoned at cocktail parties and perform obsolete dance steps like 'the Cleveland Chicken,' set sail for Europe on ships, who were truly nostalgic for love and happiness, and whose gods were as ancient as yours and mine, whoever you are."
This is how John Cheever, the least well-known in Italy of the great American twentieth-century writers, begins his collection of stories. They were published in the United States by The Library of America, and anthologized in Italy by Garzanti, then by Fandango, but never – so far – all of them. Italian readers thus miss out on the Chekhov of the suburbs, and those who set out on a walk through New York accompanied by the photographs Stefano Lucchini discovered miss out on a tipsy, but affectionate, Virgil. Cheever's personages are anonymous, simple, the uniformed doormen of upper-class New York, humoring the moody businessmen of the Upper East Side, the commuters from the nearby towns arriving in Grand Central, or Penn

larghe falde in testa, le donne fasciate dalle calze di nylon, abiti di flanella aderenti, cappellini vezzosi.

È una New York che ho conosciuto solo dalla memoria degli amici: James Aronson, il leggendario fondatore della rivista "National Guardian", che attrasse le attenzioni della Commissione McCarthy ai tempi della caccia alle streghe e finì a insegnare giornalismo in Cina, primo occidentale ammesso; o Ugo Stille, Misha, il corrispondente del Corsera – e poi direttore in via Solferino – che aveva reclutato mio padre per la radio del PWB (Psychological Welfare Branch) americano nel 1943, e, pipa in bocca e volumi della Pléiade vicini, raccontava di una Manhattan dove lui, sopravvissuto alle guerre europee solo grazie a un ultimo piroscafo dal Portogallo, temeva che i generali potessero fare un colpo di mano in Corea, solo per venire affettuosamente ripreso dalla moglie Elizabeth: "Misha, siamo in America, i militari obbediscono ai civili".

È una New York – ve lo dico in gran segreto – che ancora vive. C'è un baraccio sulla 52ª Strada, dove operai e artisti ancora bevono insieme, c'è un pub dietro Carnegie Hall, dove, quando i ragazzi dormono o piove troppo forte, nei giorni dopo Capodanno, una pinta di birra e una Shepherd's Pie servite dalla cameriera platinata vi riportano indietro nel tempo. Gli anni di un Central Park giungla metropolitana, quando l'Empire State Building era il grattacielo più alto, ignaro della sfida effimera

Station, newspapers under their arms and sporting wide-brim fedoras, women with legs encased in nylon stockings, tight-fitting flannel suits, charming little hats.

This is a New York I've known only thanks to the memories of friends such as James Aronson, mythical founder of the weekly "National Guardian," targeted by the McCarthy Committee during the witch hunt. He ended up by teaching journalism in China, the first Westerner admitted. Then Ugo Stille, Misha, reporter of the "Corriere della Sera" – and later editor in Via Solferino – who had enlisted my father for the Radio controlled by the Psychological Welfare Branch in 1943. With a pipe in his mouth, and Pléiade volumes next to him, he would reminisce on a Manhattan where, having escaped the European wars thanks to the last steamship from Portugal, he worried that the generals would take over in Korea, only to be lovingly reproached by his wife Elizabeth: "Misha, we're in America, the military obey the civilians."

It is a New York – a secret between you and me – that is still alive. There's a seedy bar on 52nd Street where workers and artists still drink together, there's a pub behind Carnegie Hall, where, when the kids are asleep or it rains too hard, in the days after New Year's, a pint of beer and a Shepherd's Pie served by the platinum blond waitress take you back in time. The years when Central Park was a metropolitan jungle, when the Empire State Building was the tallest skyscraper, unaware of the short-lived challenge issued by those graceful

di quelle gentili Torri Gemelle che in queste foto
non vedete, come non le vedrete mai più riflettersi
sulla baia del fiume Hudson.

In queste foto vedete una New York gentile, il rigore dei
Cloisters, dove d'inverno andavo a scaldarmi in silenzio
nel chiostro coperto, quando il freddo gela corpo e anima.
O l'ultima casa olandese di Manhattan, relitto dell'anima
dei coloni prima degli inglesi, ancora oggi raccolta intorno
alla scuola Collegiate, la più antica degli Stati Uniti,
l'Olandese Volante come stemma sulle maglie, per cui mio
figlio Mik giocò a calcio e a lacrosse. C'è il ponte di
Washington, e Cheever, nel suo racconto *The Angel
of the Bridge*, immagina qui un angelo biondo a
incoraggiare gli automobilisti paranoici. E la cattedrale
di San Patrizio, dove furono celebrati i funerali di Bob
Kennedy, con l'orazione del fratello Ted (la si può
ascoltare su www.americanrhetoric.com: "My brother need
not be idealized, or enlarged in death beyond what he was
in life; to be remembered simply as a good and decent
man, who saw wrong and tried to right it, saw suffering
and tried to heal it, saw war and tried to stop it. Those
of us who loved him and who take him to his rest today,
pray that what he was to us and what he wished for
others will some day come to pass for all the world. As he
said many times, in many parts of this nation, to those he
touched and who sought to touch him: 'Some men see
things as they are and say why. I dream things that never
were and say why not'"), e dove a me toccò invece
ascoltare il Requiem per i caduti l'undici di settembre.
Eppure, accanto al dolore di una città in bianco e nero,
e allora divisa tra i bianchi e i neri, mai ritratti, il nostro
ignoto maestro coglie la felicità che brilla nella vita,
breve e incerta, degli uomini. Le signore che guardano
gli abiti in vetrina da Bonwit Teller, l'Atlante che regge
il globo davanti al Rockefeller Center, il match di boxe
di venerdì 18 agosto, tra Perry e McDaniels, al vecchio
Madison Square Garden, i poster di *Hail the Conquering
Hero* al Paramount.

Un artista ignoto, scoperto da un viaggiatore italiano,
ci riporta per mano tra la folla che compra un biglietto a

Twin Towers which you won't see in these photos, just as
you'll never again see them reflected in the New York Bay
on the Hudson River.

In these photos you'll see an urbane New York, the severity of
the Cloisters where I would go in winter to quietly warm up in
the covered cloister, when the cold chills both body and soul.
Or the last surviving Dutch colonial farmhouse in Manhattan,
the only thing left to bear witness to those who settled here
before the English, whose spirit still lingers around the
Collegiate school, the oldest in the United States, with the
Flying Dutchman as emblem on the shirt worn by my son Mik
when he was on the soccer and lacrosse teams. There's
Washington Bridge, where, in his short story *The Angel of the
Bridge*, Cheever imagined a blond angel encouraging the
paranoid drivers. And St. Patrick's Cathedral, where Bob
Kennedy's funeral was held, with his brother Ted giving the
funeral oration (you can listen to it on www.americanrhetoric.
com): "My brother need not be idealized, or enlarged in death
beyond what he was in life; to be remembered simply as a
good and decent man, who saw wrong and tried to right it,
saw suffering and tried to heal it, saw war and tried to stop it.
Those of us who loved him and who take him to his rest today,
pray that what he was to us and what he wished for others
will some day come to pass for all the world. As he said many
times, in many parts of this nation, to those he touched and
who sought to touch him: 'Some men see things as they are
and say why. I dream things that never were and say why
not',", and where I, in turn, listened to the Requiem for those
who died on September eleventh.
Yet next to the suffering of a city in black and white, at the
time divided between whites and blacks, who never appear,
our unknown photographer captures the joy that shines in
the life, brief and uncertain, of men and women: the ladies
window-shopping at Bonwit Teller's, Atlas holding up the
world in front of Rockefeller Center, the boxing match on
Friday, August 18th between Perry and McDaniels in the old
Madison Square Garden, the posters of *Hail the Conquering
Hero* at the Paramount.

An unknown photographer, discovered by an Italian traveler,
guides us through the crowd buying tickets in Grand Central.

Grand Central: e dove saranno andati, verso che business, che vita, che destino, quelle sagome ignote, nostri padri, madri, fratelli? Liggett's Drugstore, le vecchie insegne ancora fanno occhiolino, tra le scritte che vi ricordano le War Activities, mentre il flusso delle auto, panciute, solide, non riesce neppure a riempire le avenues. I giochi di ombre, nella "luce del fiume", coprono le persone e gli edifici, perché New York è teatro, palcoscenico per la vita, e chiunque la attraversa è subito Laurence Olivier, subito Eleonora Duse, subito interprete immortale. Stefano Lucchini ci mobilita nel backstage di questo mondo, in una delle sue tante messe in scena. Niente graffiti, niente piercing, niente iPod alle orecchie come oggi. Vestiti eleganti, pacatezza, la vita che irrompe dai neon, dalle insegne, la borghesia che resta felpata e i poveri solo a sbirciare, esclusi. Eppure il tempo, invisibile software che tutti ci rende uguali, dà ragione in ciascuna di queste immagini, allungate fino a noi nella frenesia del XXI secolo, all'intuito di Cheever, che quella New York conobbe e cantò. Gli Dei, le speranze, le illusioni, i miti, la forza, le sconfitte di allora sono le nostre. Perciò guardiamo, rapiti e ammirati, queste pellicole sviluppate dal bianco e nero. Perché siamo noi, insieme con i nostri antenati, a correre per quella città, ieri, come oggi.

Gianni Riotta
Captiva Island (Florida), marzo 2011

Where will those nameless figures, our fathers, mothers, brothers have gone, towards what kind of business, what life, what destiny? Liggett's Drugstore, the old shop signs still blinking, with slogans recalling War Activities, while the flow of well-rounded, solid cars doesn't even fill the avenues. The play of shadows, in the "river light," envelops people and buildings, for New York is a theater, a stage for life, and anyone who crosses this stage becomes at once Laurence Olivier, or Eleonora Duse, an immortal interpreter.
Stefano Lucchini takes us into the backstage of this world, during one of its many stagings. No graffiti, no piercings, no iPods glued to people's ears, like today. Elegant clothing, a general calm, life bursting from the neon lights and the street signs, the middle classes pampered and sheltered, and the poor left out to peep from the sidelines. Yet time, that invisible software that makes us all equal, justifies, in each of these pictures that have come down to us in the frenetic twenty-first century, the intuition of Cheever, who knew and depicted *that* New York. The Gods, the hopes, illusions, myths, power, defeats of that past are ours. So let us look, enthralled and admiring, at these black and white photos: for it is we who, alongside our ancestors, are rushing through that city, yesterday as today.

Gianni Riotta
Captiva Island (Florida), March 2011

Non sappiamo chi abbia composto questa raccolta
di foto, tra l'altro scrivendo con cura accanto a ognuna
gli angoli delle strade e il nome degli edifici, quasi
preoccupato di non farci smarrire. Ma non dovrebbe
essere ancora vivo. L'abbondanza tra i passanti di divise
militari e di marinai, il taglio elegante e ampio dei
vestiti e delle auto, fa riferire le foto ai primi anni
Quaranta. Il nostro anonimo è uomo forse anziano,
che si ritaglia una ben strana New York, diversa da
quella che cresce troppo in fretta e fa traslocare ogni
tre o quattro anni e finire nei grattacieli sempre più in
su. La New York di questa raccolta è calmata dal ricordo;
adatta a chi, dopo aver percorso i suoi marciapiedi,
con ostinatezza la tenga lontana da ogni epica. La sua
città non è l'ultimo passo del cammino dell'umanità;
non c'è una sola immagine che ne dia la sua frenesia
che contagia il mondo. Piuttosto la città, che era già
allora la più potente del pianeta, viene ritratta nella
calma domenicale di un ricordo. C'è il disagio per la
sua potenza, ma esso è pure lontano.
La raccolta, del resto, non inizia dal cielo, dai grattacieli
forati da milioni di quadratini di luce, tutti uguali.
Il nostro non è un turista, li vede senza epico incanto.
È piuttosto flemmatico, amministra il ricordo, non lo
rimpiange ma neppure ha bisogno del richiamo dei

We don't know who composed this collection of photos—
doing it, actually, with great care, writing next to each of
them the names of buildings or intersections, as if
concerned that we might get lost. But whoever it was, this
person is probably no longer alive. The abundance of
sailors and men in military uniforms among the passersby
and the elegant and bountiful style of the clothes and
automobiles date the photos to the early 1940s. Our
anonymous photographer is a man, perhaps elderly, who
cuts out a very strange New York, much different from the
one that grows too fast and makes people move every
three or four years, sending them higher and higher up in
some skyscraper. The New York of this collection is soothed
by memory; it corresponds to an eye that has walked its
sidewalks and sees something in it far removed from epic
glories. His city is not the great last step in humanity's
march; there is not a single image that captures its hustle
and bustle, which has infected the whole world. Instead,
the city that was already the most powerful in the world
back then is portrayed in the soothing calmness of a
remembered Sunday. He may feel some unease with its
power, but not too strongly.
The collection doesn't start from the sky, from the
skyscrapers dotted with millions of square holes, filled
with light, each one the same. He isn't a tourist; he sees

grattacieli per iniziare a spiegare New York. Con logica inizia da una stazione. Vi arrivò ragazzo da chissà dove o ci incontrò al primo appuntamento la moglie o vi si perse, vagandovi annoiato? Non sappiamo, e tuttavia la prima delle nostre foto è la stazione Pennsylvania sulla Settima Avenue. Marciapiedi che paiono ancora più grandi, in una giornata estiva che fa somigliare quella stazione ferroviaria al colonnato di un tempio. In effetti, che la memoria del nostro inizi da una stazione è molto ragionevole. Quale altra nazione ha tanto divinizzato la circolazione di tutto? Dunque è ovvio che erigesse gli atri ferroviari come templi pagani, dove gli uomini si perdono, minuscoli. E comunque, la stagione estiva, col suo abbondare di luce che si spegne sui marciapiedi, e soprattutto la guerra sospendono gli uomini delle nostre foto, che non sono mai molti. Il nostro fotografo se ne compiace, ricerca il tempo della memoria, senza fretta.

Questa attitudine, che volentieri rema controcorrente verso il passato, la ritroviamo pure nel General Post Office, edificio poco americano. Ma forse perciò molto di New York, che è ovunque riassunto inatteso dell'Europa, richiamo a essa, potremmo dire addirittura un suo continuato invecchiamento. Giacché appunto i negozi e le consuetudini scomparse in Europa sono

protetti e seguitano a vivere senilmente in America,
che li contorna però di una volontà oltreoceano svanita.
E la scritta sull'ufficio postale ce ne avverte: né la neve
né la pioggia né la tempesta fermeranno ogni epica di
questa nazione, abbisogna di una volontà sterminata.
Ma eccola l'America scintillante nella giornata estiva:
le miriadi di desideri già desti, soprattutto pratici,
ben disposti ad adoprarsi per ogni utilità dell'anima,
purché comoda. E intorno, nerastre e tutte concentrate
le ombre dei grattacieli che si schiacciano per terra.
Cosicché lo sguardo più in fretta risale, e insegue i
desideri fino alle loro altezze babeliche, quindi confuse,
ma sterminate. Scrive Le Corbusier, "Trecento metri di
altezza, in pietra, ferro e vetro, verticali nel magnifico
cielo blu di New York, rappresentano un fatto nuovo
nella storia umana che, su tale *tema*, finora possedeva
un'unica leggenda: quella della torre di Babele".
Spettacolo ineffabile, scala di tempi nuovi che
promettono il cielo, ma a patto che il caos mercantile
non cessi mai. Eresia biblica, che non pare persuadere
il nostro fotografo, pur operoso nelle sue inquadrature.
E che sia un dissidente, seppure nel culto della sua
memoria, lo vediamo nel ritratto rassicurante delle due
ragazze lontane ma a spasso serene nel sole estivo nella
Quinta Avenue. Belle come la signora ripresa distante
di spalle in una Broadway innevata, ritratta come non è,
finta consueta e fumosa come la Londra di Dickens.
L'aria s'indovina inquinata ma manca la grande folla,
inesauribile marea di milioni di persone di ogni razza
che si spinge e si affretta, che spende e lotta, tiene
stretto, muore, si nasconde, chiede, cerca come
ovunque, ma più in fretta che in ogni altro dove.
Proprio a Broadway, dove si sente la vertigine, gli edifici
ostentano occhi di vetro, tatuati di pubblicità, senza
inizio o fine: qui l'impero dei desideri diventa materia
fluida irrefrenabile che contagia tutti. Ma il nostro la
raffredda, la congela in neve, così da renderla più lieve.
Spiega *Apocalisse* 18:3: "e i mercanti della terra si sono
arricchiti con gli eccessi del suo lusso". Mai sarà vero
come lo fu per i Morgan, giovane e vecchio, incarnazioni

is so much a thing of New York. And everywhere we look
the city is an unexpected recapitulation of Europe, a
reference to it, we might even say a continuation of its
ageing. Because the stores and habits that have vanished
from Europe are protected and continue to live their
dotage in America, which sustains them with a will that
has died out across the ocean. And the writing on the post
office reveals it: neither snow nor rain nor heat stays the
epics of this nation, its will is boundless.
And here is America glittering on a summer day: the
myriad desires are already roused, most of them practical,
seeking the fulfillment of all their soul's needs, provided
it's convenient. And all around, blackish and concentrated,
the shadows of the skyscrapers flatten out against the
ground, so that the gaze moves up a little quicker,
pursuing desires to their Babelic heights, confused but
boundless. As Le Corbusier wrote: "three hundred meters of
stone, iron and glass standing vertical in the magnificent
blue New York sky, they represent something new in
human history, where hitherto there had only been one
legend on the theme: the Tower of Babel." An ineffable
sight, the grand scale of new times that promise the sky—
provided that commercial chaos never ceases. It is a
Biblical heresy that does not appear to capture the
imagination of our photographer, in spite of the effort he
put into framing his shots.
And the fact that he's a dissident, if only within the cult
of his memory, we see in the reassuring portrait of the two
girls strolling happily far off down 5th Avenue in the
summer sun. They are beautiful like the woman with her
back to us in the distance of a snowy Broadway, portrayed
as it isn't, fake, clichéd and hazy like the London of
Dickens.
We intuit the air to be polluted but the crowd is missing,
the inexhaustible tide of millions of people of every race
pushing and hurrying, spending and struggling, holding
dear, dying, hiding, asking, seeking like they do
everywhere, but here more hurriedly than anywhere else.
On Broadway, precisely where you feel the dizziness most,
the buildings show off with their glass eyes, tattooed with

di una ricchezza che mai fu così sterminata, decisa in dormiveglia della pace o della guerra. Qui viene ritratta nel suo esito estetico, e civile: la Morgan Library.

Più che meraviglia a ben fissarli i grattacieli provocano sgomento, scala di desideri, data dagli altri troppo alta, anzi sterminata, senza proporzione alla nostra anima, alla quale però ci si deve adeguare. Un sentire europeo sano lo riconosce subito e così anche De Chirico vide New York. Il collezionista delle nostre foto invece non se ne rammarica, piuttosto tende a un gioco cinematografico, tenta l'impossibile: armonizzare i grattacieli con le case in stile francese a Midtown, Manhattan. Cinque piani ottocenteschi si sdraiano attorno alle quadrate dei grattacieli come funghi residui, spauriti, ancora non strappati via dall'uso solo venale dello spazio.

Del resto, come scrive bene Vittorini, "New York ha significato per noi l'immagine istintiva di una Babele portata vittoriosamente a termine, e compiuta. I costruttori non si perderanno d'animo, non si divideranno, per il fatto di parlare linguaggi diversi. Impareranno a capirsi, bianchi con negri, arabi con ebrei, turchi e armeni, sloveni e italiani, boemi e tedeschi, inglesi con russi; impareranno a capirsi, e tireranno su fino all'ultimo piano la torre. E la copriranno per abitarla una buona volta al sicuro dai fulmini".

Ecco la promessa di questa città, che nelle foto si avvera però in un rallentamento, in ritratti paradossalmente così fuori contesto.

Nella Grand Terminal si indovina del resto ancora un'intenzione rassicurante, terrena, ma dentro c'è, inutile, la sconfinatezza di un tempio pagano. Pare di vedere Cary Grant che, impaziente, nel panico, cerca di comprare il biglietto in un film di Hitchcock. La città è posseduta da un babilonico intento che aumenta l'angoscia.

Ma la cautela, la memoria, l'introspezione, e soprattutto il desiderio di rallentare, non possono distogliere del tutto il nostro. Ed eccola la città, foto

advertisements, with no beginning or end: here the empire of desire becomes unabating fluid matter that infects everyone. But our photographer cools it off, freezes it into snow, making it lighter.

As written in Revelations 18:3: "… and the merchants of the earth are waxed rich through the abundance of her delicacies." Never so true as for the Morgans, young and old, incarnations of a wealth that was never so boundless, generated in the half slumber of peace or war. Here such affluence is portrayed in its aesthetic, and civil, outcome: the Morgan Library.

More than causing wonderment, when you really take them in, skyscrapers are unnerving. They represent a scale of desire established by others, but one that is too tall— nay, boundless, completely out of proportion to our souls, but to which we have to measure up. A healthy European sensibility recognizes it immediately, and this is how De Chirico saw New York. However, the collector of our photos is not bitter about it, rather he tends toward a cinematographical game, he attempts the impossible: harmonizing the skyscrapers with the French-style homes in Midtown Manhattan. Five nineteenth-century floors lay themselves out among the square trunks of the skyscrapers like residual undergrowth, beaten down but not yet torn up by the prevailing venality of land use.

Vittorini put it aptly: "New York has instinctively conjured for us the image of a [Tower of] Babel victoriously brought to completion and whole. The builders will not lose heart, they will not be divided because they speak different languages. They will learn to understand one another, white and black, Arabs and Jews, Turks and Armenians, Slovenes and Italians, Bohemians and Germans, Britons and Russians. They will learn to understand one another and will put that tower up to the last floor. And they will put a roof over it so they can finally live there safe from lightning." This is the promise of this city. However, in the photos it is fulfilled in slow motion, in portraits that are paradoxically out of context.

In the Grand Terminal, we still intuit a reassuring earthly intention, but inside there is the unusable vastness of a

notturna, dei desideri compressi di giorno e svolti in luci e riflessi di macchine, rumori, frenesia, a Times Square. Eccola l'assoluta pazzia e il fantastico andirivieni di New York, con le luci che insegnano agli uomini come prendersi a gomitate all'infinito per il denaro con cui comprare dei sogni e confonderli con la vita. Ecco i cartelloni dei teatri che si affollano in concorrenza e l'allucinazione di luci che prende i marinai e le signorine e li muta in folla che solo ambisce a confondersi con l'attore, a comprarsi la felicità della vita come si compra il biglietto di un film. È una tra le poche foto di questa raccolta in cui si cede alla vita com'è, alla sua sfrenatezza che, per contrasto, appare allora più insensata. Ma il nostro se ne ritrae. Il Madison Square Garden è ritratto di nuovo nella luce estiva, rassicurante sotto un sole pervadente, desertico.

Una vetrina di Saks sulla Quinta Avenue rimanda una immagine sinistra, inquietante. Il manichino è in controluce, e così pare una donna vera bellissima e che però non è. Dietro di lei delle maschere e un sipario. Il nostro ha letto Allan Poe, ineliminabile attore in una città misteriosa e rimossa che è anche orrore, come dovevano essere orridi, oltre che molto felicitanti, i culti di Babele.

Ma il grattacielo affilato e puntuto del R.C.A. Building, Rockefeller Plaza, tra la 49ª e la 50ª, ridà gravità pratica al nostro argomento. Misura la sterminata concretezza degli affari che annulla ogni metafisica e la ridicolizza, gli basta chiedere con sincera ingenuità quanto essa rende o quanto costa. Del resto, come sapeva Lewis Mumford, "L'alto grattacielo è il trastullo dell'uomo di affari, il suo giocattolo, il suo gingillo; nella sua voglia di grandezza, lo chiama alternativamente un tempio o una cattedrale e osserva il romantico disordine di altezze della città moderna con la stessa beatitudine che l'industriale vittoriano provava per le ciminiere delle fabbriche che eruttavano fuliggine e gas fetidi. Il grattacielo lo fa sentire fiorente anche quando è la causa delle sue

pagan temple. We seem to see Cary Grant impatient and panicky as he tries to buy a ticket in a Hitchcock movie. The city is possessed by a Babylonian intent that heightens the tension.

But caution and memory and introspection and especially the desire to slow down cannot completely dissuade our photographer. And so here is the city: a night-time shot of desires held back during the day and unleashed in the lights and flashes of the cars, noise, frenzy of Times Square. Here is the total craziness and the fantastic coming and going of New York with lights that teach people how to elbow their way ahead ad infinitum for money so they can buy their dreams and confuse them with life. Here are the playbills of crowded theaters vying for a bigger audience and the hallucinatory lights that dazzle the sailors and young ladies, transforming them into a crowd that aspires to nothing other than to lose themselves in the actors, to buy themselves happiness as they would a ticket for a movie. This is one of the few photos in this collection where life is revealed for what it is, wanton, appearing by contrast to be even more senseless. But out photographer withdraws from it. Madison Square Gardens is depicted again in the summer light, a reassuring presence under the pervasive, desert sun.

A Saks Fifth Avenue shop window presents a sinister, unsettling image. The mannequin is lit from behind and thus appears to be a real and beautiful woman…but she's not. Behind her there are masks and a theater curtain. Our photographer has read Edgar Allan Poe, an inexorable player in a mysterious and vague city that also generates horror: the cults of Babel must have been horrid as well as highly exhilarating.

But the slender, spiky skyscraper that is the RCA Building on Rockefeller Plaza between 49th and 50th Street restores practical gravity to our theme. It measures the boundless concreteness of business that nullifies and ridicules any metaphysics; all it has to do is ask sincerely how much it earns or costs. For that matter, as Lewis Mumford knew, "The tall skyscraper is the businessman's toy, his plaything, his gewgaw; in an expansive mood he calls it

perdite di denaro". Sensazione che contagia chiunque, svia sempre dal resto.

Preziosa, a questo, punto un'altra citazione, stavolta di Ugo Ojetti, addirittura del 1899: "L'architettura americana si distingue per la quantità, per l'immensità o, se è più chiaro al nostro occhio latino rispettoso delle tradizioni, per la sproporzione fra la immanità della costruzione e gli stili d'ornamentazione". Sentiamo in effetti che New York è ornata in stile posticcio, come un film di Griffith. È una mastodontica ornamentazione dei desideri babelici di tutti.

Ma ritorniamo all'anima che compose la nostra collezione. Si lancia, sente finalmente dovere di distacco, e dall'alto ritrae potente paesaggio di grattacieli. Sono il Chrysler Building e tutti gli altri: vera essenza di New York. Eppure, tanto il nostro alla fine allarga l'inquadratura da ricomprendervi il contrasto: le guglie di San Patrizio. Gotico slancio al divino, sacrificio musicale, fuori posto, eccentrico, rispetto a quei templi semiti che sono i grattacieli, alla loro fredda ragione che calcola il cielo. La musica abita nei teatri o nei numeri della borsa, non nelle anime. Eppure il nostro, tenace, non vi rinuncia. Anzi ricerca il contrasto, con foto dall'alto e dal basso dove San Patrizio si rivela accessorio del Rockefeller Center. Un'altra stranezza è quella dei grattacieli ripresi dal basso del ponticello di Central Park, d'estate o nella neve. Squibb Building e Plaza fotografati in ricerca dell'identico contrasto precedente. E stavolta con la predilezione per il grattacielo col gran tetto, che poi è un non grattacielo, giacché esso, come la vanità umana, non ha fine e dunque col tetto ritornerebbe morale. Ma il nostro è alla ricerca di un senso morale. Forse perciò tutta l'ultima parte della raccolta è un indugiare nei luoghi più inattuali di New York

I grattacieli sono gli stessi di un film di King Kong, anzi pare di vedercelo sopra nel panico, ingenuo e rancoroso, dello scimmione prima di morire. Ma a riconferma che il nostro fotografo è più che adulto, e se non vecchio almeno melanconico, ecco l'insistere

alternately a temple or a cathedral, and he looks upon the romantic altitudinous disorder of the modern city with the same blissful feeling that the Victorian industrialist had for his factory chimneys, belching forth soot and foul gases. The skyscraper makes him feel prosperous even when he is losing money on it." (from "Frozen Music", June 20, 1931, in Mark Kingwell, *Nearest Thing to Heaven: the Empire State Building and American dreams*, Vail-Ballou Press, Binghamton, New York 2006, p. 82). This sensation infects everyone, distracting from all the rest.

And there is another precious point of view at this point, that of Ugo Ojetti, writing way back in 1899: "American architecture is distinguished by quantity, by immensity or—if it would be clearer to our Latin eye and its respect for tradition—by the lack of proportion between the hugeness of the structure and the styles of ornamentation." We feel, in effect, that New York is ornamented in an artificial style, like a Griffith film. It is gargantuan ornamentation composed of everyone's desire for Babel.

But let us return to the soul that composed our collection. He launches himself, finally feeling the need to get off the ground, and from above he shoots the powerful cityscape of skyscrapers. The Chrysler Building and all the others are the true essence of New York. And yet our photographer widens his frame to the point where it encompasses a contrast: the spires of Saint Patrick's Cathedral. A gothic upsurge toward the divine, a musical sacrifice, an out-of-place eccentricity with respect to the Semitic skyscraper-temples, to their cold rationality that calculates the heavens. Music inhabits the theaters or the numbers on the stock exchange, not souls. And yet our photographer, tenacious, does not give up. He seeks contrast with photos shot from above and from below, where Saint Patrick's reveals itself to be an accessory to the Rockefeller Center. Another strange thing is the skyscrapers shot from below, from the bridge in Central Park, in the summer or in the snow. The Squibb Building and Plaza are photographed in the quest for the same contrast as before. And this time with a predilection for skyscrapers with big roofs, which

sul Central Park: il viale ombreggiato, un bambino con
le bretelle, la vita che riconforta, inatteso persino un
carretto che trasporta i bambini, e gli animaletti
dello zoo come quelli dei fumetti: e la sola fretta
giustificata, quella di una piccola bambina assetata.
Accanto, il laghetto con le barche a vela. Quando
ancora esisteva l'Europa gli americani erano
considerati infantili, con ciò li si scusava del resto.
Ma il New York Hospital riallontana verso il più
inatteso Oriente. Dà la certezza di una città sumera,
lo spazio è amministrato da mercanti ai quali preme
l'utile più desolato, desertico di esiti umani. Persino
nella forma di un ospedale conta l'allocarsi dello
spazio. Nel bianco e nero di queste foto sentiamo
meglio il deserto.

Detto in altra maniera questa raccolta offre non solo
splendide foto di New York in anni compressi, come
quelli della guerra, ma descrive il remare verso il
passato dell'anima di chi le scattò, le compose assieme
in una successione che non lascia dubbi. La città che
egli vede sarebbe in verità la stessa riassunta da
Salman Rushdie: "Ghotam City dove Joker e Pinguino
facevano i loro comodi senza un Batman (e neppure
un Robin) che sventassero i loro piani, questa
Metropolis fatta di Kryptonite nella quale nessun
Superman osava mettere piede, dove l'accumulazione
era scambiata per ricchezza e la gioia del possesso
per felicità…?". Il nostro lo sa, meglio di quanto
non ammettano i suoi tentativi di composizione,
addirittura i tentativi di idillio. Ultimo dei quali,
il più improbabile per riassumere New York: la foto
della Gracie Mansion, o le case coloniche olandesi
e il monumento finale ai soldati e ai marinai, richiami
moralissimi all'intento originario, sconfinato e
semplice, spietato ma religioso, come doveva essere
in una città che ai suoi inizi raccolse soprattutto
mercanti e silenziosi marinai.

Forse solo supposizioni le nostre, per di più molto
colpevolmente usate per argomentare i miei reazionari
pregiudizi. Tuttavia questo possiamo non supporlo,

are actually non-skyscrapers, because, like human vanity,
their lust for height is limitless and a roof would make
them moral once again. But our photographer is on a quest
for a sense of morality. Perhaps because of this, in the
entire last part of our collection he dwells on the most off-
the-mark places in New York.
The skyscrapers are the same as in a King Kong movie.
Actually, we seem to see him up above us, the great ape,
clueless and rancorous, panicking just before his is slain.
But confirming that our photographer is every bit an
adult—and if not elderly at least melancholic—here we
see him meditating on Central Park: the shaded lane, a boy
with suspenders, a reassuring life, kids tagging after a cart,
and the little animals in the zoo like those in the comics.
And the only allowable sense of hurriedness is that of a
small girl thirsty next to the lake with its sailboats. When
Europe still existed, the Americans were considered
childish and hence they were forgiven for all the rest.
But the New York Hospital sends us off unexpectedly again
toward the Orient. In all the certainty of a Sumerian city,
space is administered by merchants driven by the most
desolate and arid of human pursuits: the meting out of
space counts even in hospitals. And we feel the desert
more strongly in the black and white of these photos.
Put another way, this collection does not only offer
splendid photos of New York in the dense years of wartime,
it describes a rowing pastwards of the soul who took them
and composed them into a succession that leaves no room
for doubt. But would the city he sees be the same one
summed up by Salman Rushdie? "Gotham City in which
Jokers and Penguins were running riot with no Batman (or
even Robin) to frustrate their schemes, this Metropolis
built of Kryptonite in which no Superman dared set foot,
where wealth was mistaken for riches and the joy of
possession for happiness." (Salman Rushdie, *Fury*, Modern
Library, New York 2002, p. 86). Our photographer knows,
much better than his attempts at composition, much
better than his attempts at idyll, will admit. The last of
these attempts, and the most improbable for summing up
New York, are the ones of the Gracie Mansion, the Dutch

ma darlo per certo: al nostro fotografo piacerebbe
come riassunto finale la melanconia di questa frase:
"E mentre meditavo [...] pensai allo stupore di Gatsby
la prima volta che individuò la luce verde all'estremità
del molo di Daisy. Aveva fatto molta strada per giungere
a questo prato azzurro e il suo sogno doveva essergli
sembrato così vicino da non poter sfuggire più. Non
sapeva che il sogno era già alle sue spalle. [...]
Gatsby credeva nella luce verde, il futuro orgiastico che
anno per anno indietreggia davanti a noi. C'è sfuggito
allora, ma non importa: domani andremo più in fretta,
allungheremo di più le braccia... e una mattina.
Così continuiamo a remare, barche contro corrente,
risospinti senza posa nel passato". Francis Scott
Fitzgerald, *The Great Gatsby*, New York, Charles
Scribner's Sons". (F. Scott Fitzgerald, *The Great Gatsby*,
Collier Books, New York 1925, p. 182)

Geminello Alvi

colonial houses and the final monument to soldiers and
seamen, highly moral references to the original intent,
boundless and simple, ruthless but religious as it must have
been in a city whose first breaths drew in mainly merchants
and silent sailors.
Perhaps we are just indulging in suppositions, moreover,
suppositions very culpably used to argue my reactionary
prejudices. But here is one thing we do not have to suppose,
one thing we can state with certainty: our photographer
would have liked the melancholy of the following lines as
his parting shot: "And as I sat there brooding [...] I thought
of Gatsby's wonder when he first picked out the green light
at the end of Daisy's dock. He had come a long way to this
blue lawn, and his dream must have seemed so close that he
could hardly fail to grasp it. He did not know that it was
already behind him [...].
"Gatsby believed in the green light, the orgastic future that
year by year recedes before us. It eluded us then, but that's
no matter—tomorrow we will run faster, stretch out our
arms farther. [...] And one fine morning—
"So we beat on, boats against the current, borne back
ceaselessly into the past." (F. Scott Fitzgerald, *The Great
Gatsby*, Collier Books, New York 1925, p. 182)

Geminello Alvi

NEW YORK

Born back into the Past

I marciapiedi erano più larghi di tutti gli altri
marciapiedi; anche la strada era immensa, e oscillava
e scintillava e sembrava a Wilhelm che vibrasse fino
al limite estremo della sopportazione. E sebbene
il sole apparisse come un largo tessuto piegato,
il suo peso lo faceva barcollare.

The sidewalks were wider than any causeway,
the street itself was immense, and it quaked and
gleamed and it seemed to Wilhelm to throb
at the last limit of endurance. And although
the sunlight appeared like a broad tissue, its actual
weight made him feel like a drunkard.

Saul Bellow, *La resa dei conti*, trad. it. Floriana Bossi, Torino, Einaudi,
1965, p. 98 (edizione originale: *Seize the Day*, New York, Viking Press, 1956).
Saul Bellow, *Seize the Day*, New York, Viking Press, 1956;
Penguin Books, 2003.

Pennsylvania Station,
ingresso sulla Settima
Avenue.
Pennsylvania Station.
Entrance on Seventh
Avenue.

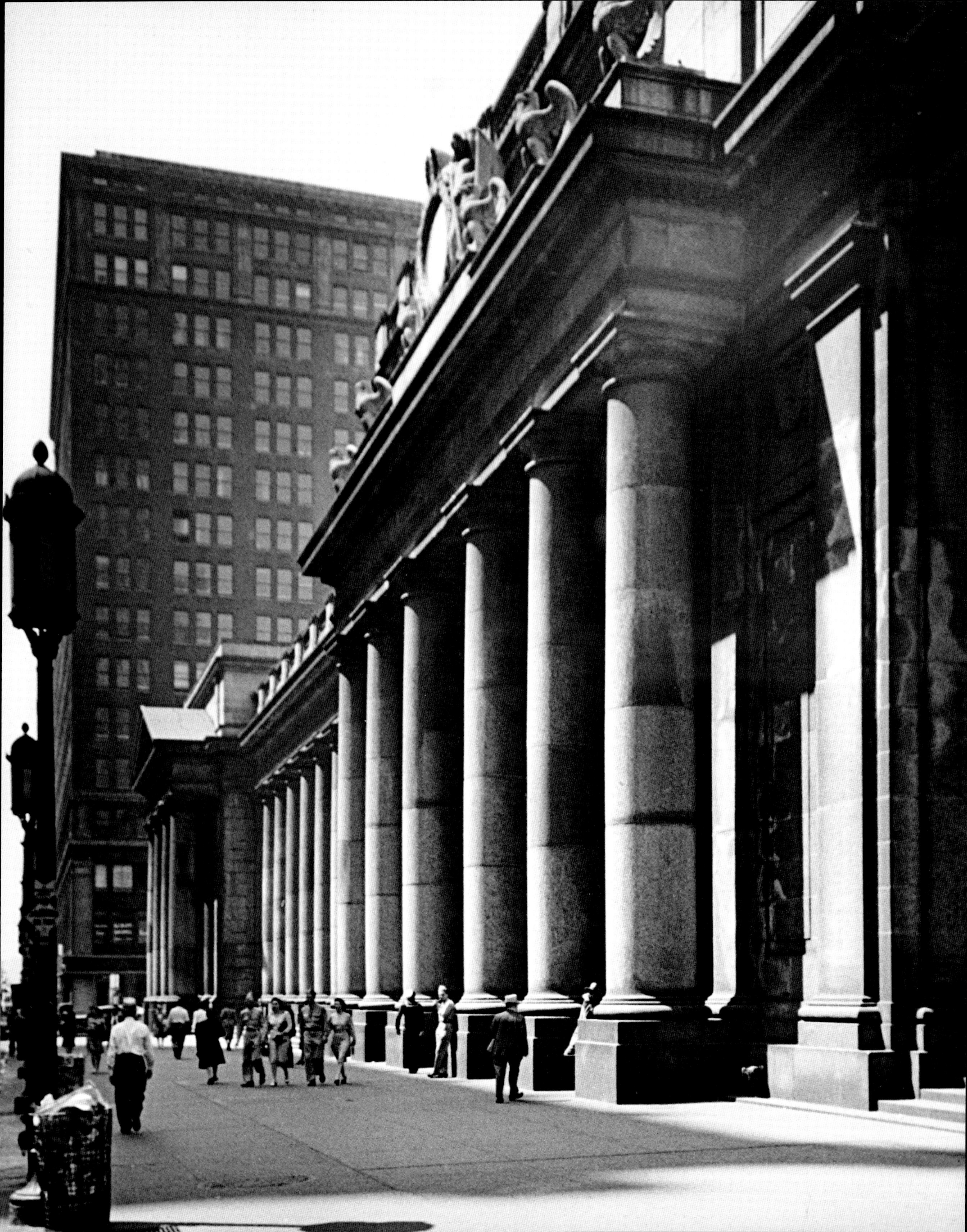

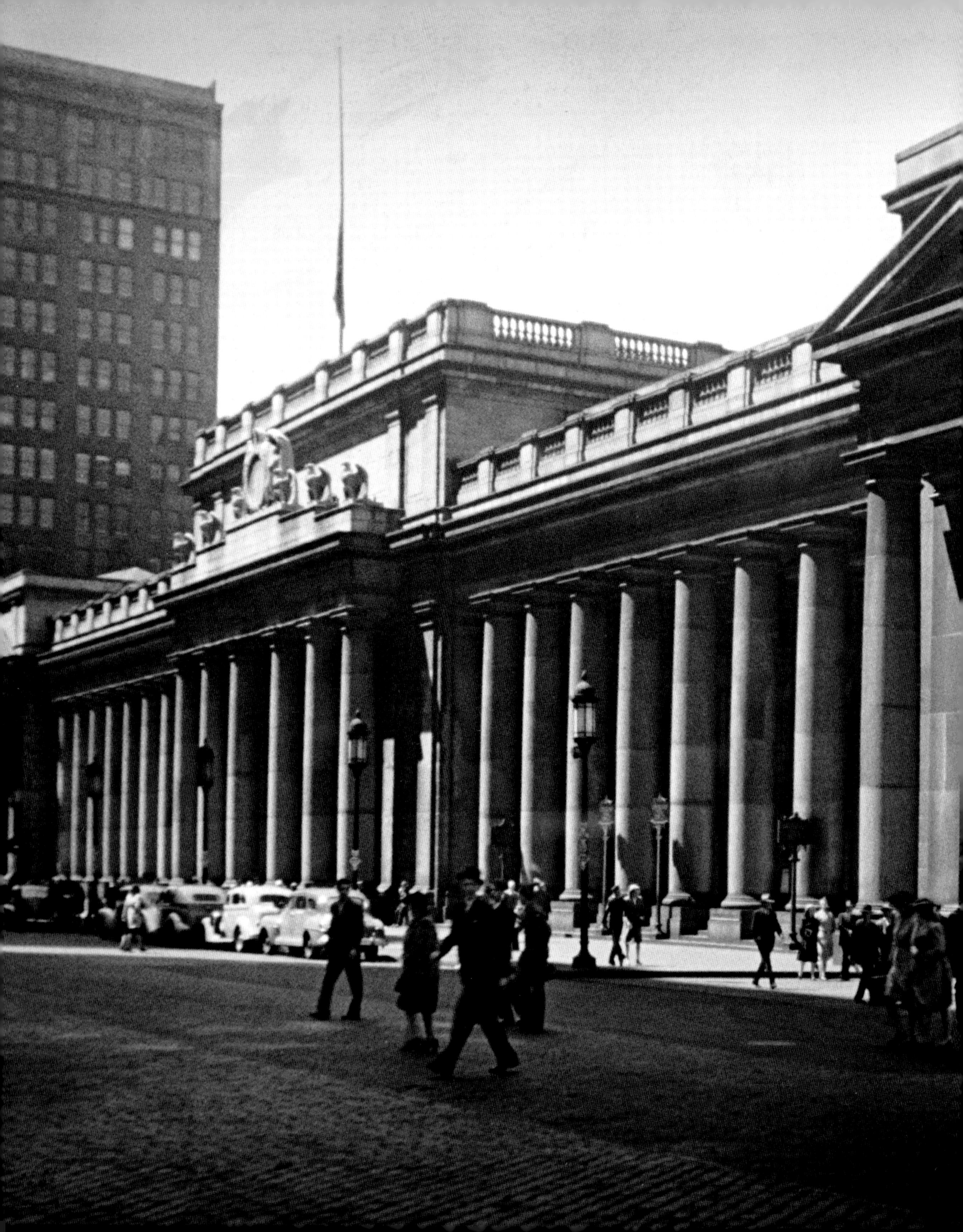

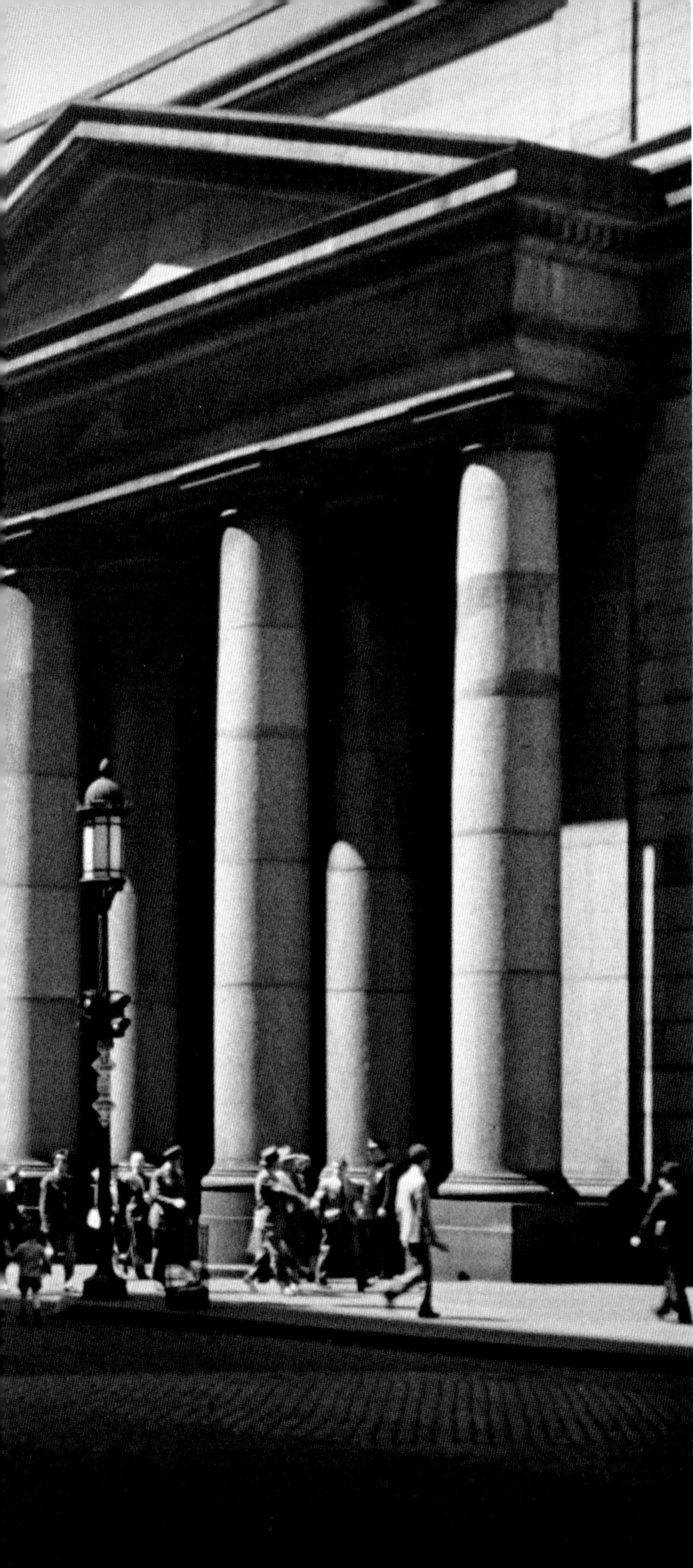

Pennsylvania Railroad Station
(1910). Settima e Ottava Avenue
tra la 31ª e la 33ª Strada.
Pennsylvania Railroad Station
(1910). Seventh and Eighth
Avenues between 31st and 33rd
Streets.

Pennsylvania Station,
interno.
Interior, Pennsylvania
Station.

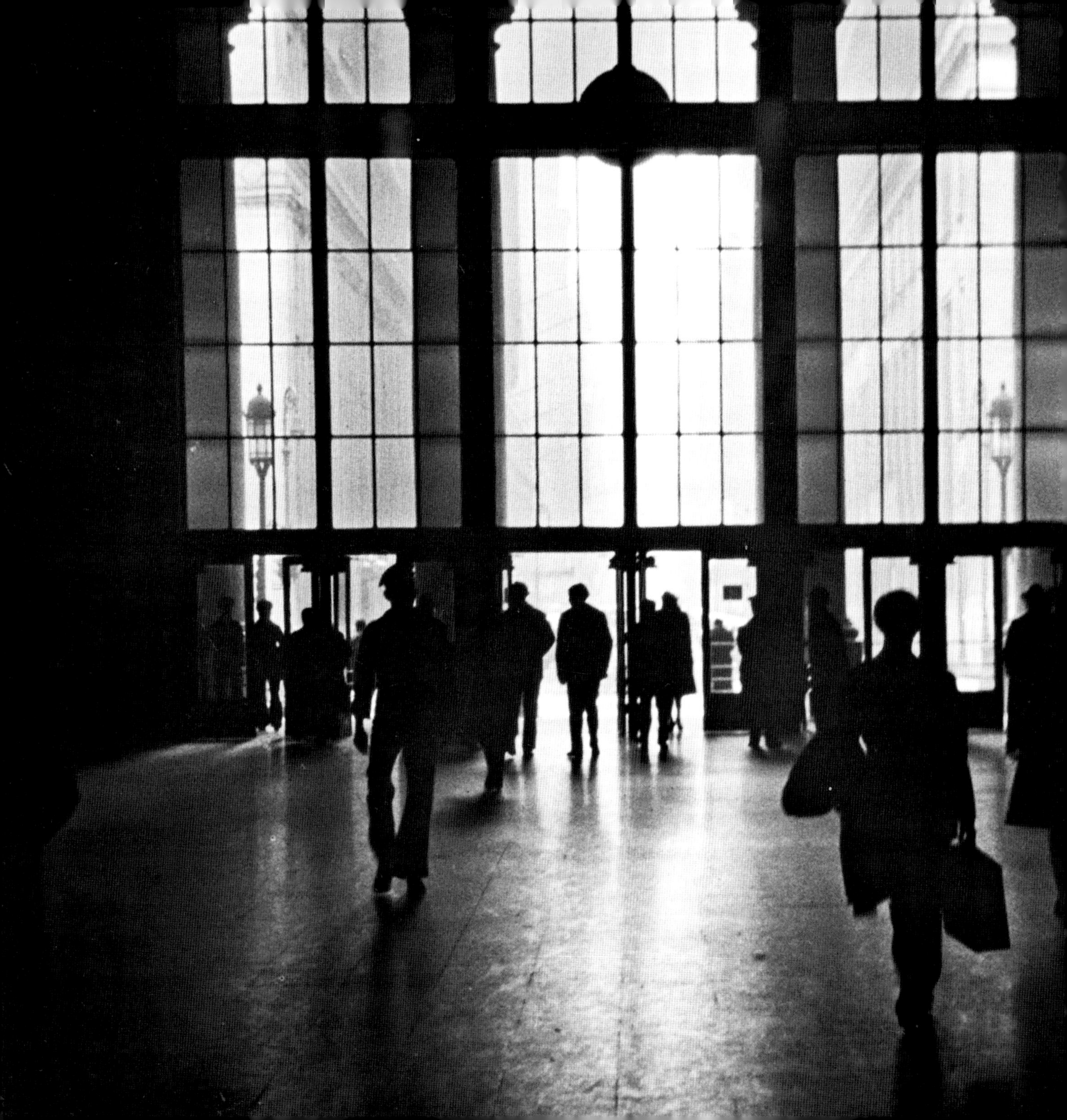

La folla di New York è la più uguale del mondo.
In questo simbolo estremo c'è un inganno – perché
l'uguaglianza non esiste. Ma c'è anche un modo
di vedersi, e di vedere il mondo. E così ciò che
non è vero diventa vero, imposto da un silenzioso
voto di maggioranza, di quasi unanimità, che viene
riformulato ogni mattina, e che svanisce ogni notte
sui marciapiedi più calpestati del mondo.

The crowd of New York is the most equal in the
world. There is deception in this extreme symbol
– for equality does not exist. But it is also a way of
seeing each other, of seeing the world. Thus what is
not real becomes real, imposed by a silent majority
vote, almost unanimous, that is reformulated every
morning, and that vanishes every night on the most
trampled sidewalks of the world.

Furio Colombo, *La città profonda: saggi immaginari
su New York*, Milano, Feltrinelli, 1992, p. 59.
Furio Colombo, *La città profonda: saggi immaginari
su New York*, Milan, Feltrinelli, 1992, p. 59 (Italian edition).

Pennsylvania Station, interno.
Interior, Pennsylvania Station.

pp. 26-27
General Post Office. Ottava
e Nona Avenue tra la 31ª
e la 33ª Strada.
General Post Office. Eighth
and Ninth Avenues between 31st
and 33rd Streets.

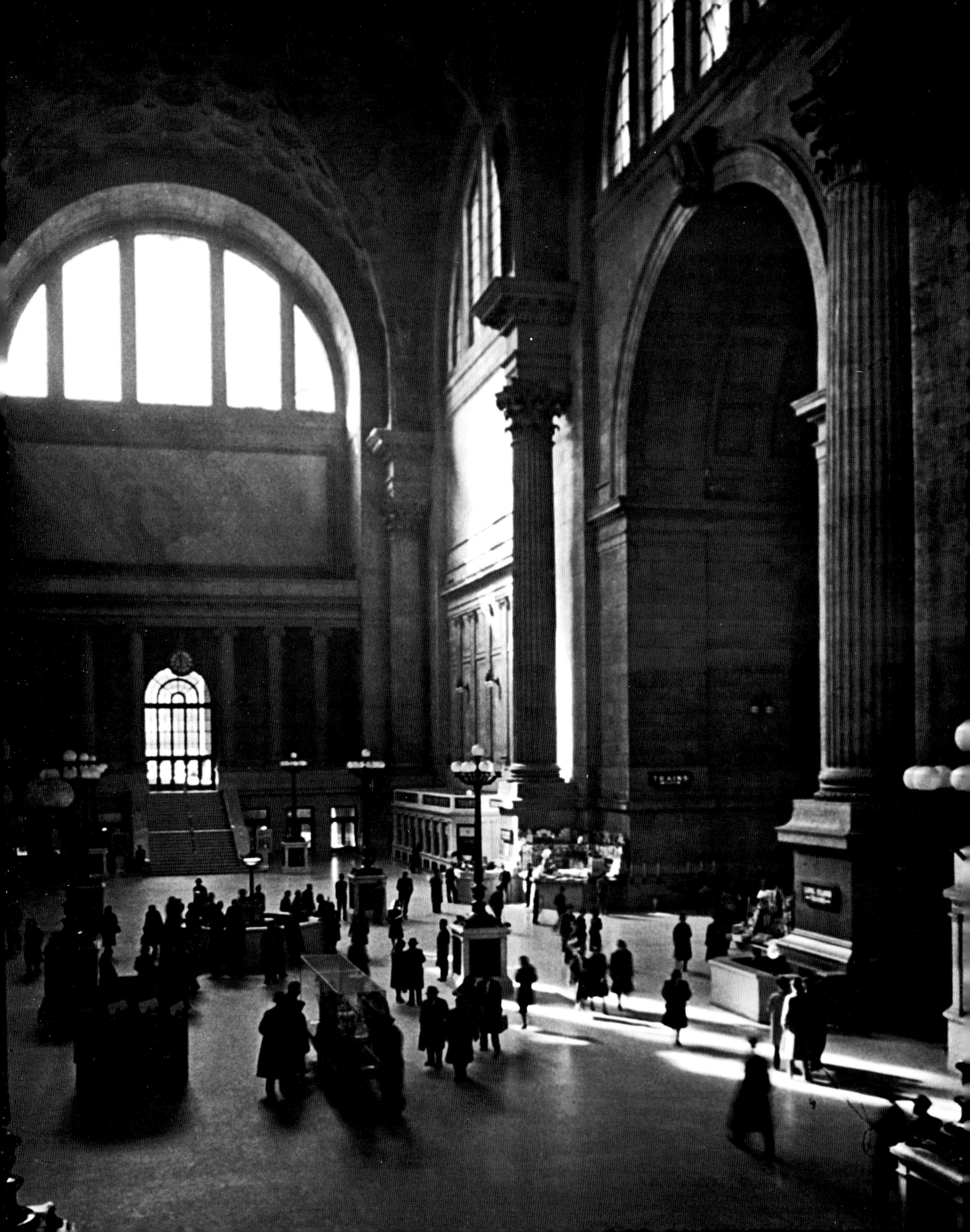

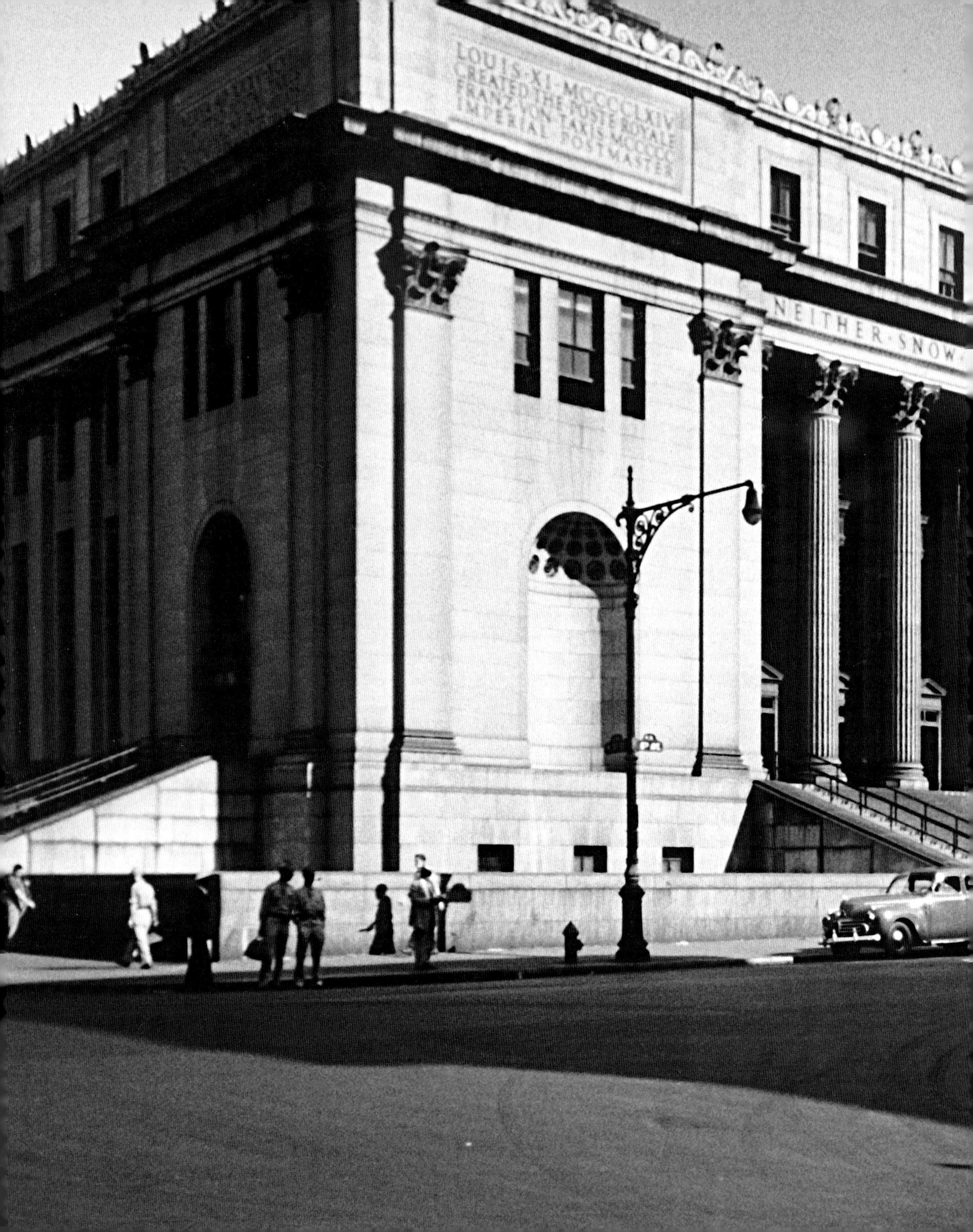

LOUIS·XI·MCCCCLXIV
CREATED·THE·POSTE·ROYALE
FRANZ·VON·TAXIS·MCCCC
IMPERIAL·POSTMASTER
·NEITHER·SNOW·

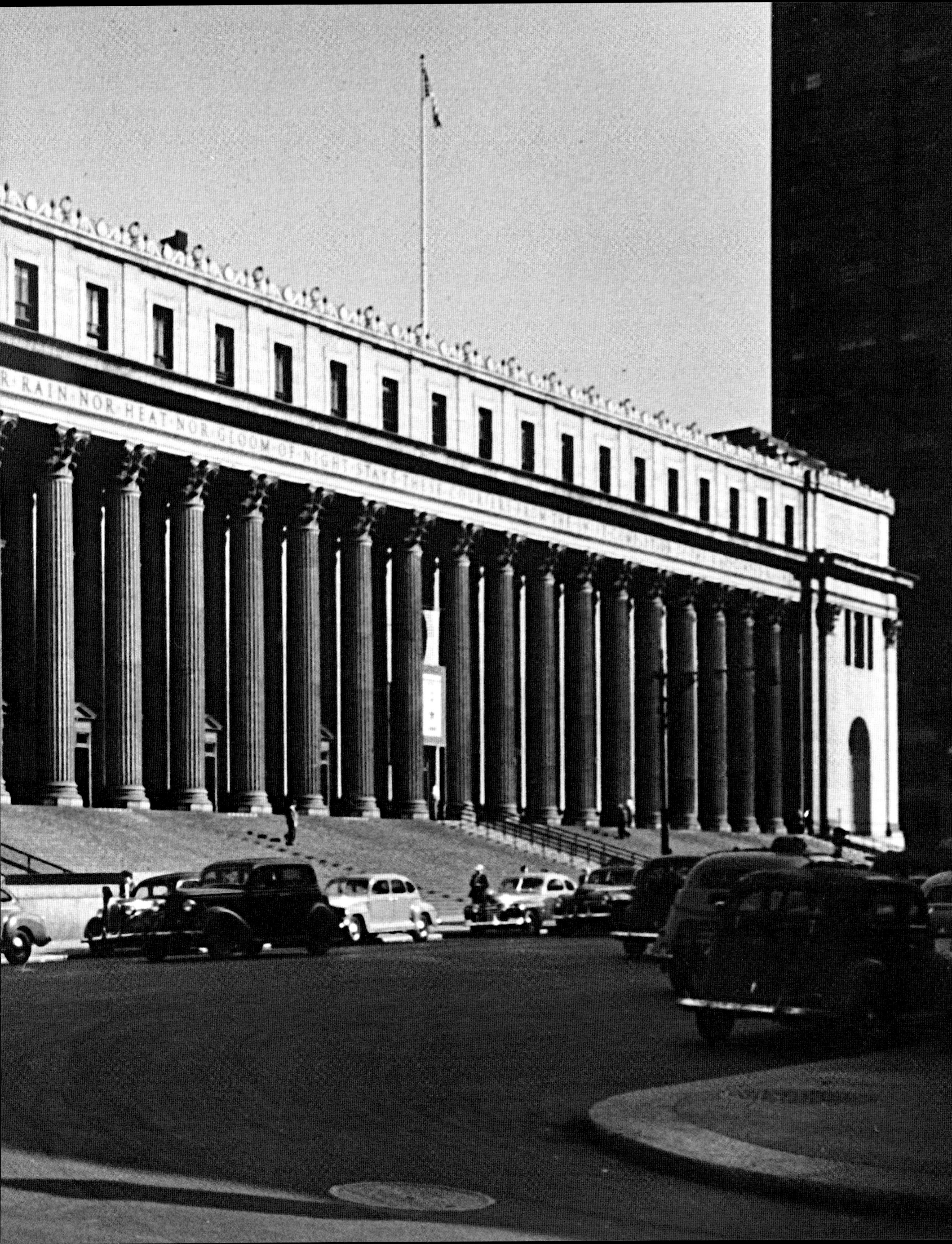

R·RAIN·NOR·HEAT·NOR·GLOOM·OF·NIGHT·STAYS·THESE·COURIERS·WITH·THE·SWIFT·COMPLETION·OF·THEIR·APPOINTED·ROUNDS

Macy's. 34ª Strada tra la Sesta
e la Settima Avenue.

p. 29
Macy's. Veduta dalla Settima
Avenue - 33ª Strada.

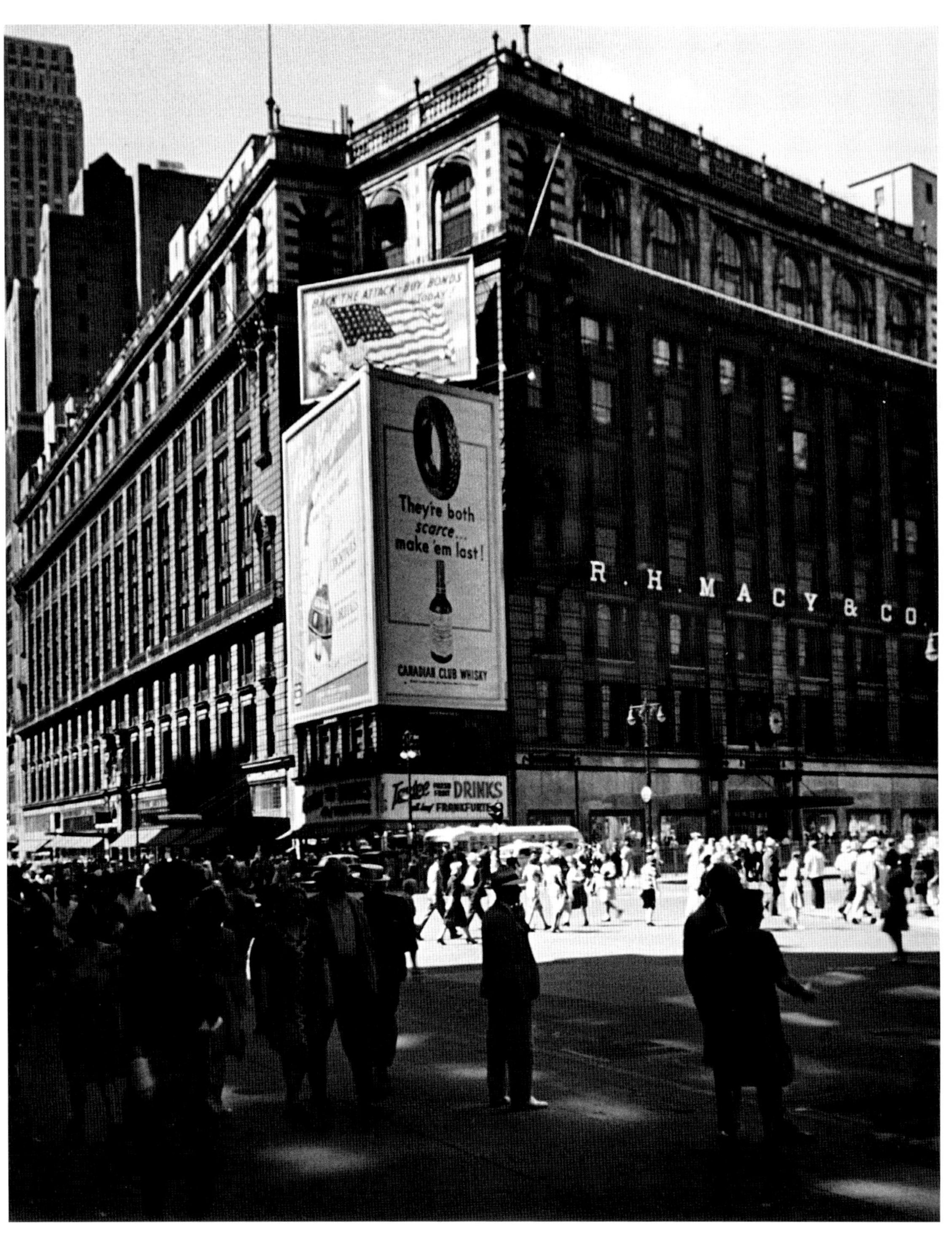

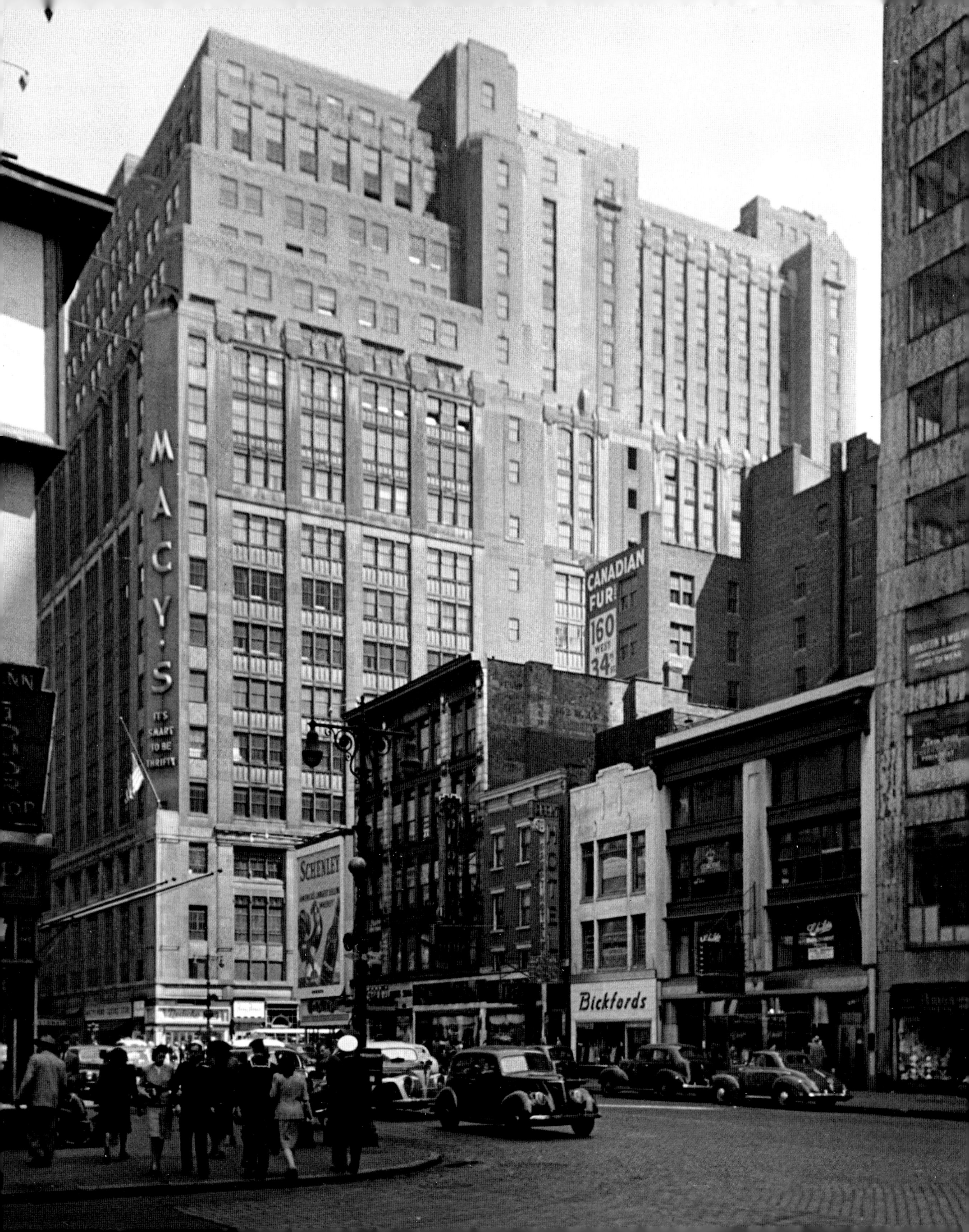

MACY'S
IT'S SMART TO BE THRIFTY
CANADIAN FUR
160 WEST 34
SCHENLEY
Bickfords

Se Babele era a occidente di qualcosa, quello doveva
essere l'Eden, luogo d'origine del genere umano. Il dovere
degli uomini di disseminarsi sulla terra – in obbedienza
al comando divino "siate fecondi… siate numerosi sulla
terra" – si attuava incontestabilmente lungo un percorso
occidentale. E quale terra, si domandava Dark, in tutta
la cristianità è più a occidente dell'America? […]
L'America era l'ultimo passo del cammino.

If Babel lays to the west of anything, it was Eden, the
original site of mankind. Man's duty to scatter himself
across the whole earth – in response to God's command
to "be fertile… and fill the earth" – would inevitably move
along a western course. And what more western land
in all of Christendom, Dart asked, than America? […]
America was the last step in the process.

Paul Auster, *Trilogia di New York, Città di vetro. Fantasmi. La stanza chiusa*, trad. it. Massimo
Bocchiola, Torino, Einaudi, 1998, p. 52 (edizione originale: *The New York Trilogy: City of Glass,
Ghosts, The Locked Room*, Los Angeles, Sun & Moon Press, 1985).
Paul Auster, *The New York Trilogy: City of Glass, Ghosts, The Locked Room*, Los Angeles,
Sun & Moon Press, 1985; Penguin Books, 1990, p. 58.

34ª Strada. Veduta dalla Settima
Avenue verso ovest. Sulla destra,
l'Hotel New Yorker.
34th Street. Looking West from
Seventh Avenue. On the right,
the Hotel New Yorker.

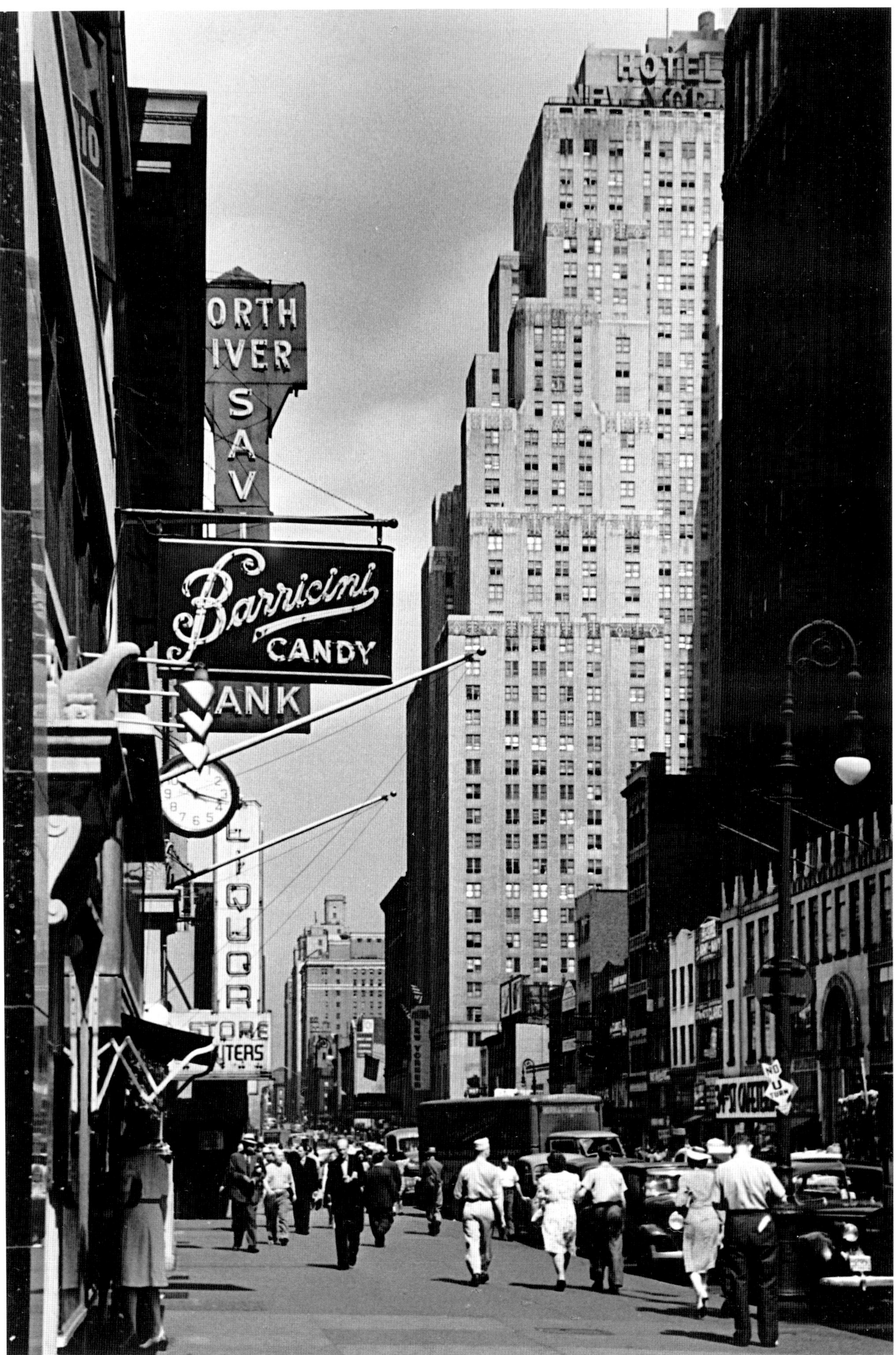

ORTH
IVER
SAV
Barricini
CANDY
ANK
LIQUOR
STORE
ITERS
HOTEL
NEW YORK
NO U TURN

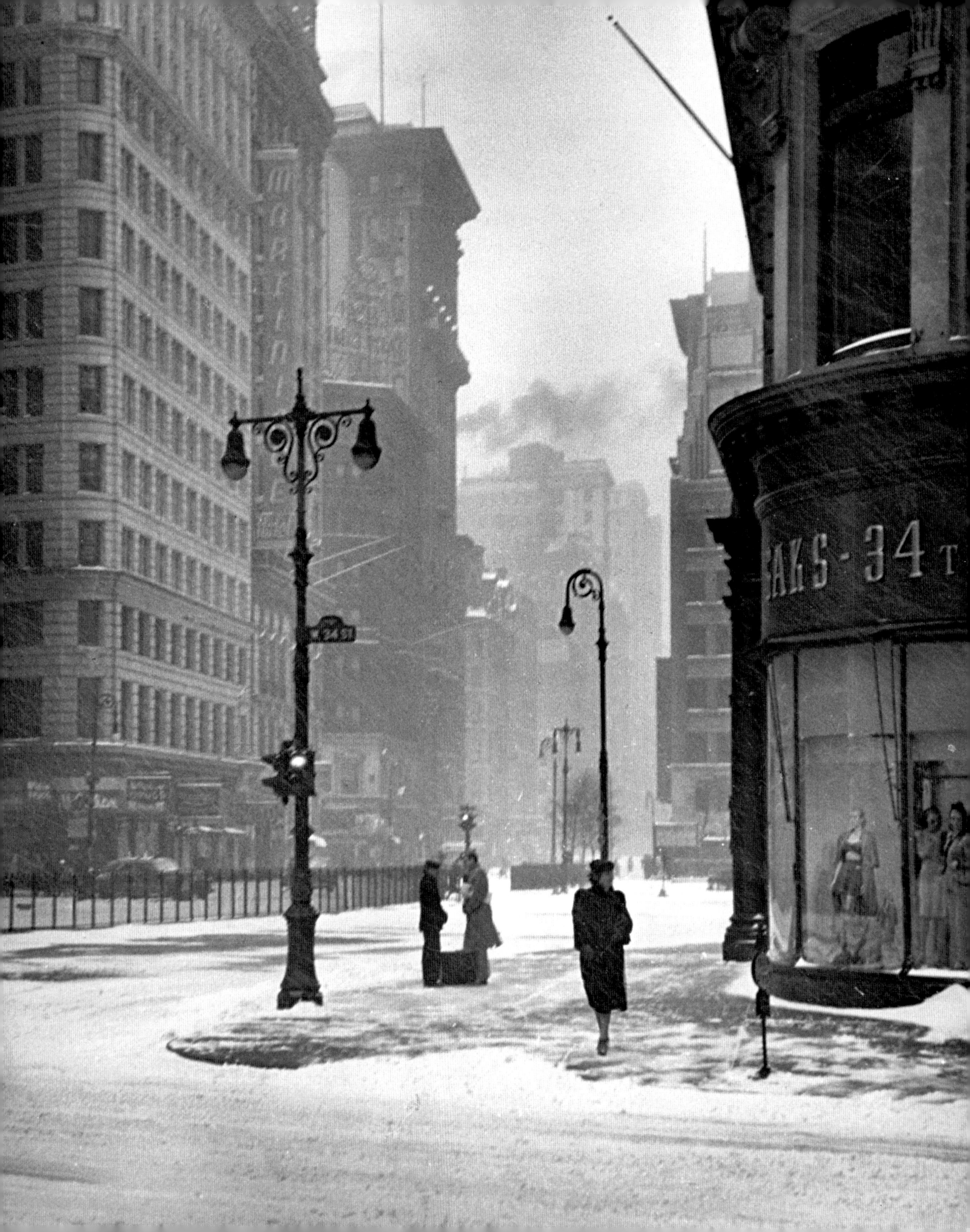
AKS·34 T

Herald Square. Minerva
e i Bell Ringers.

p. 32
Broadway. Veduta dalla 34ª
Strada verso sud, in inverno.

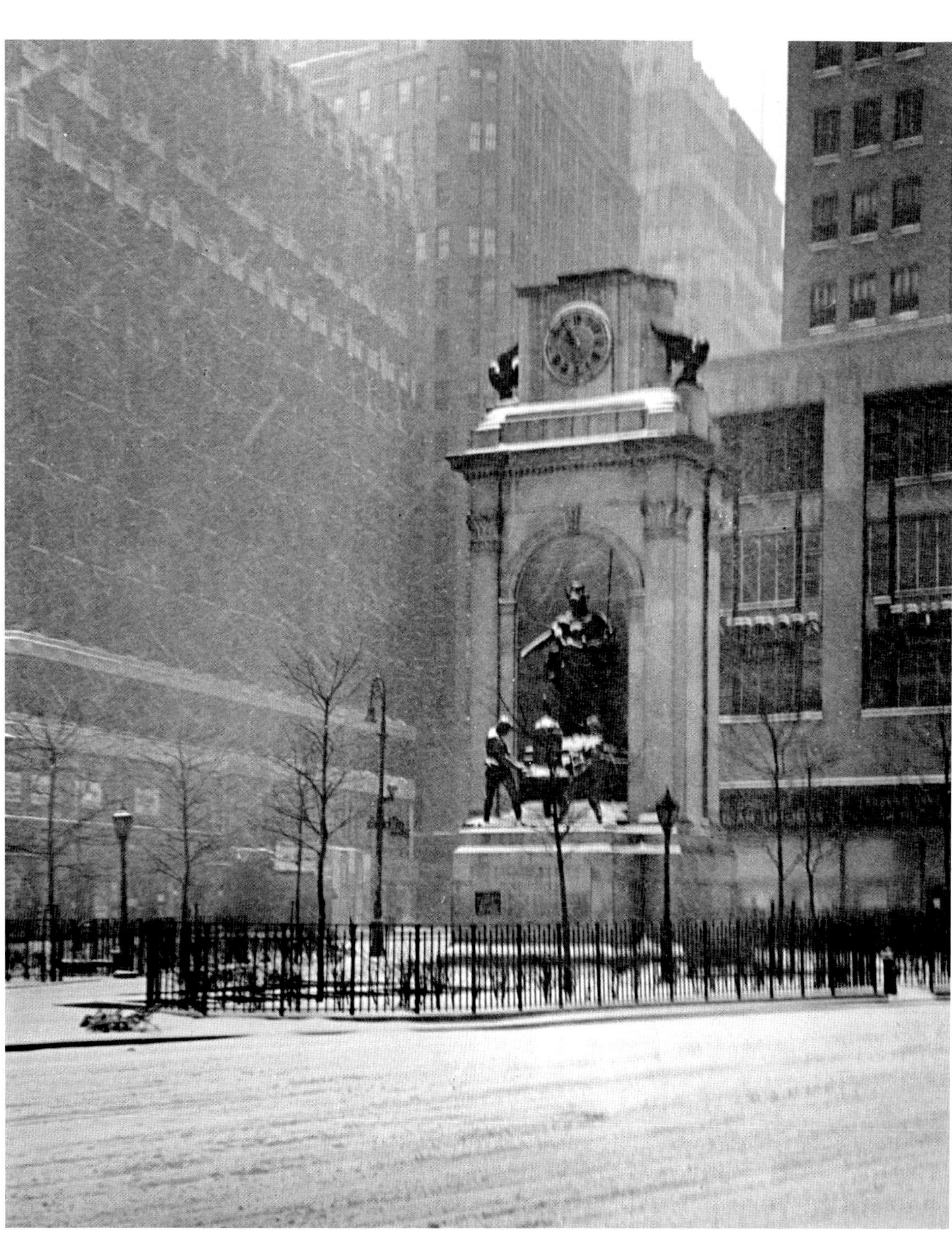

36ª Strada in prossimità della
Sesta Avenue. Keen's Chop House.
Keen's Chop House. 36ᵗʰ Street
near Sixth Avenue.

p. 35
Quinta Avenue. Veduta dalla
40ª Strada verso sud.
Fifth Avenue looking South
from 40ᵗʰ Street.

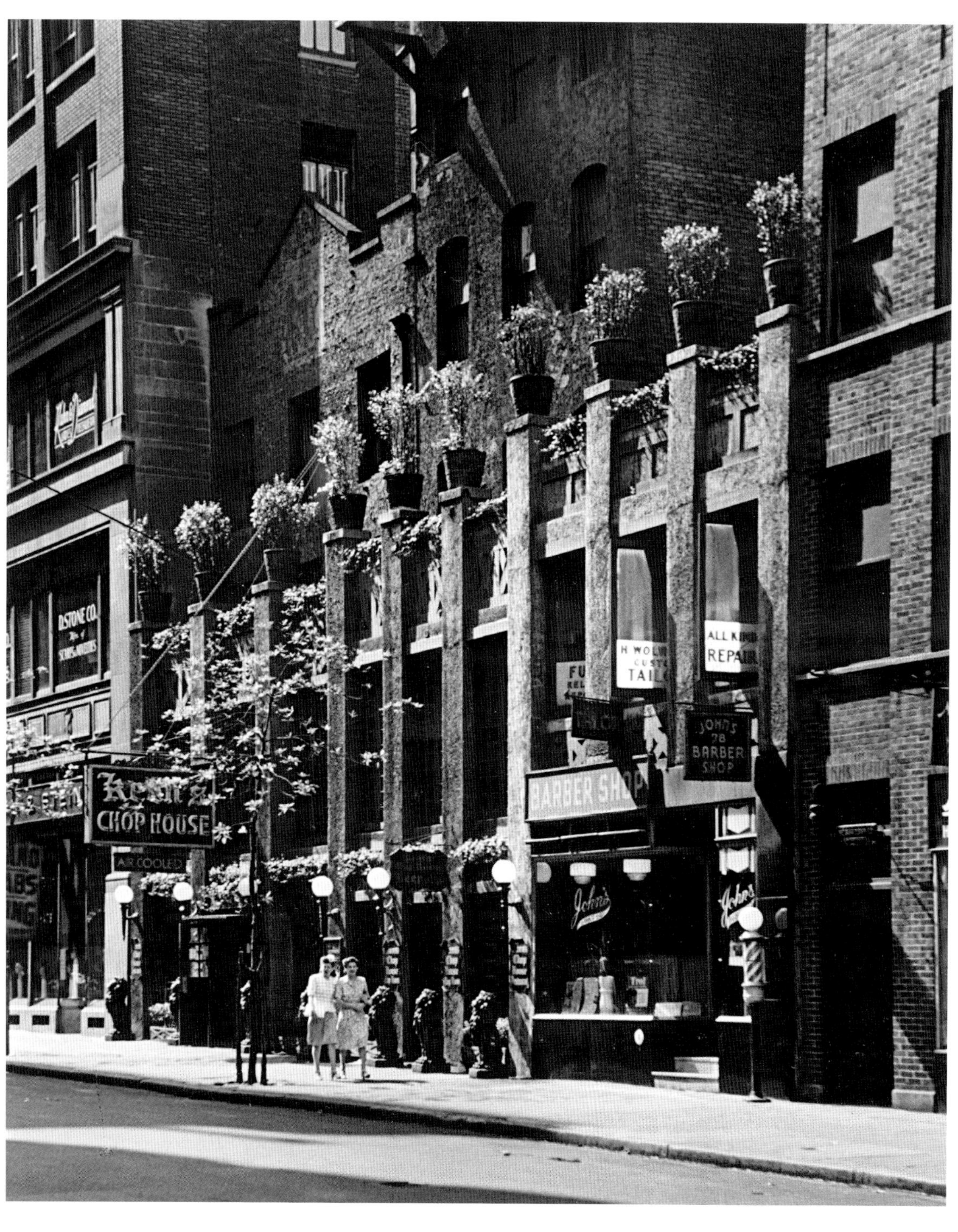

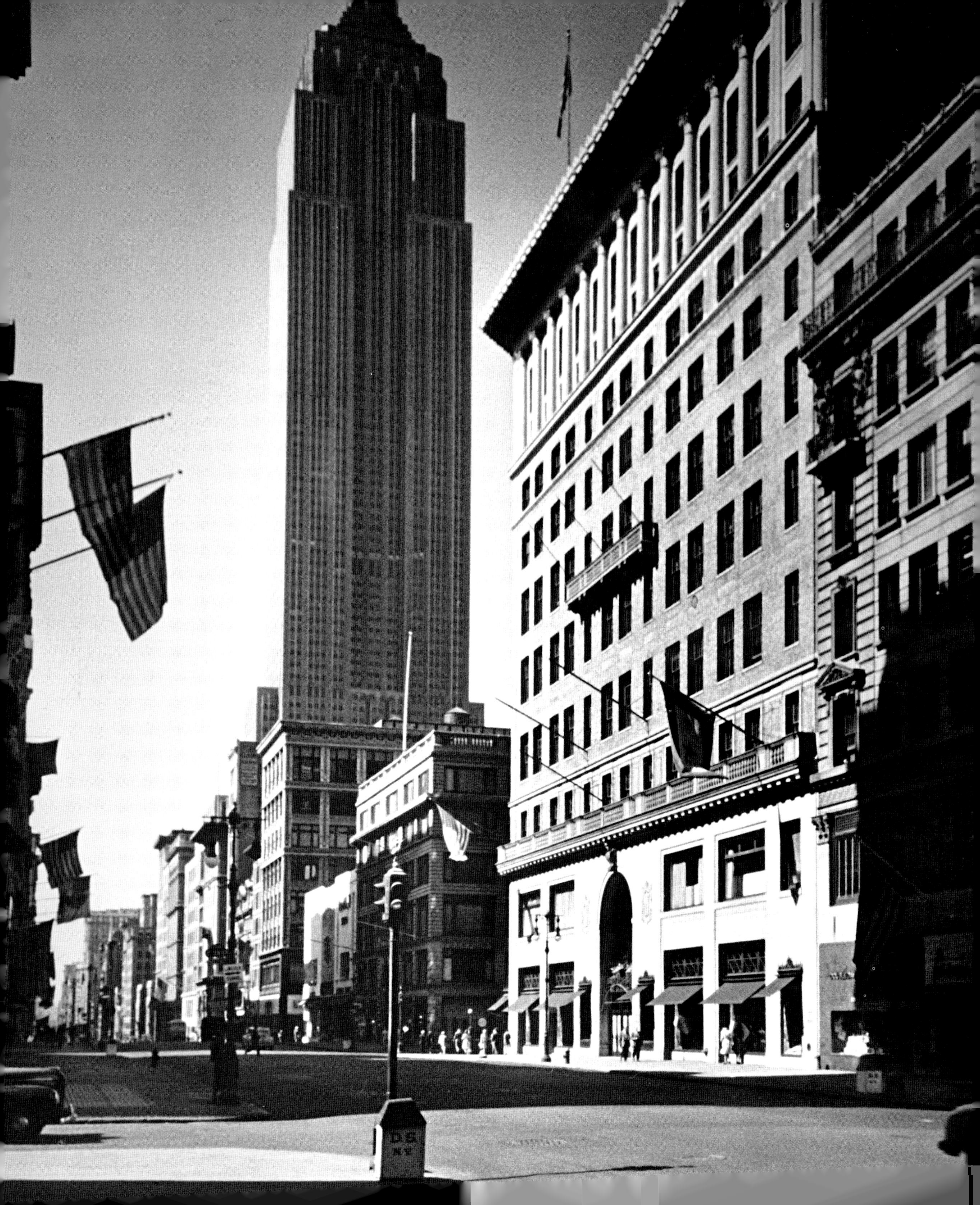

New York Public Library.
Quinta Avevue - 42ª Strada.
The New York Public Library.
5th Avevue at 42nd Street.

p. 37
Morgan Library. 29 East 36ª Strada.
The Morgan Library. 29 East 36th Street.

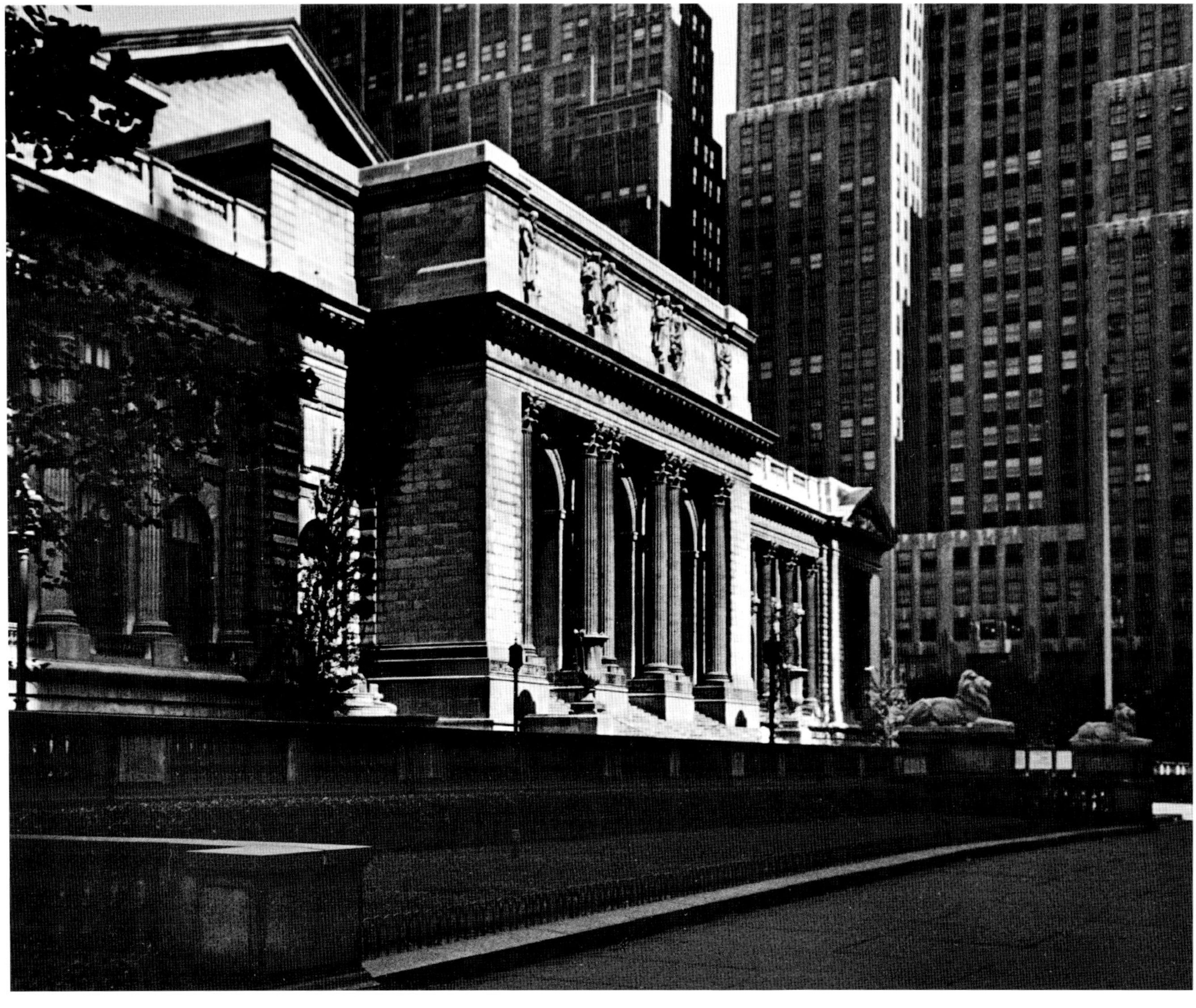

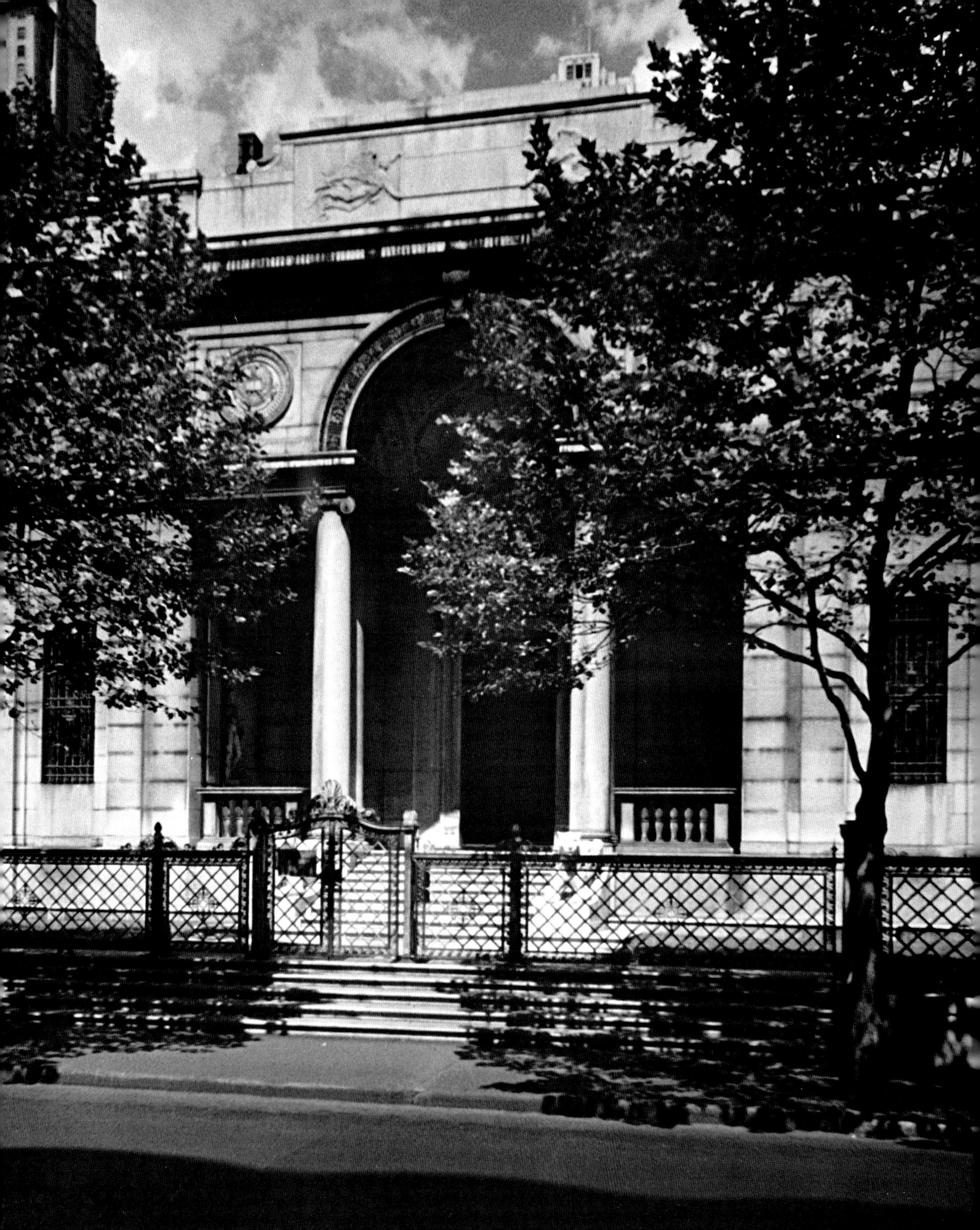

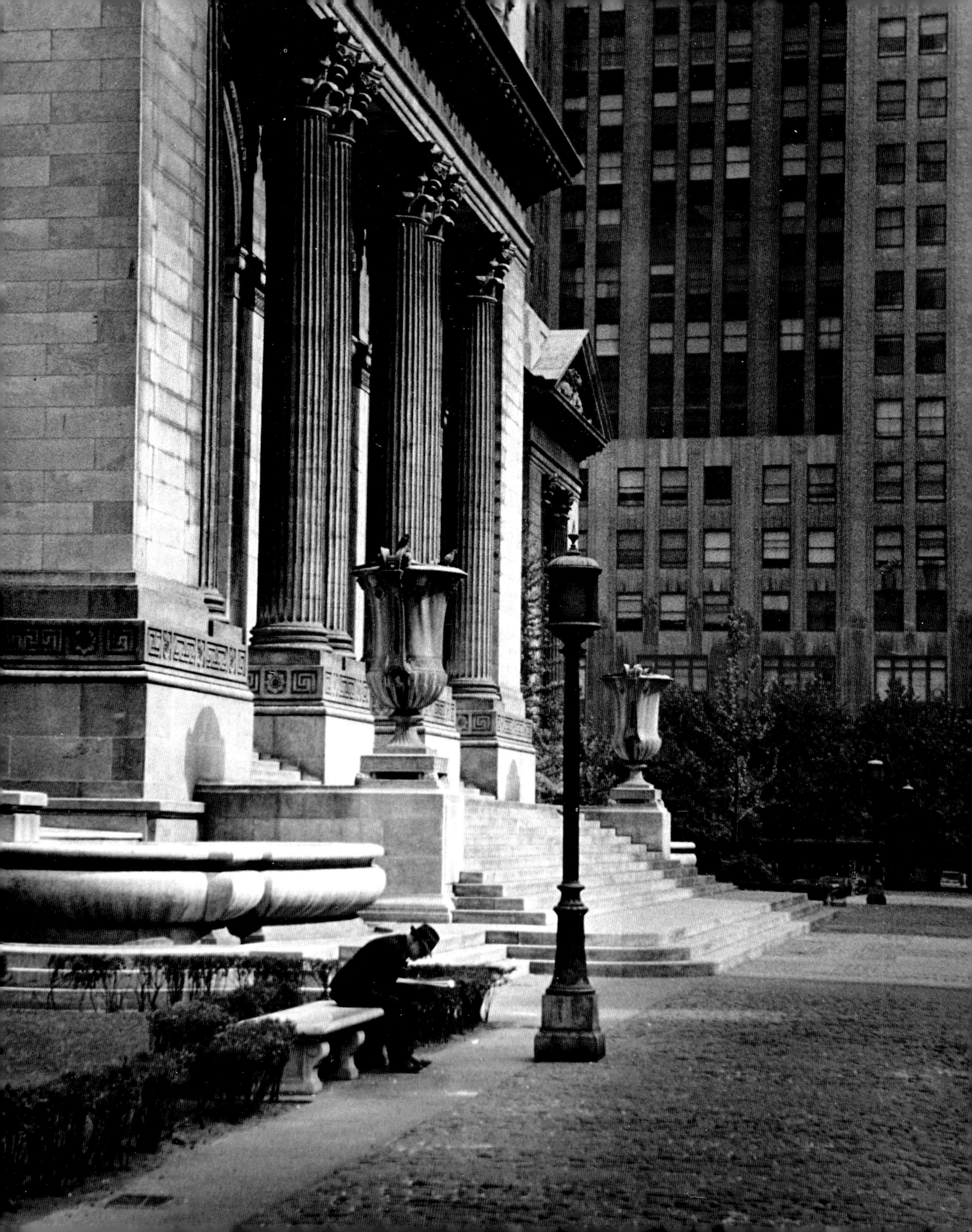

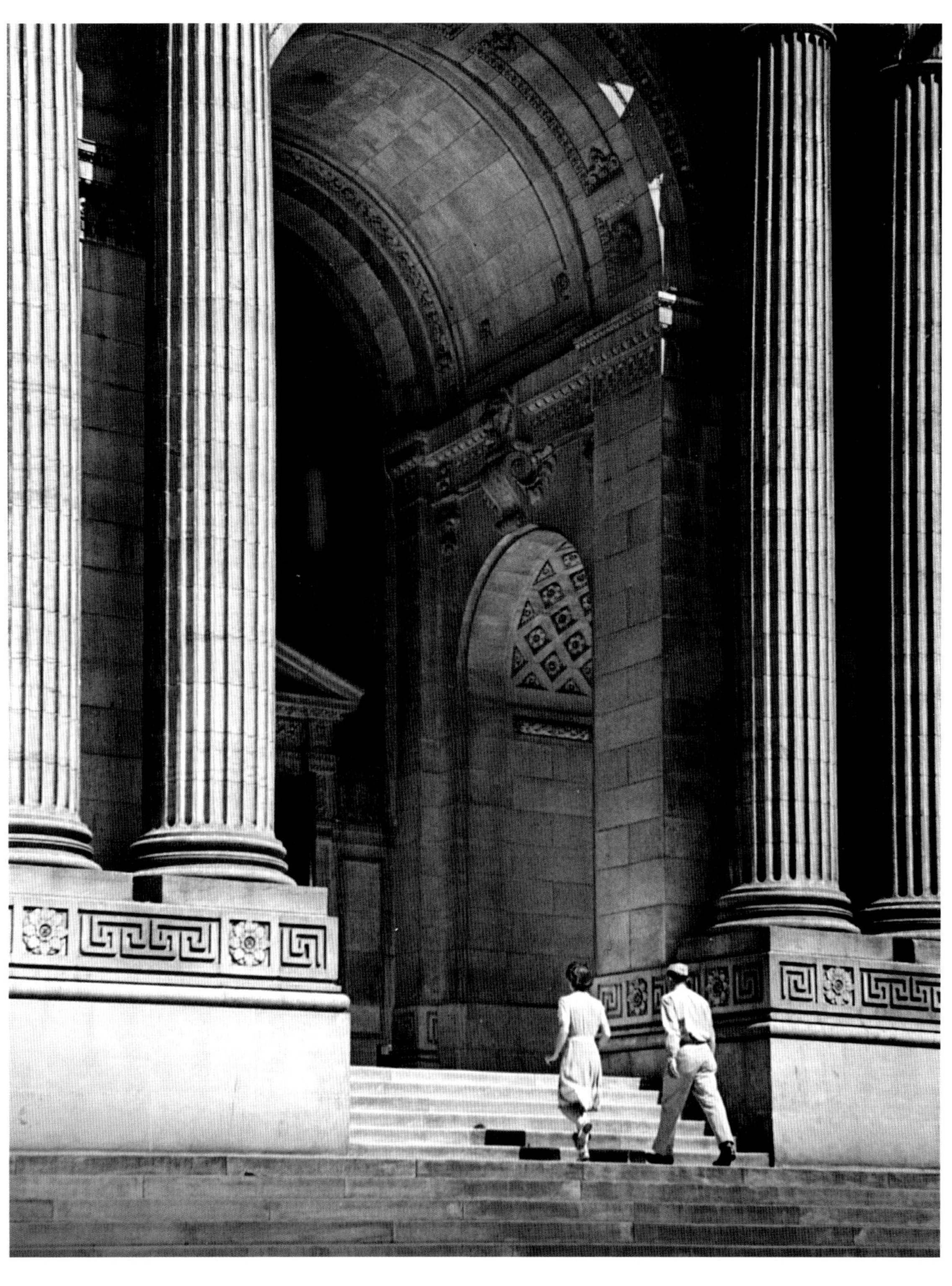

New York Public Library, ingresso.
Entrance. New York Public Library.

p. 38
New York Public Library, ingresso.
Entrance. New York Public Library.

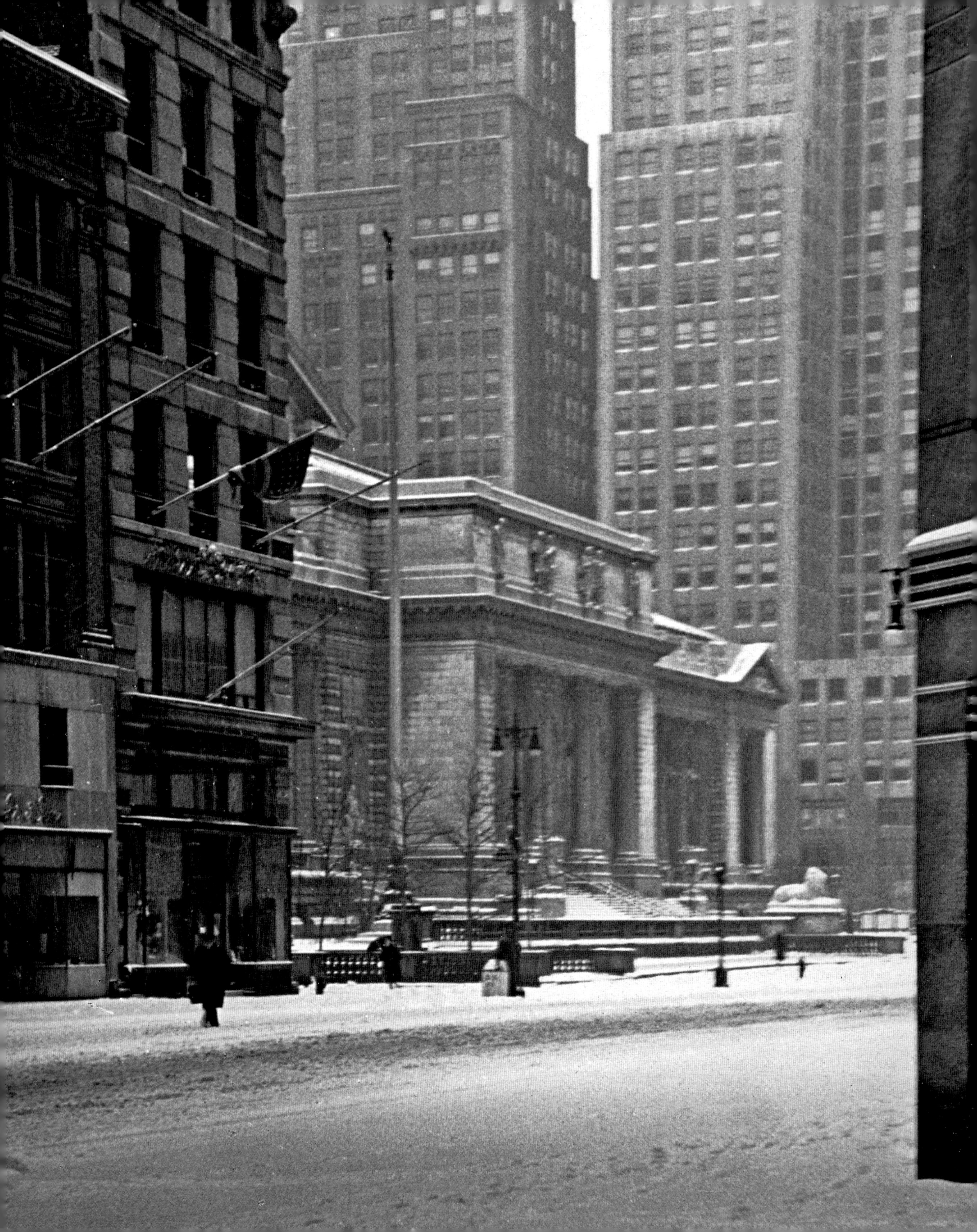

Bryant Park, fontana.
Fountain. Bryant Park.

p. 40
New York Public Library, in inverno.
The New York Public Library, wintry day.

p. 42-43
New York Public Library, retro.
Bryant Park.
Bryant Park. Rear of New York
Public Library.

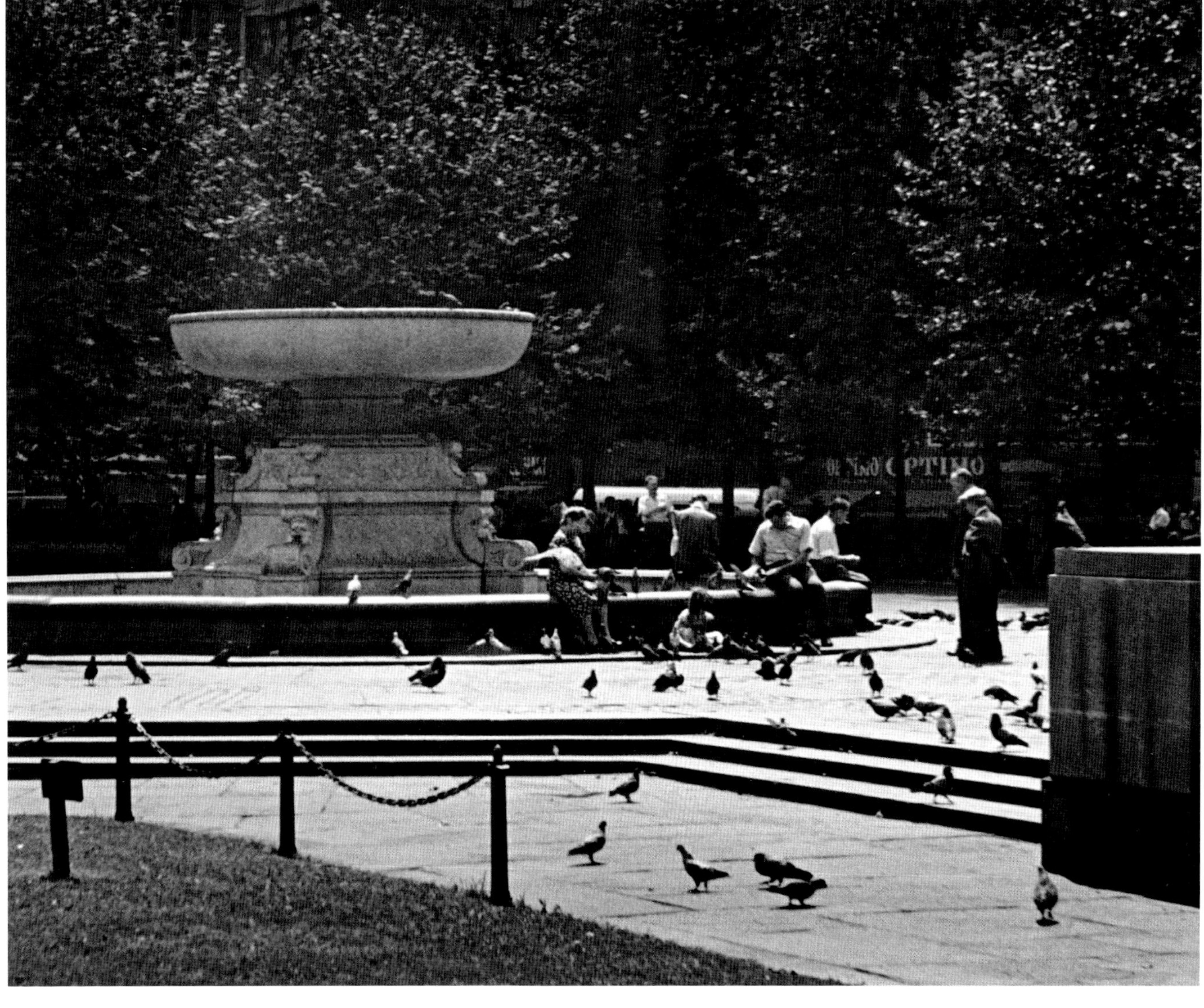

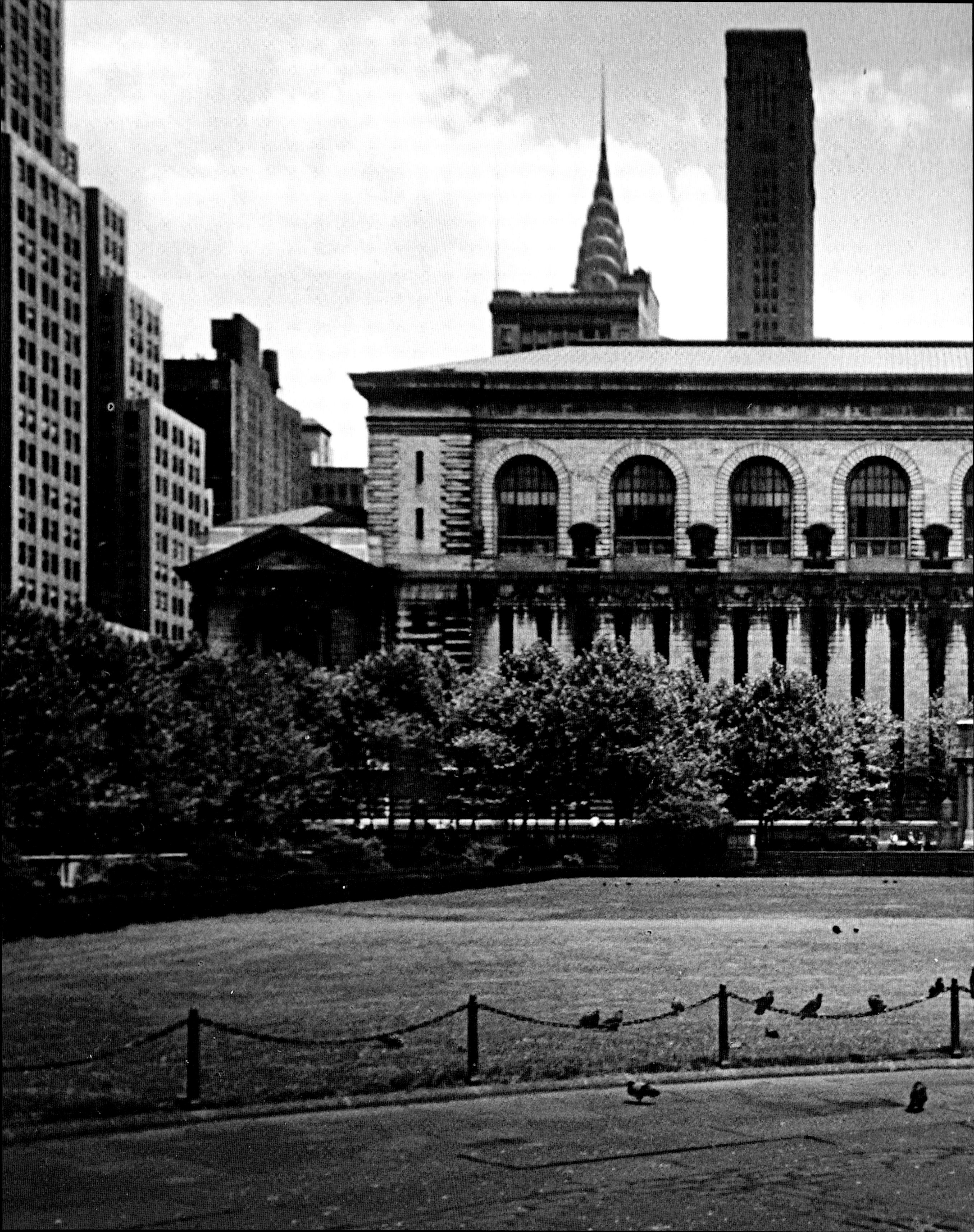

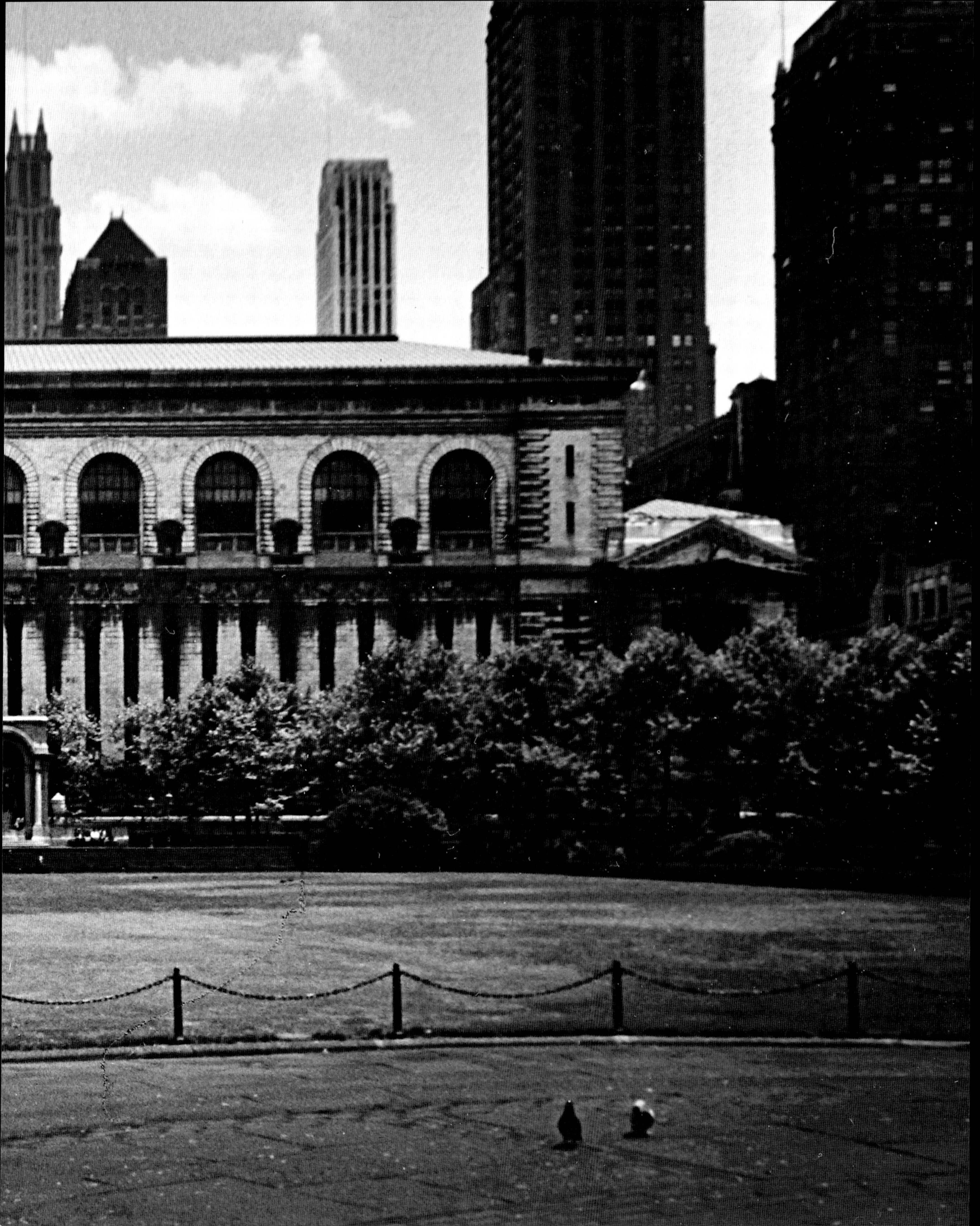

Con le prime luci del mattino apparvero all'orizzonte i
grattacieli di Wall Street; pensai a Babilonia ed a certi
modelli in gesso di ricostruzioni archeologiche che una
volta vidi in Germania, in un museo. […] Strano come nella
città di New York mi sembrava di essere morto e rinato
in un altro pianeta. Quelle costruzioni lisce e monotone,
dalle cui superfici nulla sporgeva, non un balcone, non il
capitello d'una colonna, non un cornicione, non un pezzo
d'ornato, non un'asta, non un chiodo, mi procuravano un
senso di grande sgomento. Pensavo con nostalgia al calore
ed all'umanità dello stile barocco, dello stile secondo Impero,
e persino dello stile umbertino e di quello liberty.

The skyscrapers of Wall Street appeared on the horizon
with the first light of morning; I thought of Babylon and
certain plaster models of archaeological reconstructions I
once saw in Germany, in a museum. […] Strange how in
the city of New York I felt as if I had died and been reborn
on another planet. Those smooth monotonous buildings,
with nothing jutting from their surfaces, not a balcony, not a
column capital, not a cornice, not the least bit of decoration,
not a staff, or nail, dismayed me. I thought with nostalgia
of the warmth and humanity of the baroque, of the second
Empire style, and even of the Umbertine and Art Nouveau.

Giorgio De Chirico, *Memorie della mia vita*, Milano, Bompiani, 1998, p. 158.
Giorgio De Chirico, *Memorie della mia vita*, Milan, Bompiani, 1998, p. 158 (Italian edition).

Midtown Manhattan.
Midtown Manhattan.

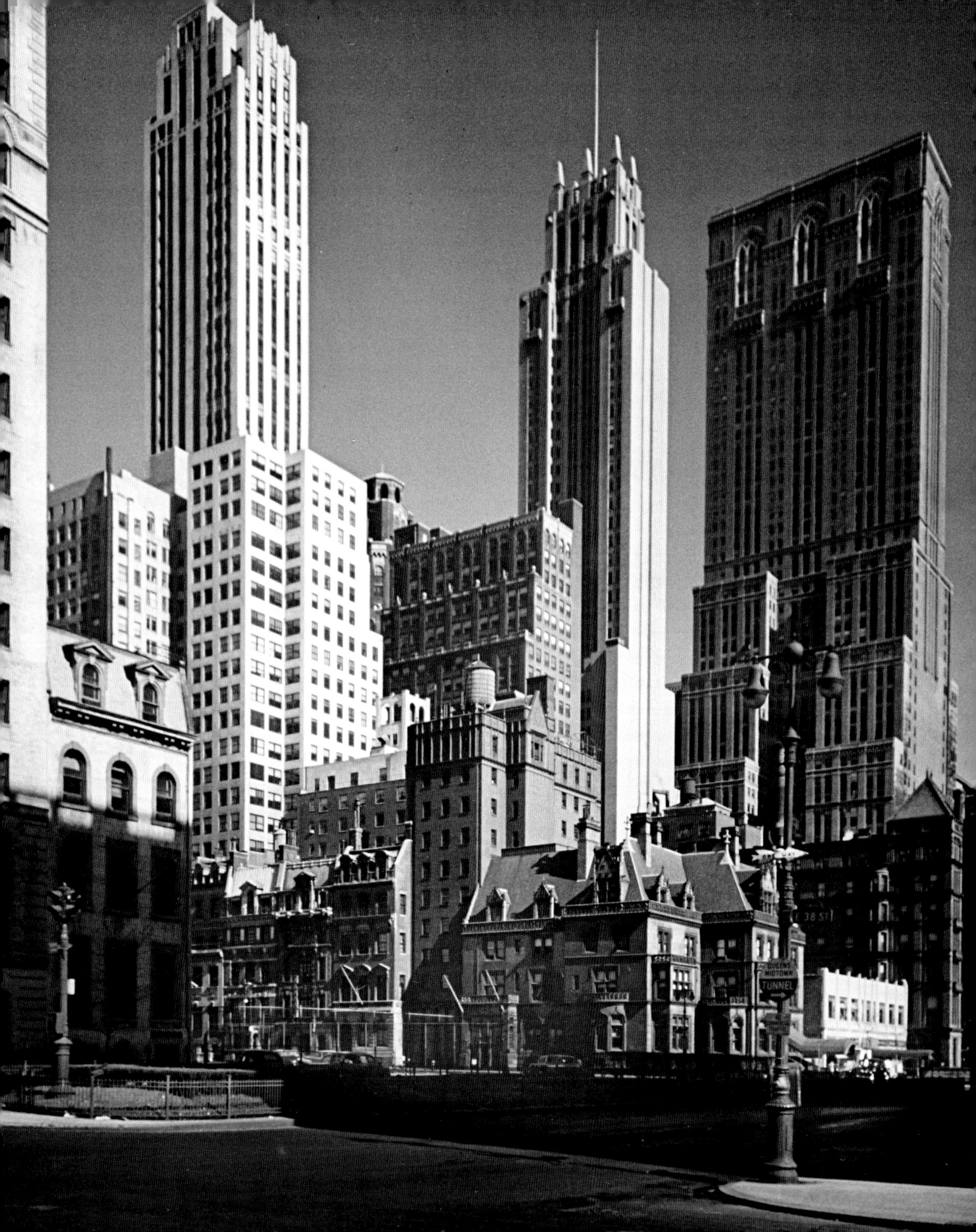

QUEENS
MIDTOWN
TUNNEL
E 38 ST

Grand Central Terminal.
42ª Strada tra la Vanderbilt
Avenue e la Lexington Avenue.
Grand Central Terminal.
42nd Street between Vanderbilt
and Lexington Avenues.

p. 47
Grand Terminal Station, ingresso.
Entrance. Grand Terminal Station.

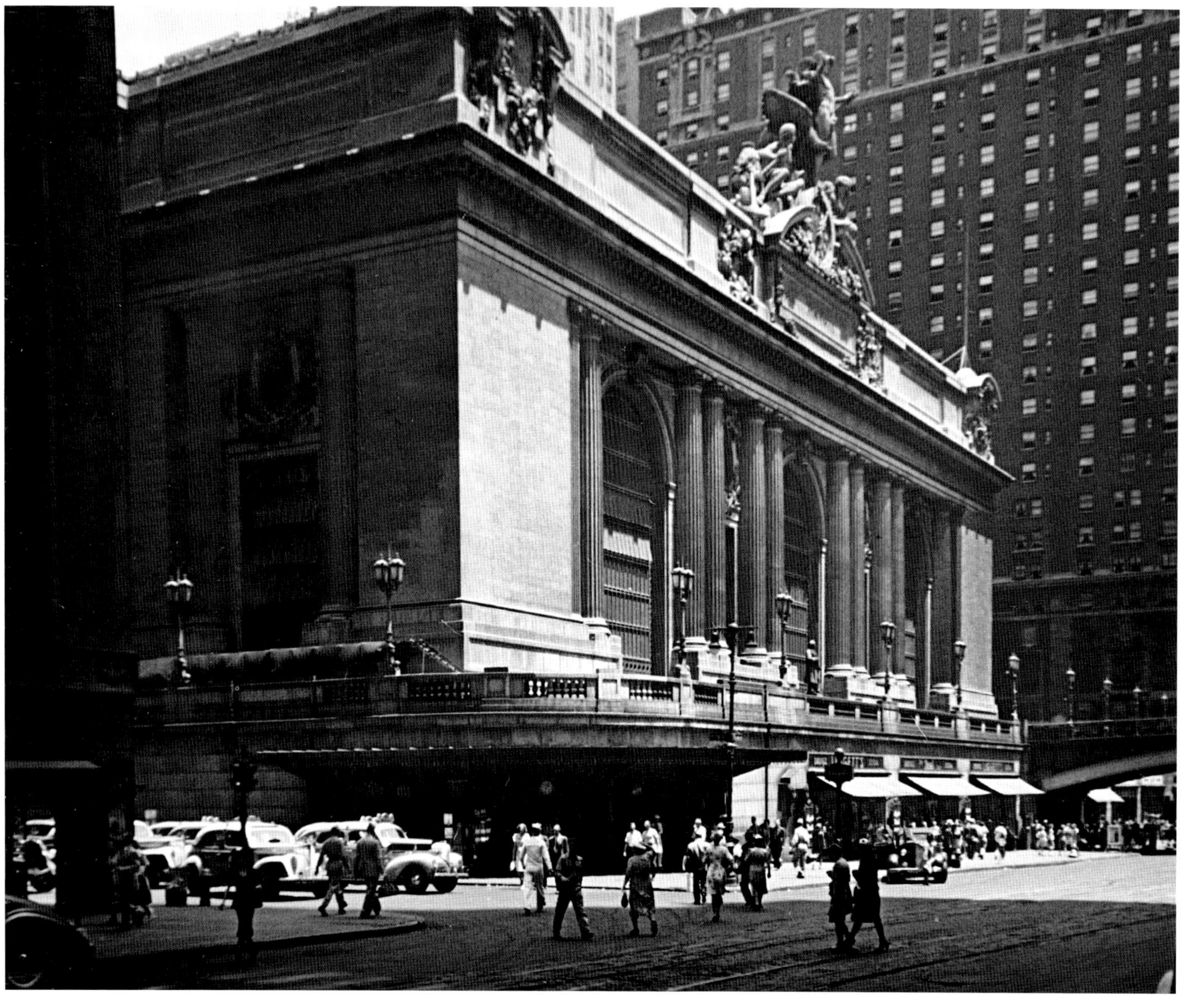

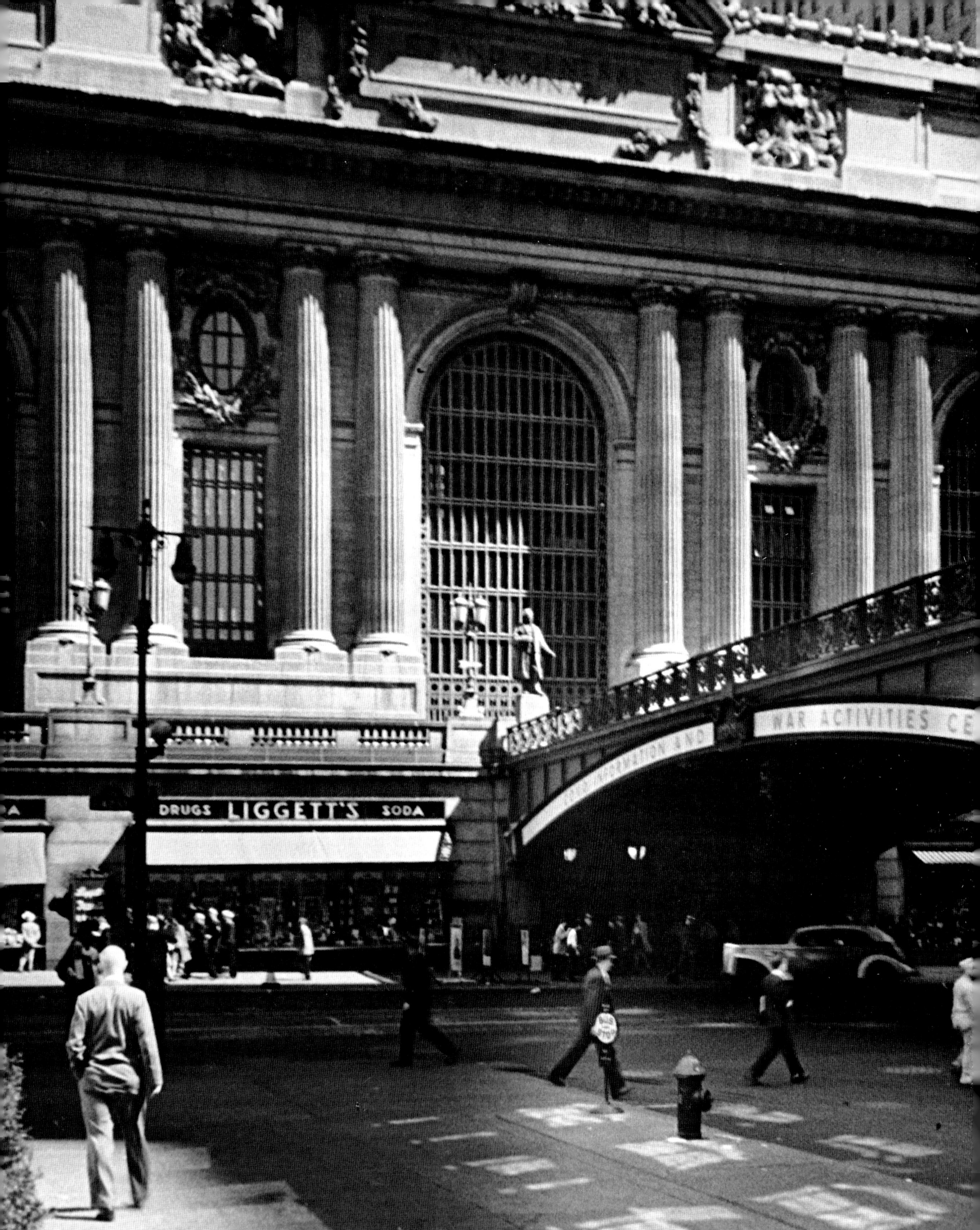

DRUGS LIGGETT'S SODA
WAR ACTIVITIES CE
INFORMATION AND

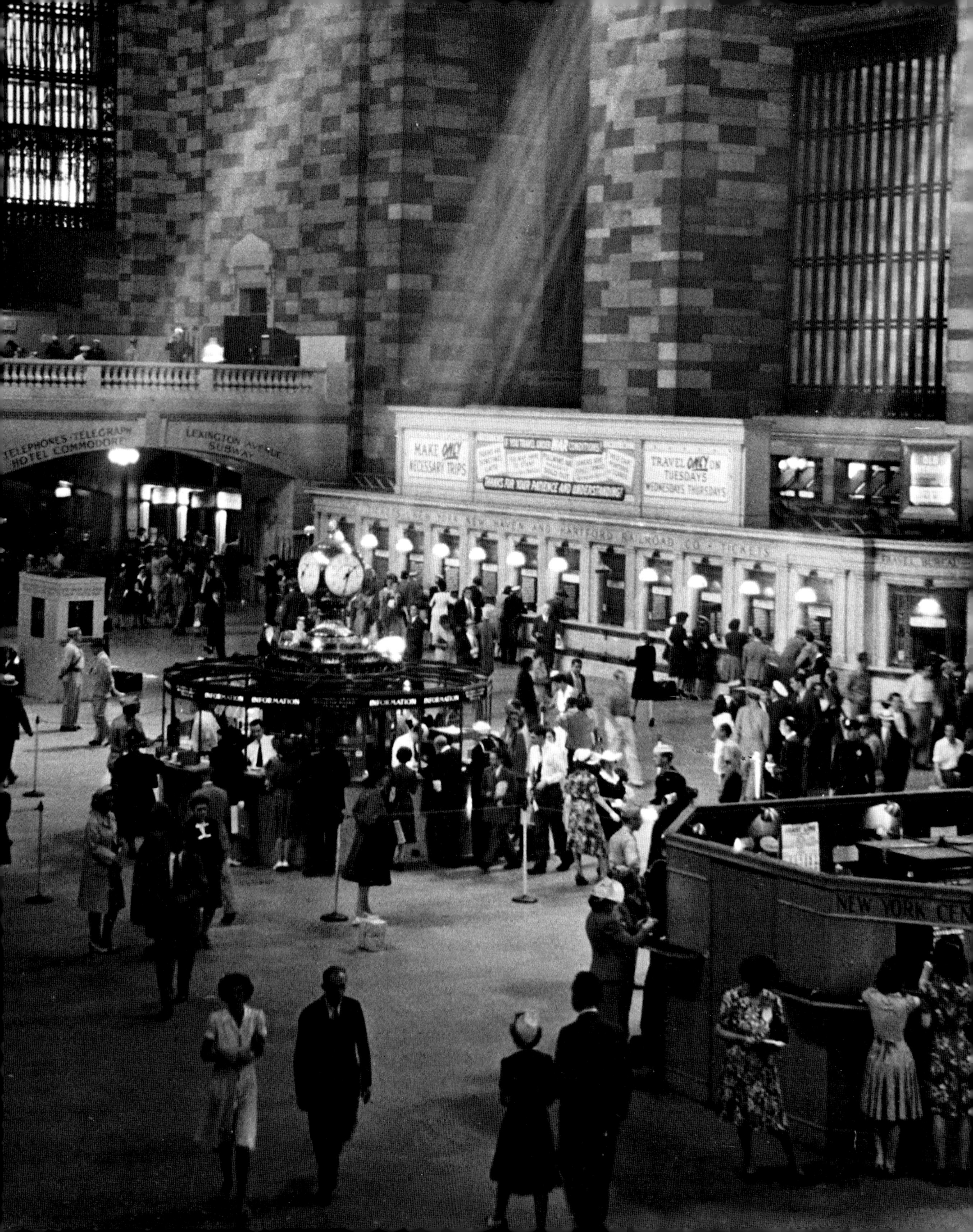

TELEPHONES·TELEGRAPH
HOTEL COMMODORE
LEXINGTON AVENUE
SUBWAY
MAKE ONLY NECESSARY TRIPS
TRAVEL ONLY ON TUESDAYS WEDNESDAYS THURSDAYS
THANKS FOR YOUR PATIENCE AND UNDERSTANDING
NEW YORK NEW HAVEN AND HARTFORD RAILROAD CO · TICKETS
TRAVEL BUREAU
INFORMATION INFORMATION INFORMATION INFORMATION
NEW YORK CENTRAL

45ª Strada. Ingresso dell'Hotel
The Roosevelt.
45th Street. Entrance
of The Roosevelt Hotel.

p. 48
Grand Central Terminal, interno.
Interior. Grand Central Terminal.

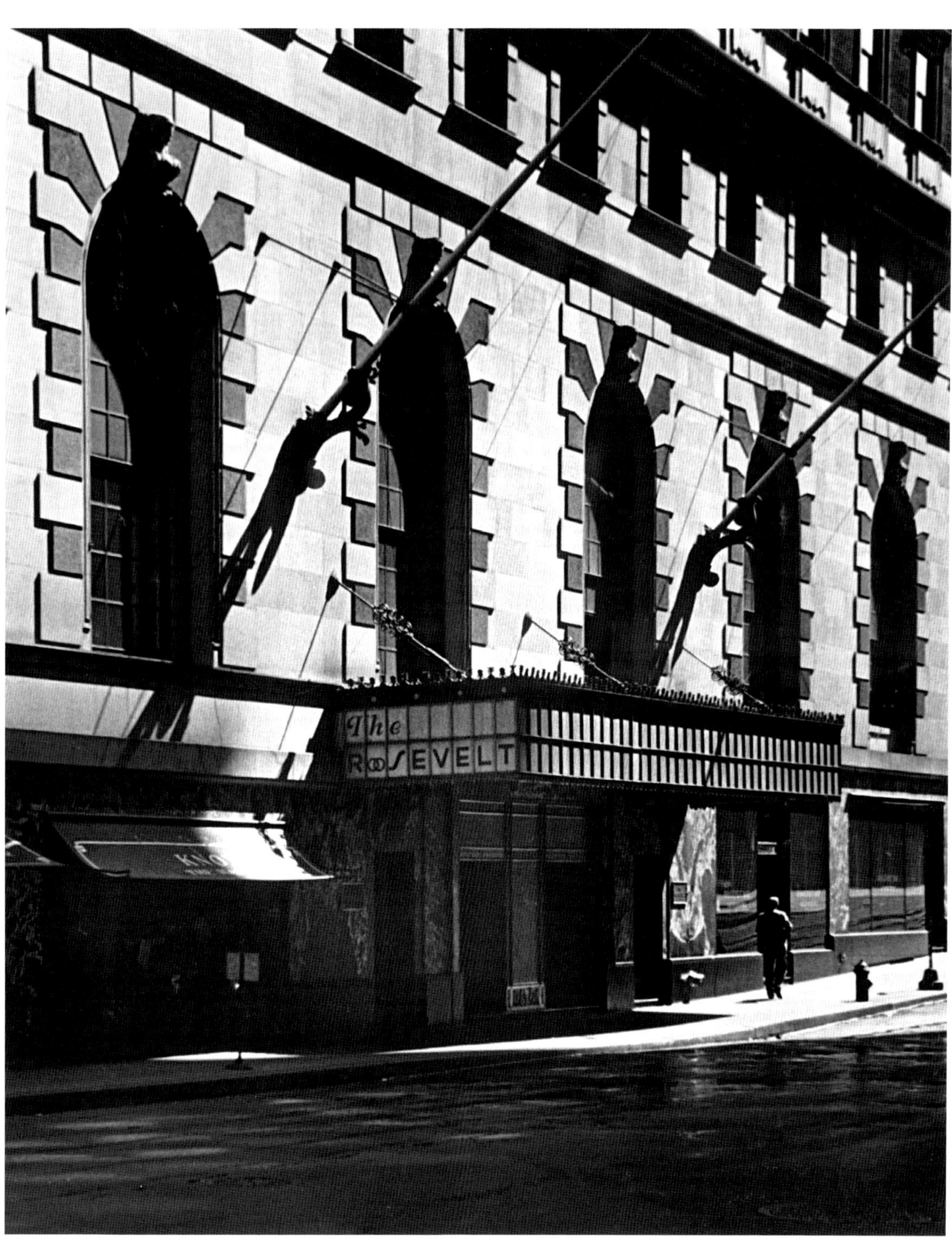

D'un tratto mi ritrovai a Times Square.
Avevo fatto tredicimila chilometri in giro
per il continente americano ed ero di ritorno
in Times Square; e proprio nel mezzo di un'ora
di punta, per di più, a guardare con i miei occhi
resi innocenti dalla strada l'assoluta pazzia
e il fantastico andirivieni di New York…
Suddenly I found myself on Times Square.
I had traveled eight thousand miles around
the American continent and I was back
in Times Square, and right in the rush hour
watching with eyes made innocent by the road
the absolute madness and fantastic coming
and going of New York…

Jack Kerouac, *Sulla strada*, trad. it. Magda de Cristofaro, Milano, Mondadori, 1970, p. 136 (edizione originale: *On the Road*, New York, Viking Press, 1957).
Jack Kerouac, *On the Road*, New York, Viking Press, 1957; Viking Penguin 2007, p. 209

Times Square.
Times Square.

p. 52-53
Broadway e Settima Avenue. Veduta notturna da Times Square.
Broadway and Seventh Avenue. At night from Times Square.

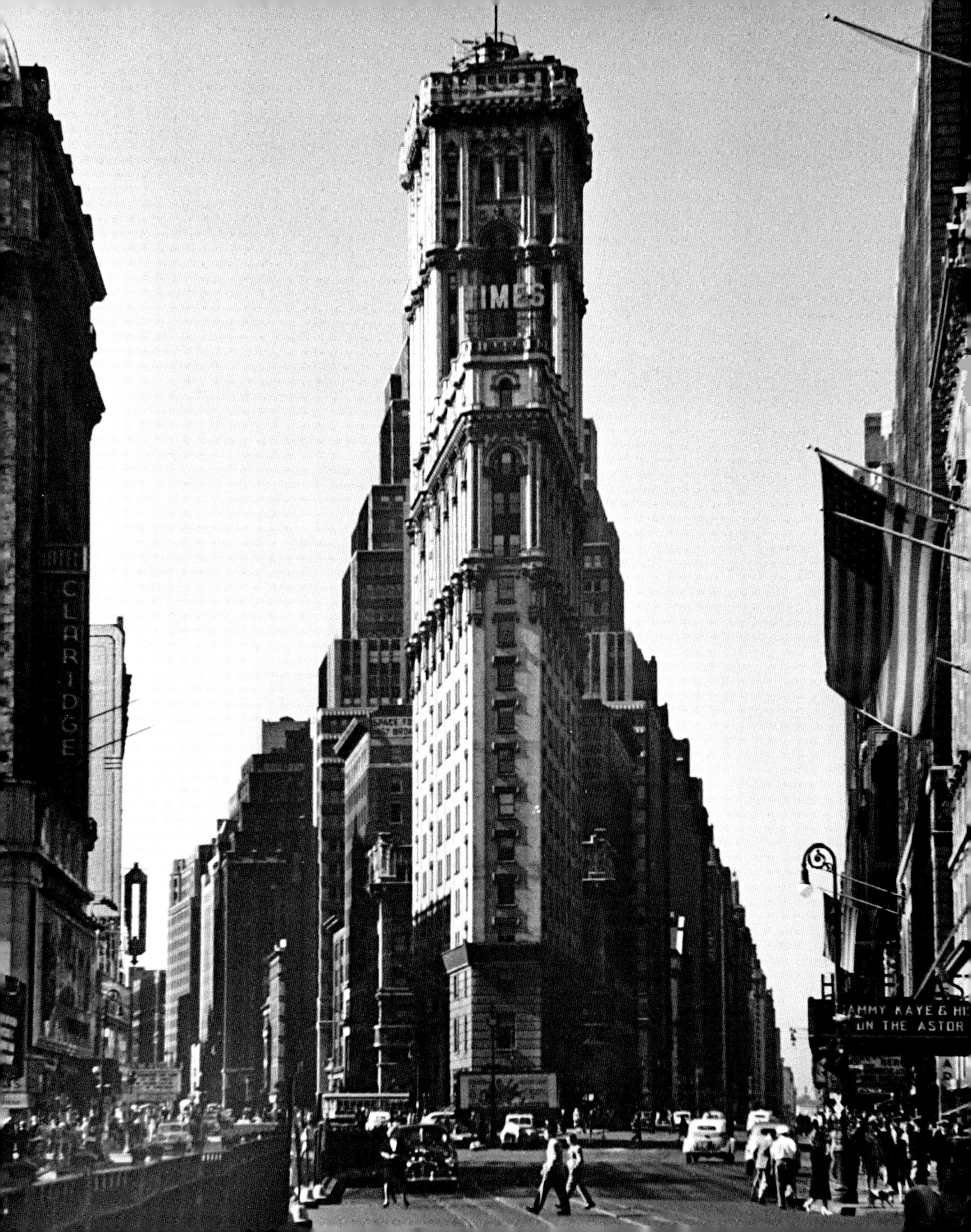

IMES
HOTEL CLARIDGE
SPACE FOR
1457 BROADWAY
AMMY KAYE & HI
UN THE ASTOR

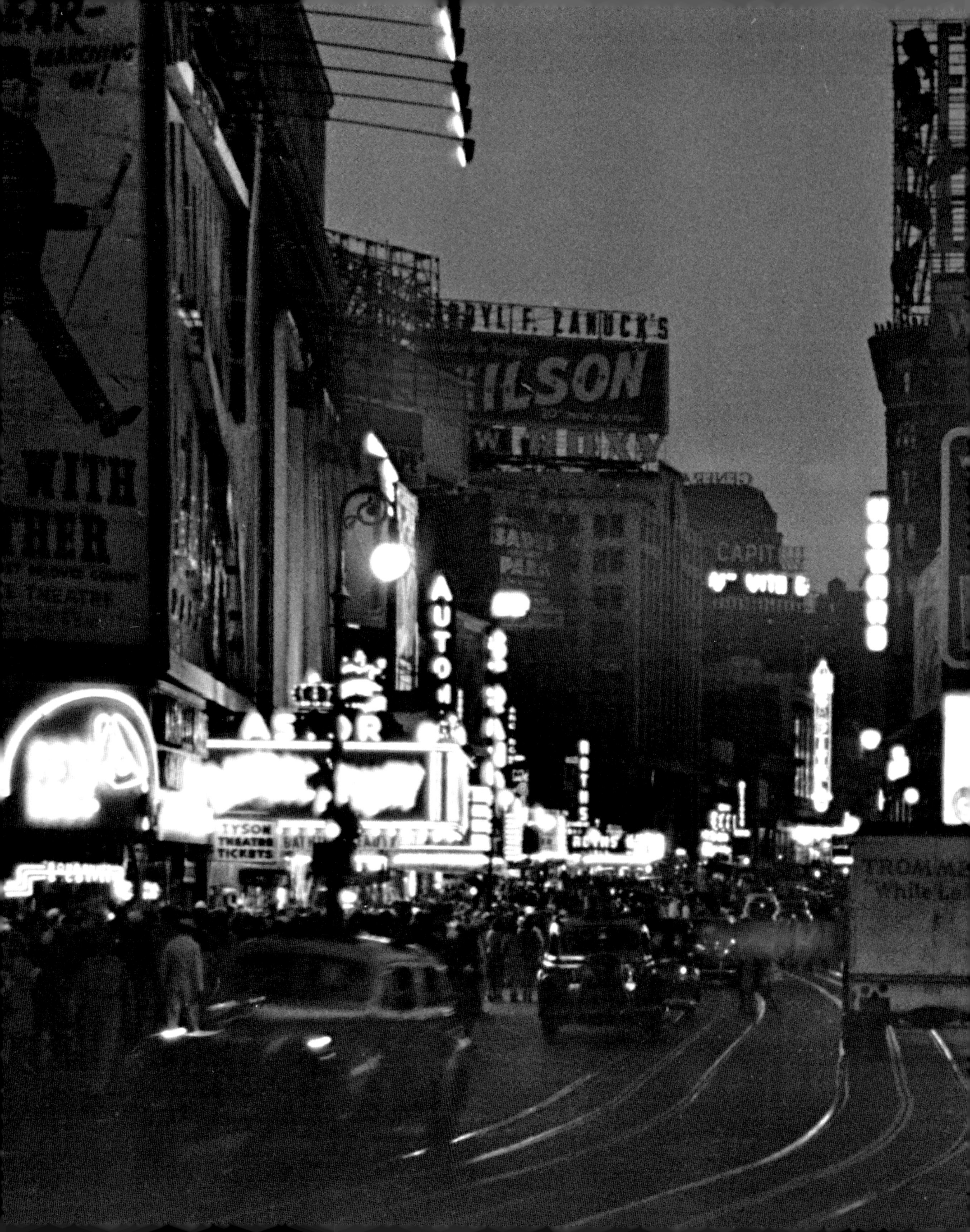
DARRYL F. ZANUCK'S
WILSON
ASTOR
TYSON
THEATRE
TICKETS
AUTO
CAPIT

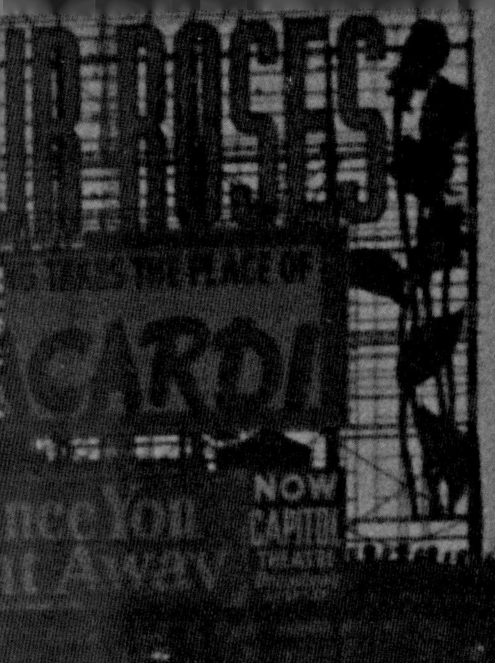
ROSES
BACARDI
NOW CAPITOL THEATRE
ce You
it Away
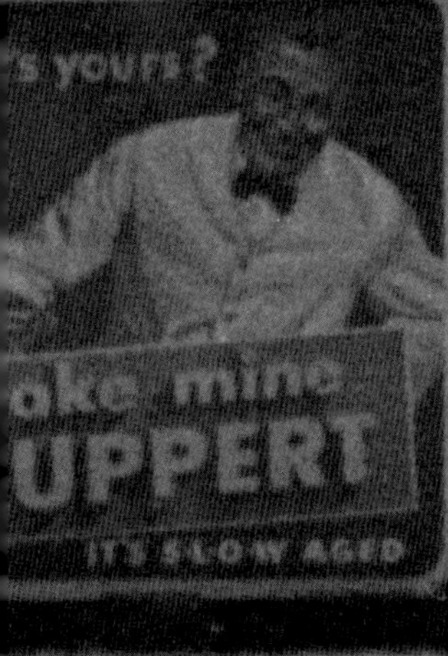
's yours?
ake mine
RUPPERT
IT'S SLOW AGED
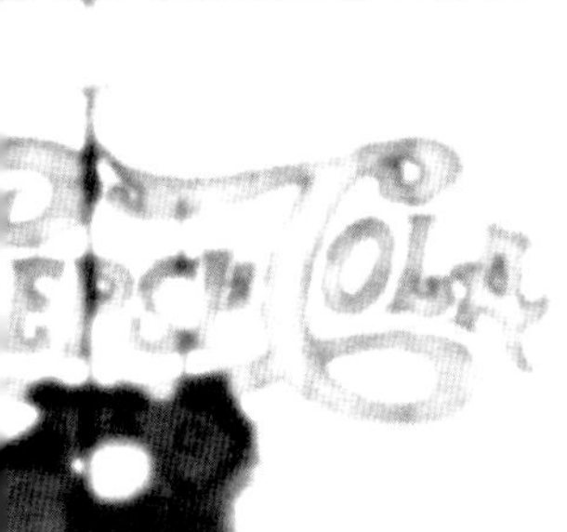
PEPSI COLA
HOTEL VICTORIA
VAUDEVILLE
LOEW'S STATE
BING CROSBY   STEVENS
GOING MY WAY
LO JACK   DAME
HORACE HEIDT TRIO
CHILDS

Sul palcoscenico una donna cantava e sorrideva,
senza però che qualcuno dei presenti se ne
accorgesse. Il ritmo che il piano, la tromba
e i violini si erano imposti sembrava influenzare
selvaggiamente la folla semiubriaca.
I bicchieri di birra venivano svuotati d'un fiato
e le conversazioni ticchettavano via svelte.
Il fumo continuava a turbinare come un oscuro
fiume lanciato verso un'invisibile rapida.

A woman was singing and smiling upon
the stage but no one took notice of her.
The rate at which the piano, cornet and
violins were going, seemed to impart wildness
to the half-drunken crowd. Beer glasses were
emptied at a gulp and conversation became
a rapid chatter. The smoke eddied and swirled
like a shadowy river hurrying toward some
unseen falls.

Stephen Crane, *Maggie: una ragazza di strada*, trad. it. Francesco Franconeri,
Verona, Demetra, 1993, p. 66.
Stephen Crane, *Maggie: a Girl of the Streets (A Story of New York)*, 1893.

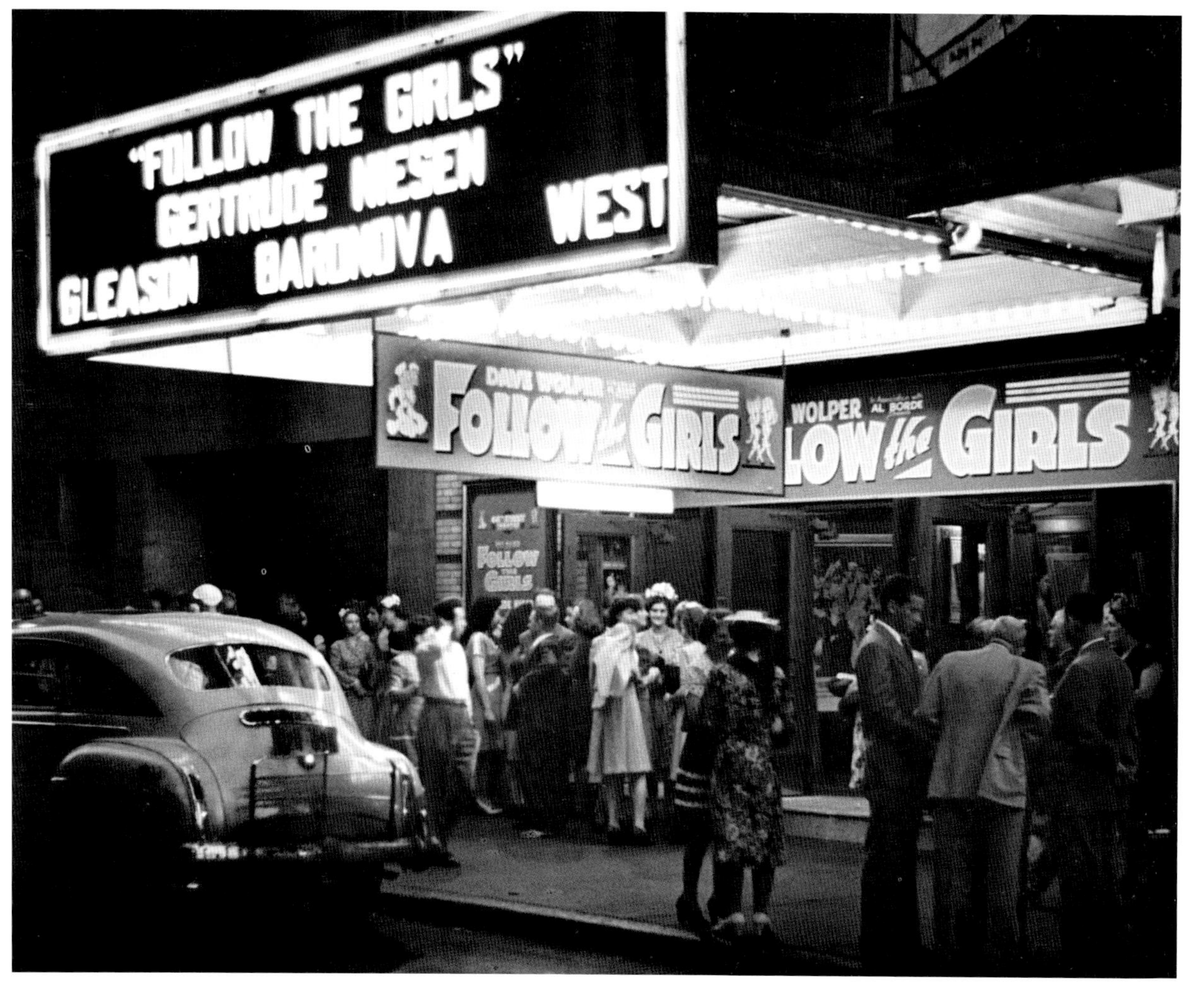

Voglia di teatro.
Theatre time.

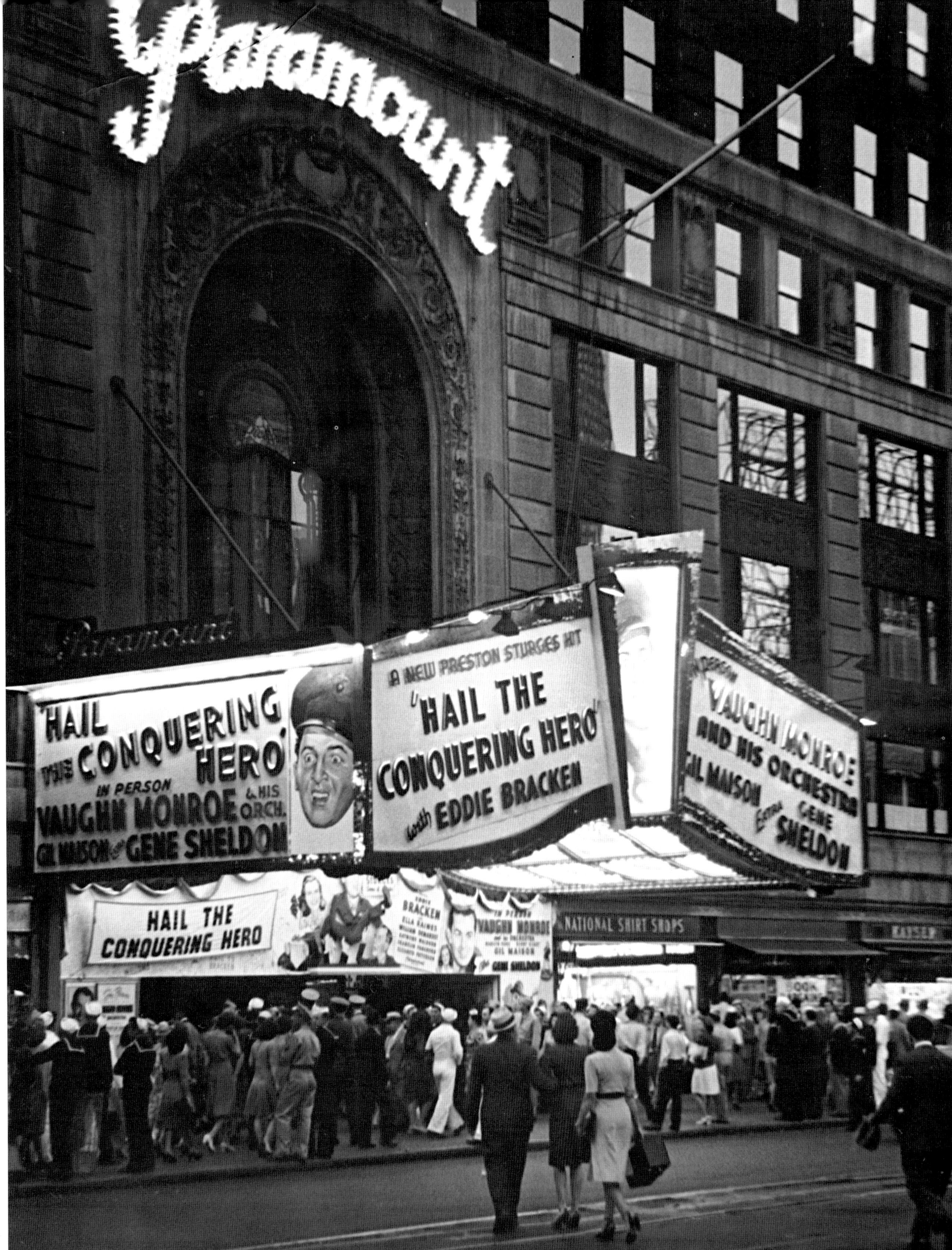
Paramount
Paramount
'HAIL THE CONQUERING HERO'
IN PERSON
VAUGHN MONROE & HIS ORCH.
GIL MAISON and GENE SHELDON
A NEW PRESTON STURGES HIT
'HAIL THE CONQUERING HERO'
with EDDIE BRACKEN
VAUGHN MONROE
AND HIS ORCHESTRA
GIL MAISON GENE SHELDON
HAIL THE CONQUERING HERO
NATIONAL SHIRT SHOPS

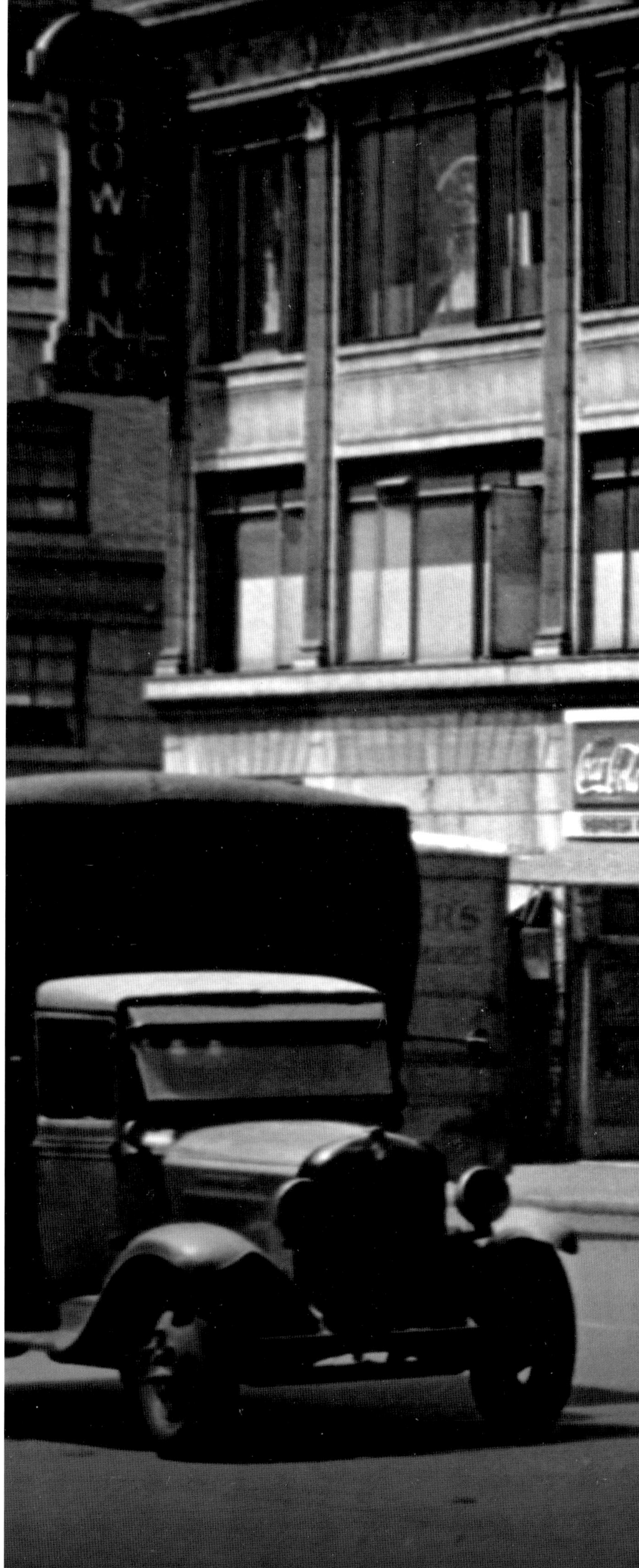

Madison Square Garden, ingresso.
Settima Avenue - 50ª Strada.
Entrance. Madison Square
Garden. Seventh Avenue and
50th Street.

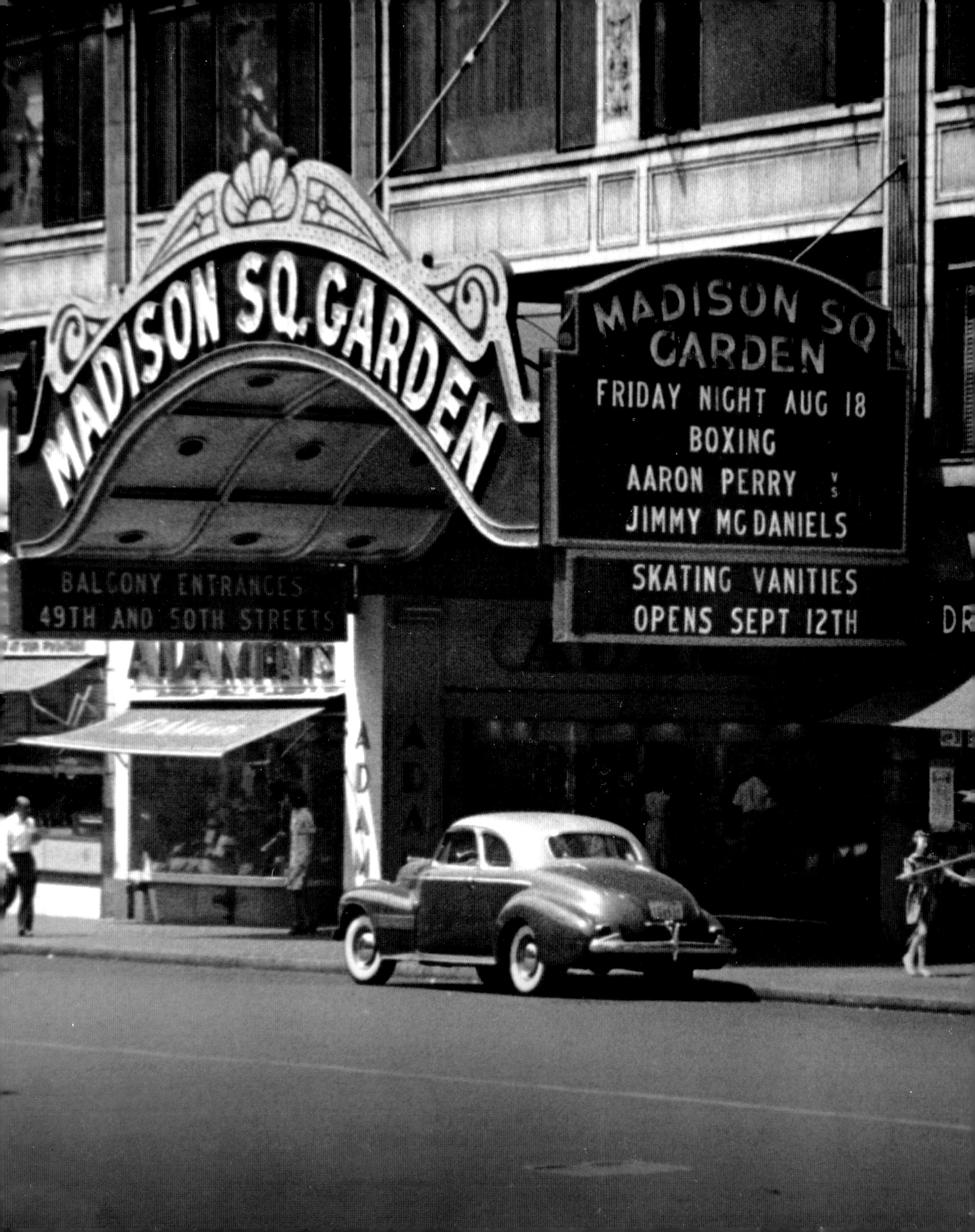

MADISON SQ. GARDEN
BALCONY ENTRANCES
49TH AND 50TH STREETS
MADISON SQ
GARDEN
FRIDAY NIGHT AUG 18
BOXING
AARON PERRY vs
JIMMY McDANIELS
SKATING VANITIES
OPENS SEPT 12TH

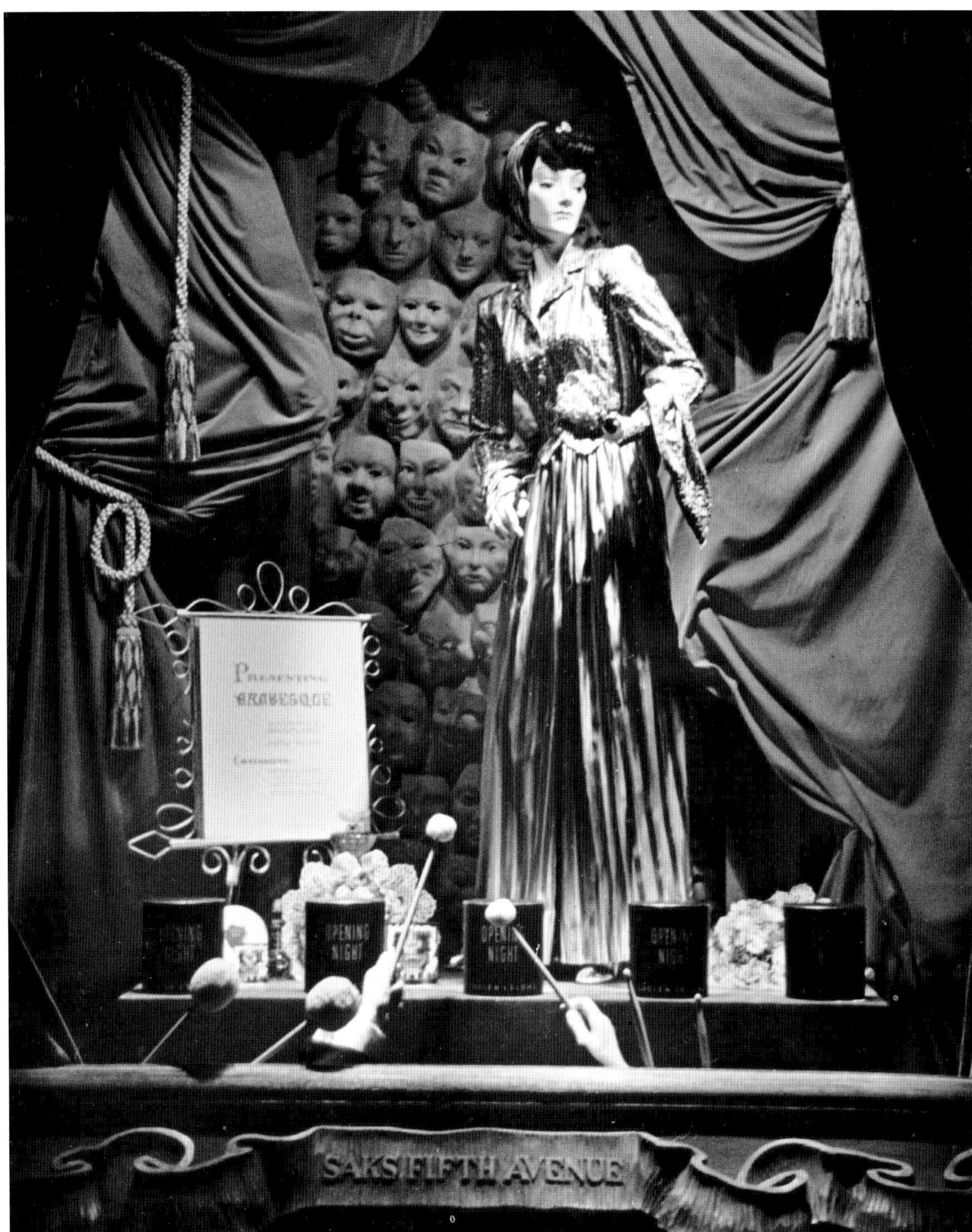

Una vetrina di Saks Fifth Avenue.
A window in Saks Fifth Avenue.

p. 59
Quinta Avenue. Veduta dalla
49ª Strada verso sud.
Fifth Avenue looking South
from 49th Street.

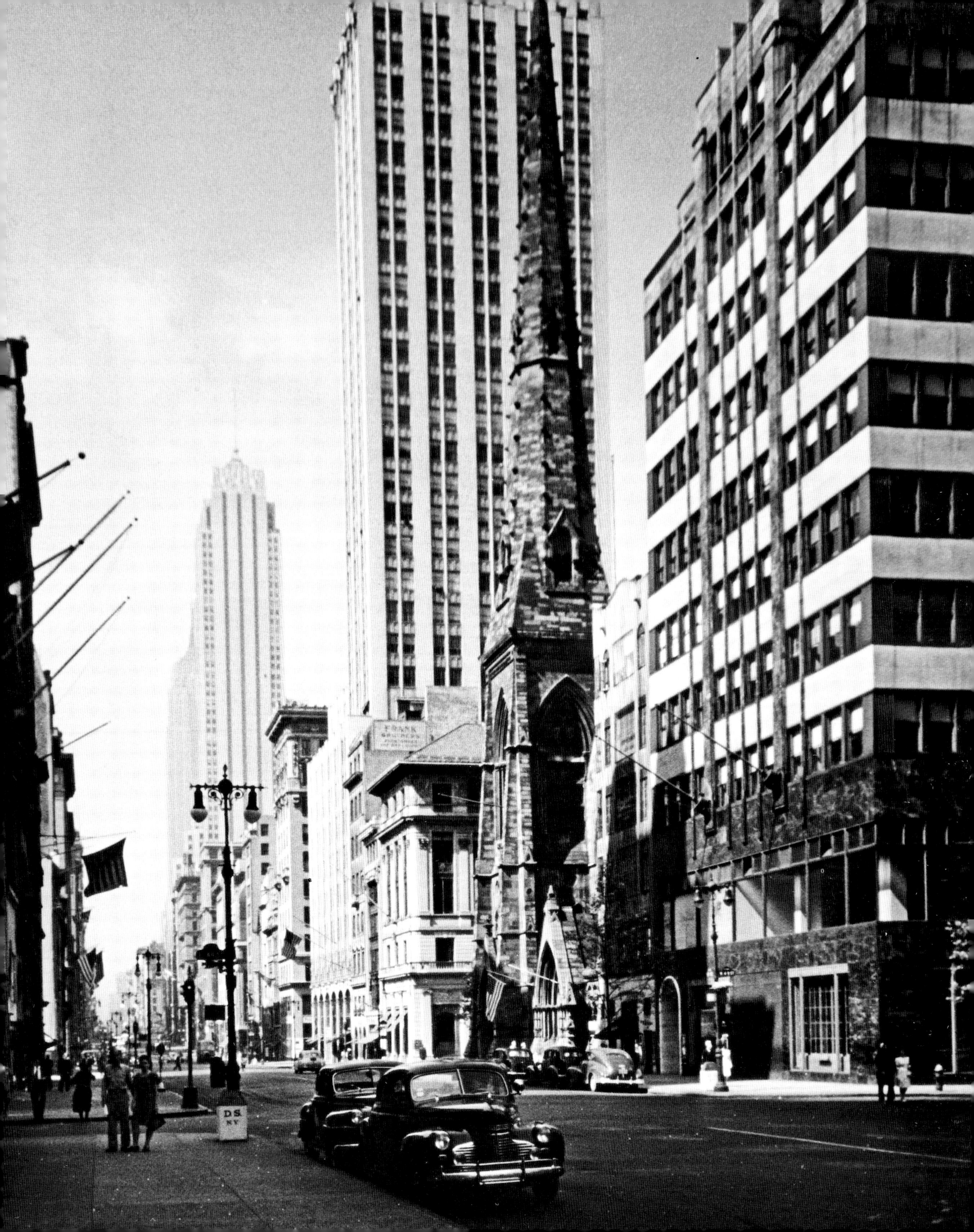

Ecco il modo di vivere a New York,
traslocare ogni tre o quattro anni.
La città cresce troppo in fretta e allora
si fa così: si va sempre più su,
come fa New York.

That's the way to live in New York
– to move very three or four years.
Then you always get the last thing.
It's because the city's growing so quick –
you've got to keep up with it. It's going
straight up town – that's where
New York's going.

Henry James, *Piazza Washington*, trad. it. Carla Miggiano, Parma, Guanda, 1957, p. 30 (ed. originale: *Washington Square*, New York, Harper & Brothers, 1881).
Henry James, *Washington Square*, New York, Harper & Brothers, 1881.

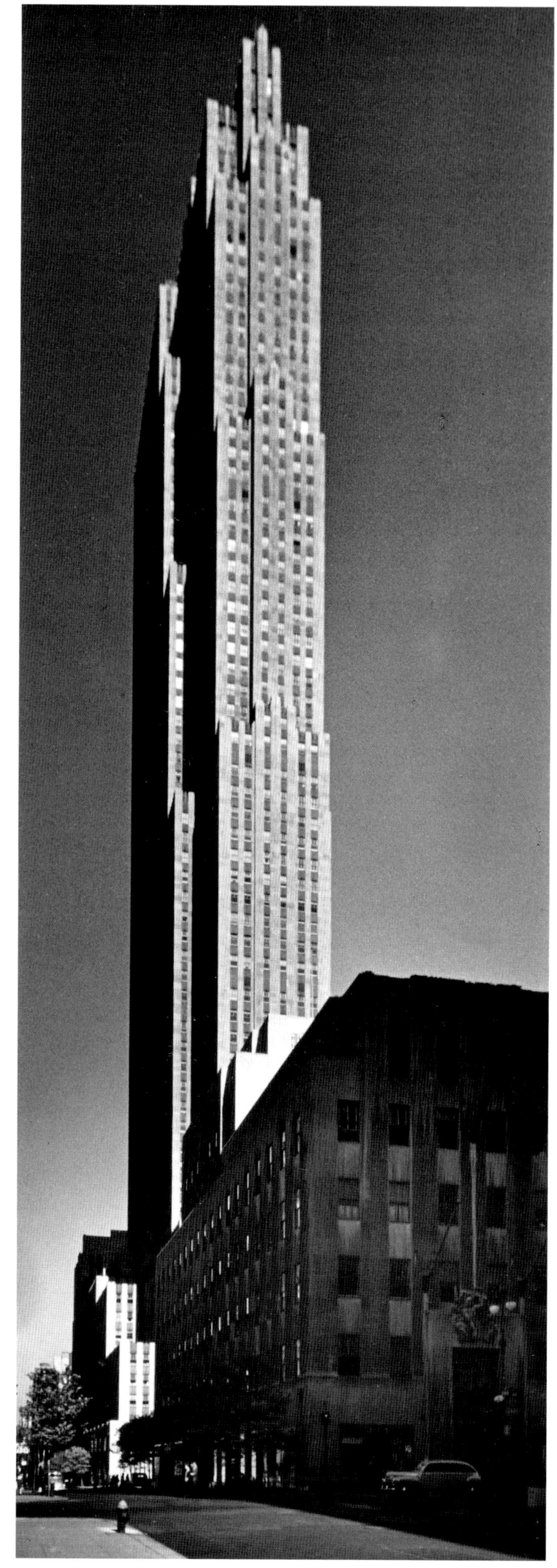

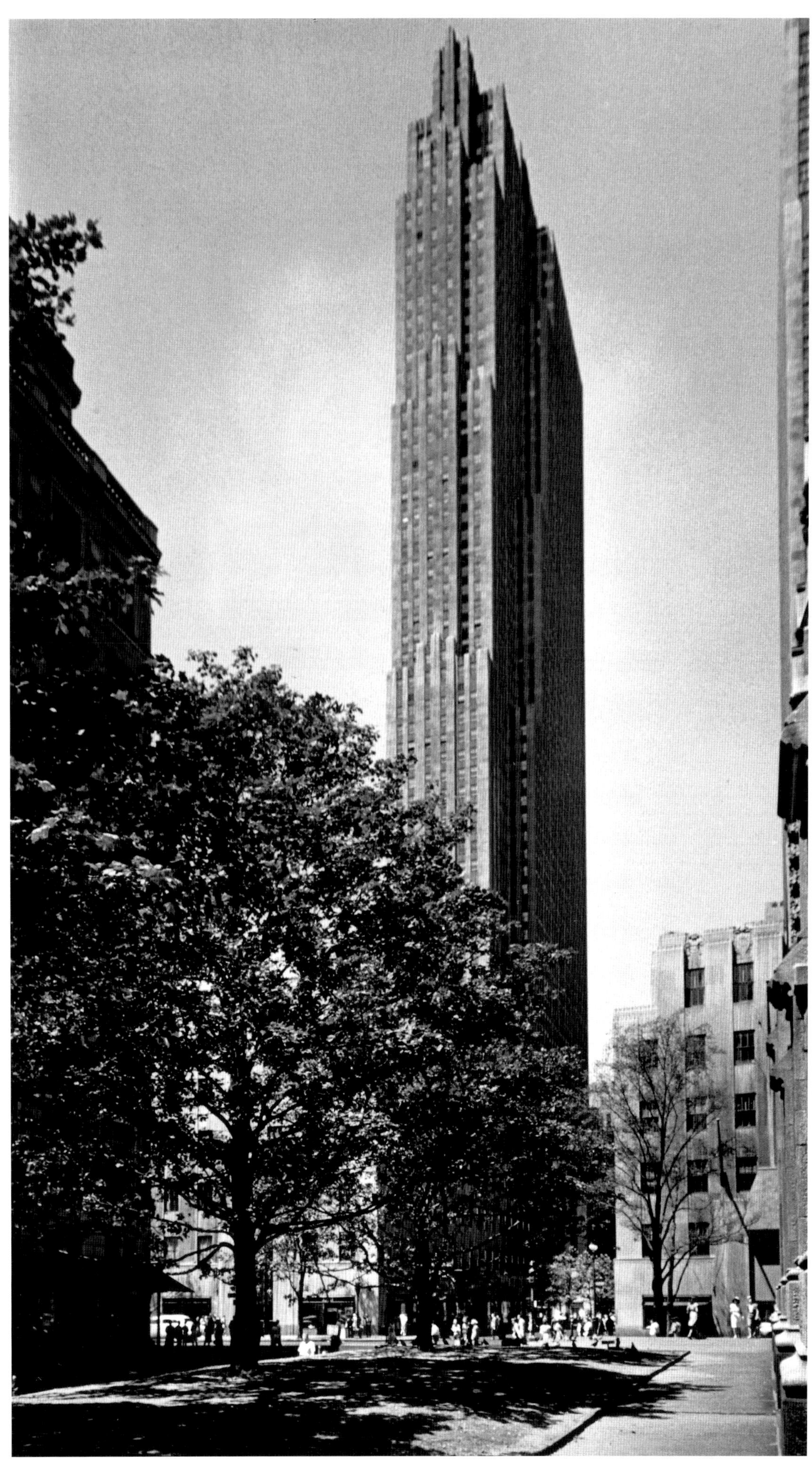

R.C.A. Building. Rockefeller
Plaza, tra la 49ª e la 50ª Strada.
R.C.A. Building. Rockefeller
Plaza. Between 49th and
50th Streets.

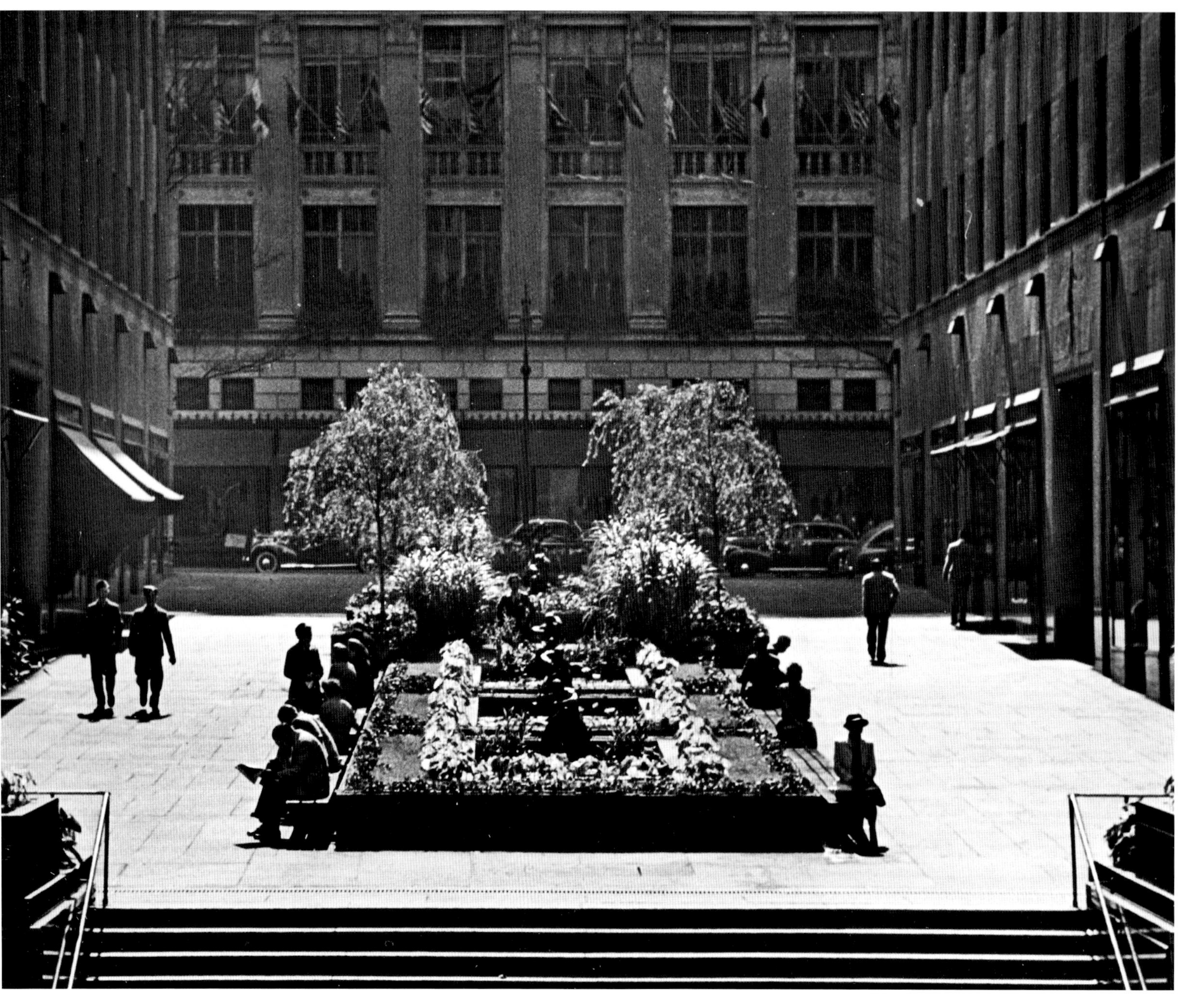

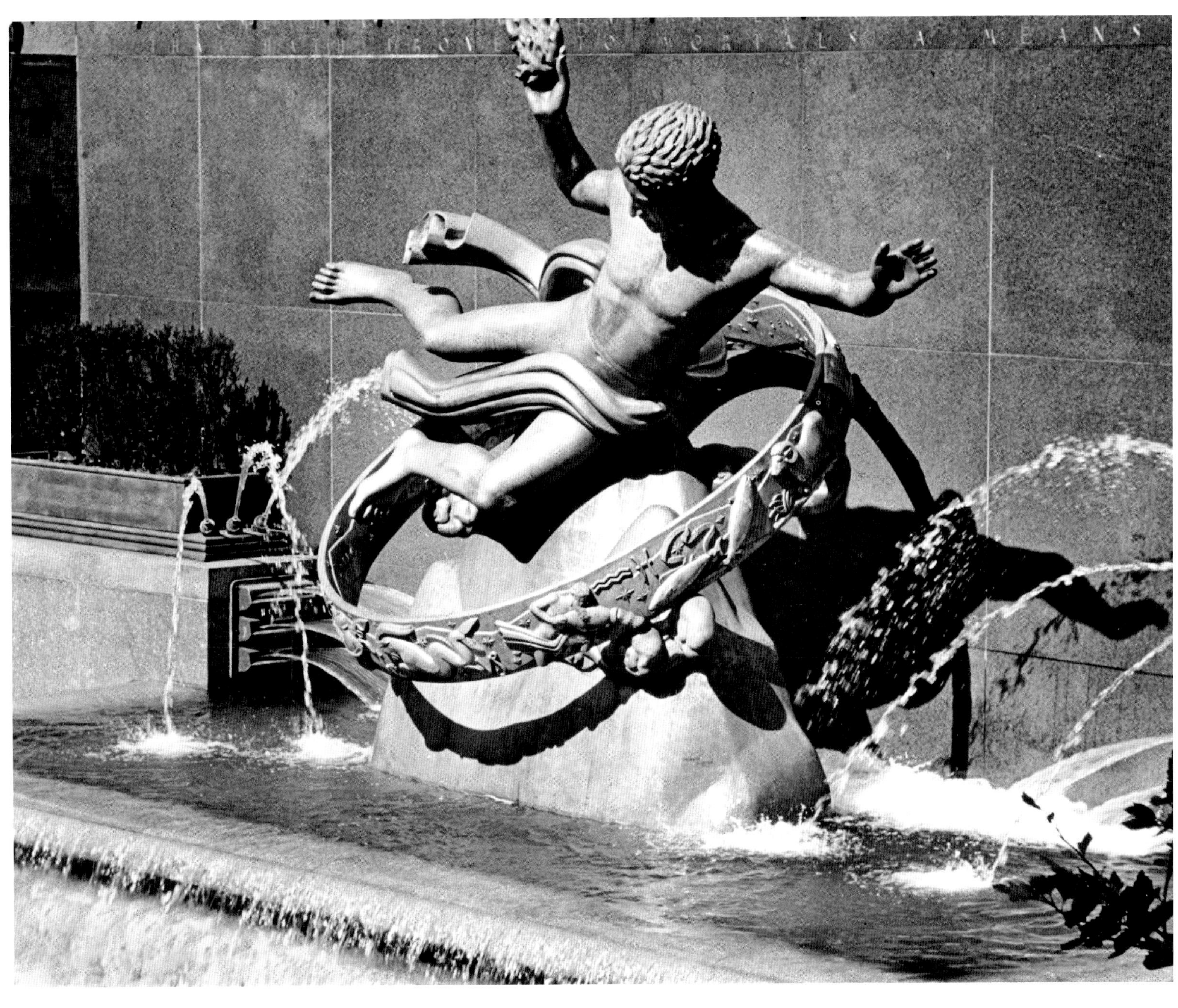

Sunken Plaza, Rockefeller Center.
Fontana di Prometeo.
Prometheus Fountain. Sunken
Plaza. Rockefeller Center.

p. 62
Promenade Rockefeller Center.
Promenade Rockefeller Center.

International Building,
Rockefeller Center, ingresso.
Statua di Atlante.
Statue of Atlas at Entrance
to International Building.
Rockefeller Center.

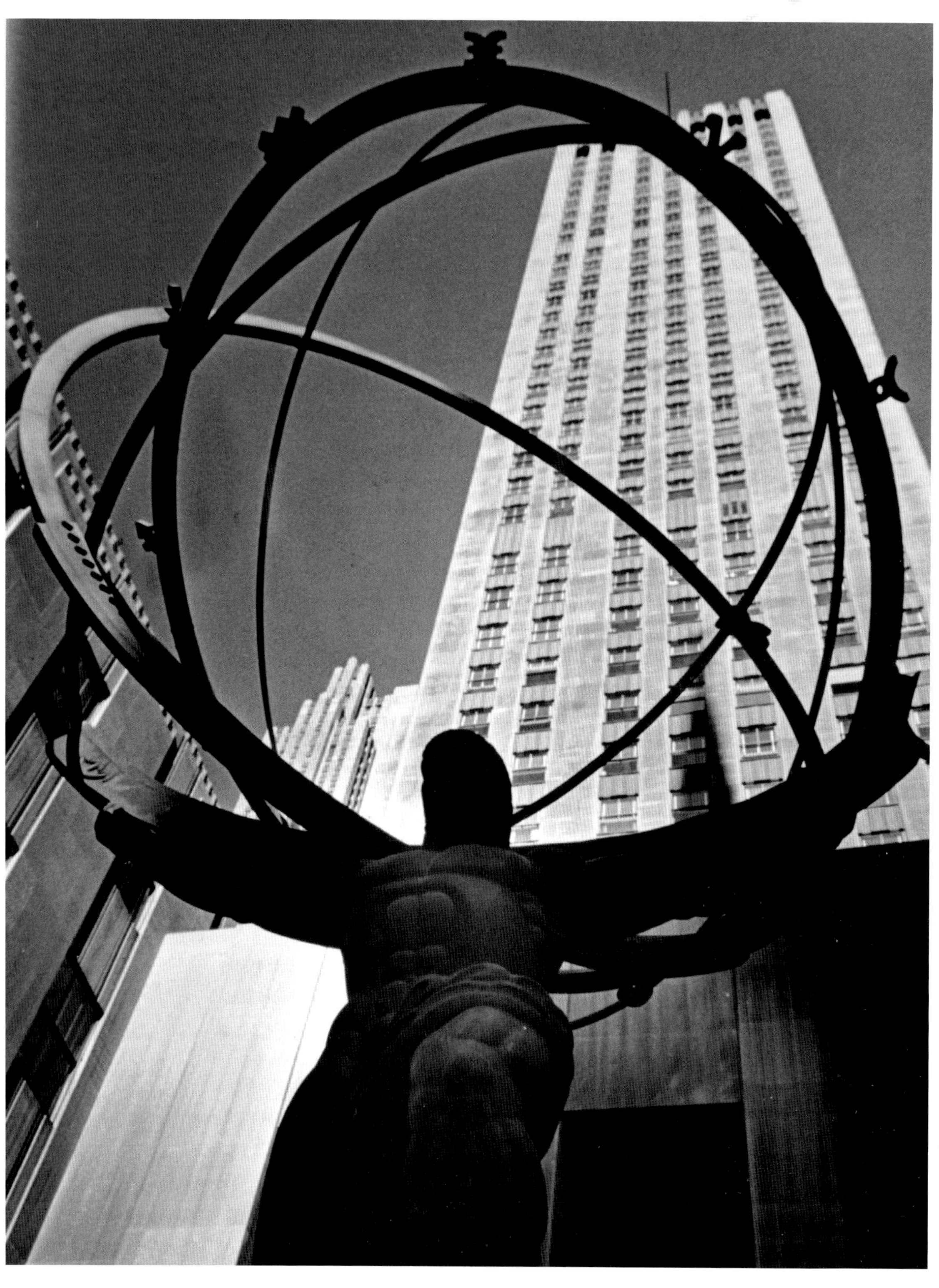

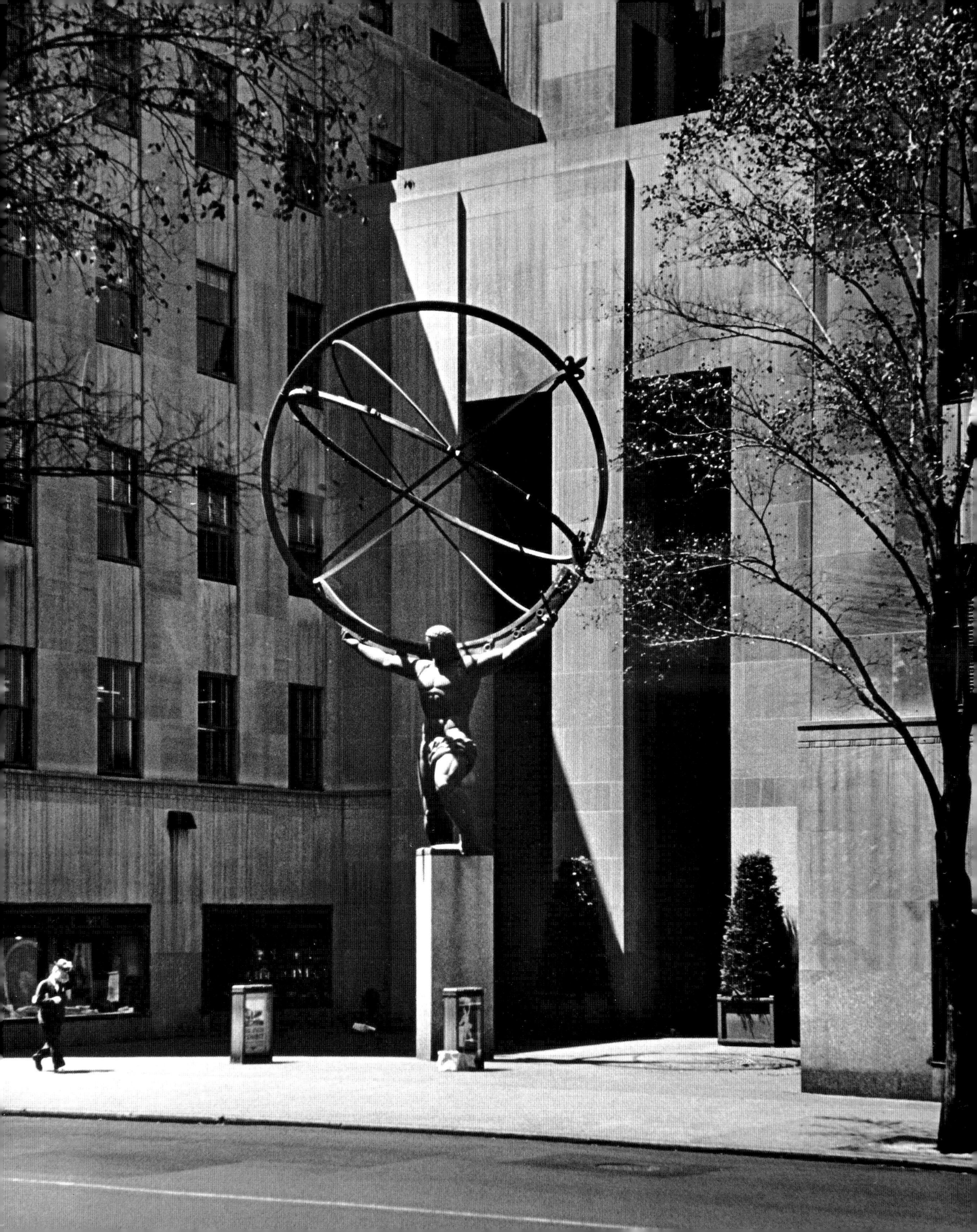

Con la coda dell'occhio, Gatsby vedeva

che gli edifici sui marciapiedi costituivano

una vera e propria scala e salivano a un luogo segreto

al disopra degli alberi; poteva arrampicarvisi e,

se lo faceva da solo, una volta in cima avrebbe

potuto succhiare la linfa della vita, trangugiare

il latte incomparabile della meraviglia.

Out of the corner of his eye Gatsby saw that

the blocks of the sidewalks really formed a ladder

and mounted to a secret place above the trees

– he could climb to it, if he climbed alone,

and once there he could suck on the pap of life,

gulp down the incomparable milk of wonder.

Francis Scott Fitzgerald, *Il grande Gatsby*, Milano, Mondadori, 1950, p. 119
(edizione originale: *The Great Gatsby*, New York, Charles Scribner's Sons, 1925).
Francis Scott Fitzgerald, *The Great Gatsby*, New York, Charles Scribner's Sons,
1925, p. 89.

Estremità meridionale
di Manhattan. Veduta dal tetto
dell'R.C.A. Building.
Southern Tip of Manhattan from
the Roof of the R.C.A. Building.

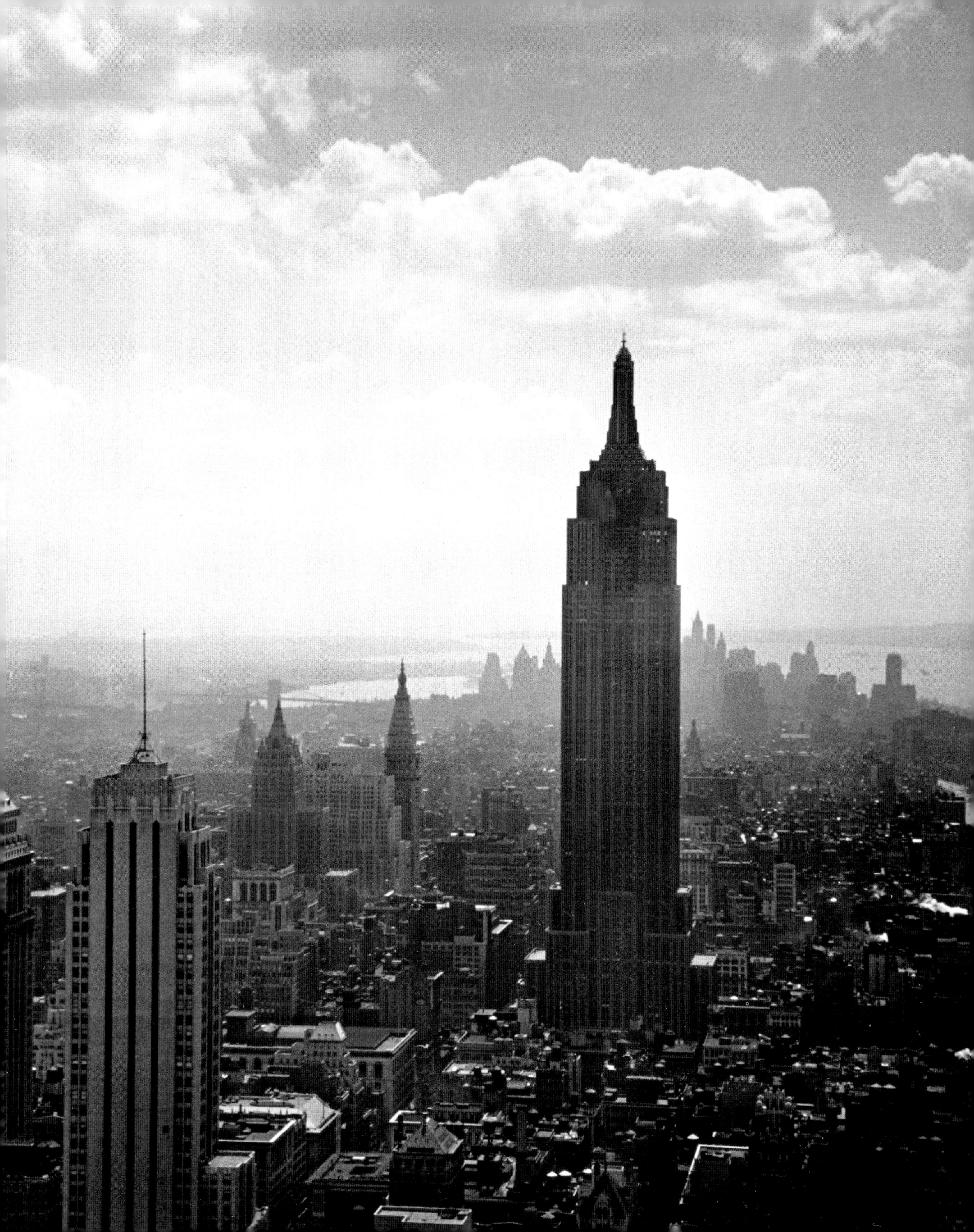

Le altissime torri, foracchiate da milioni
di quadratini, tutti uguali, di luce, si alzano
incantando. Baffi di luce alle loro sommità
spazzolano l'oscura notte.

The lofty towers, pierced by millions
of little square windows, all alike, captivate
one as they rise up. Sprays of light at the top
sweep the dark night.

Fortunato Depero, *Banchetto all'Hotel Fifth Avenue*, cit. in Giorgio Rimondi, *La scrittura sincopata: jazz e letteratura nel Novecento italiano*, Milano, Mondadori, 1999, p. 160.

Fortunato Depero, *Banchetto all'Hotel Fifth Avenue*, cit. in Giorgio Rimondi, *La scrittura sincopata: jazz e letteratura nel Novecento italiano*, Milan, Mondadori, 1999, p. 160 (Italian edition).

East River. Veduta dal tetto dell'R.C.A. Building. Sullo sfondo, il Chrysler Building e Long Island.

East River from the roof of the R.C.A. Building showing the Chrysler Building and Long Island in the distance.

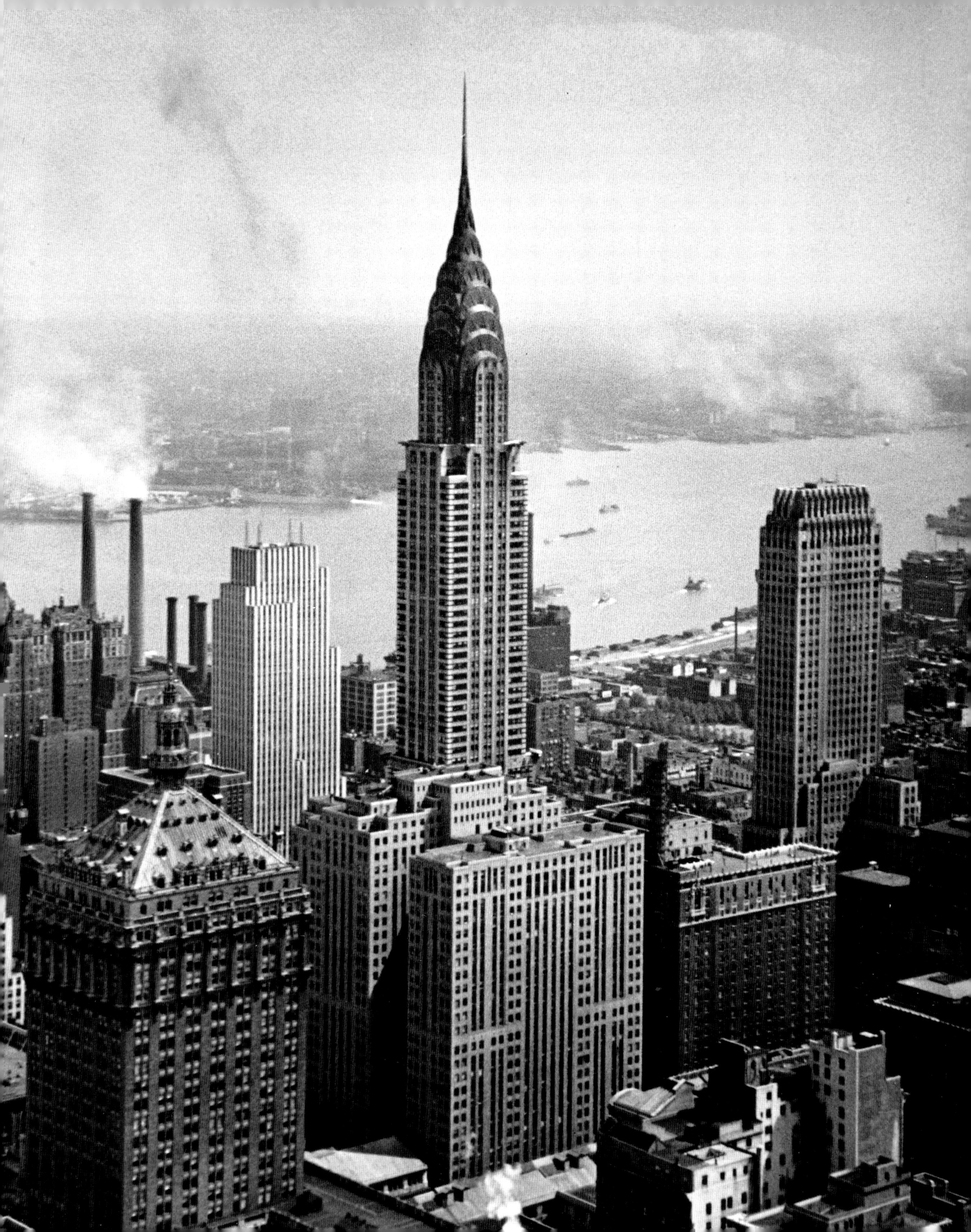

New York è un orizzonte, lo spettacolo più stupendo
che l'uomo abbia creato dopo i giardini pensili
di Babilonia. Ed è significativo il fatto che,
per godertela, devi trovarti al di fuori della città
– su un ponte o sulla Jersey Turnpike.
New York is a sky line, the most stupendous,
unbelievable, man-made spectacle since the hanging
gardens of Babylon. Significantly, you have to be outside
the city - on a bridge or on the Jersey Turnpike
– to enjoy it».

Jacques Barzun, *God's Country and Mine. A Declaration of Love Spiced with a Few Harsh Words*,
New York, Vintage Books, 1959, p. 231 (edizione originale).
Jacques Barzun, *God's Country and Mine. A Declaration of Love Spiced with a Few Harsh Words*,
New York, Vintage Books, 1959, p. 231.

Hudson River. Veduta dal tetto
dell'R.C.A. Building verso nord.
In primo piano a destra, Central
Park.
Hudson River looking North from
the roof of the R.C.A. Building.
Central Park is in the right
foreground.

p. 71
Cattedrale di St. Patrick. Veduta
dal tetto dell'R.C.A. Building.
St. Patrick Cathedral from the
roof of the R.C.A. Building.

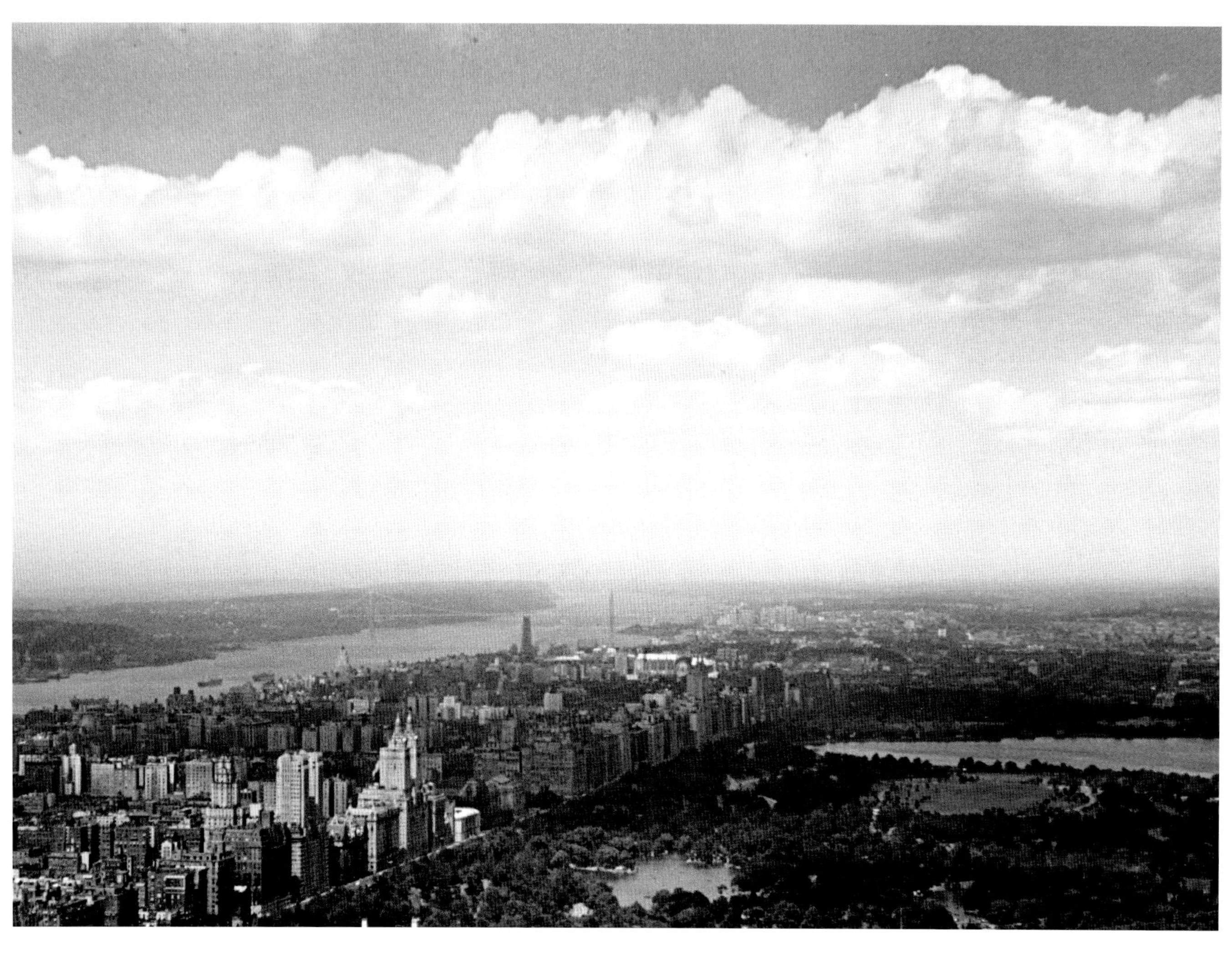

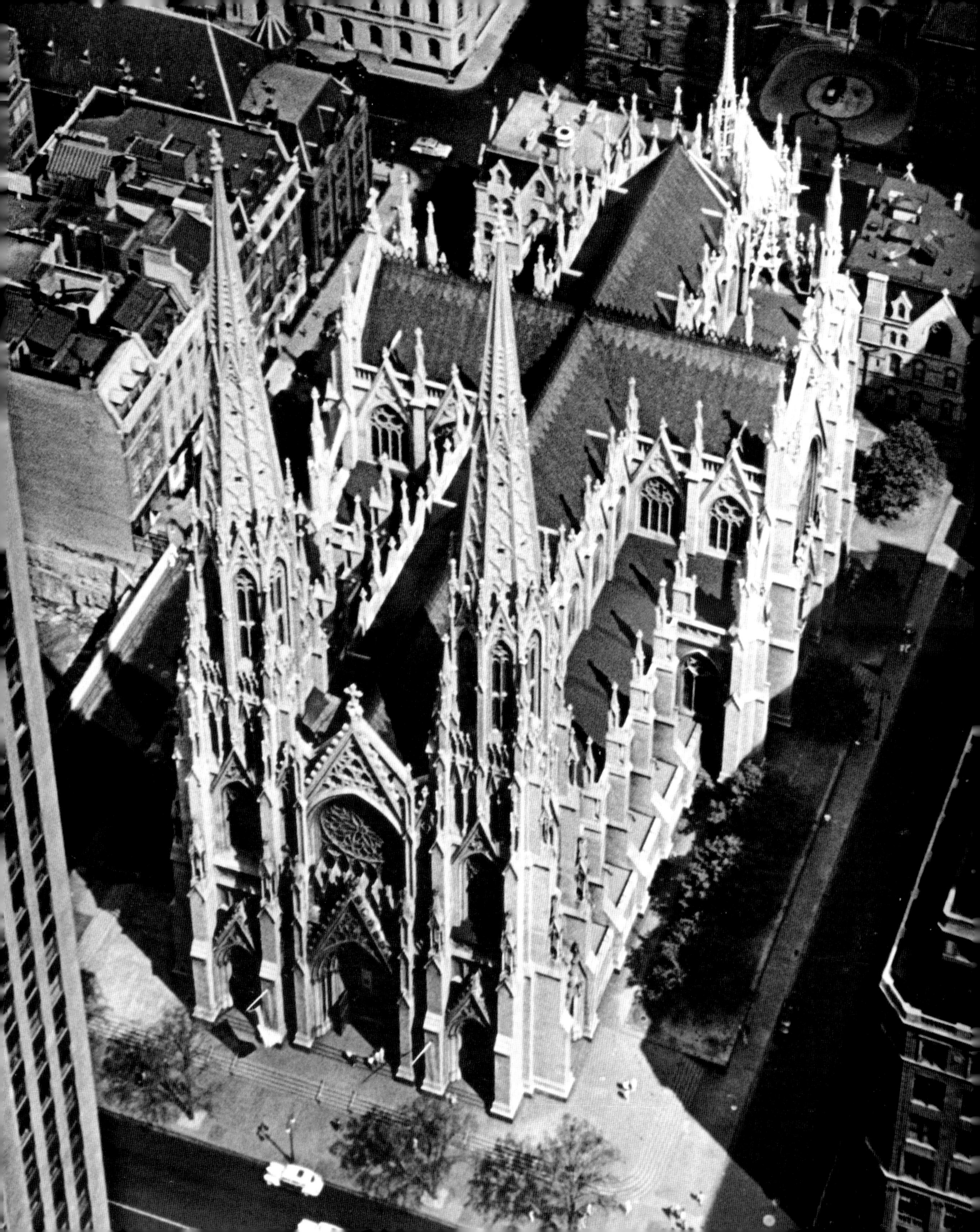

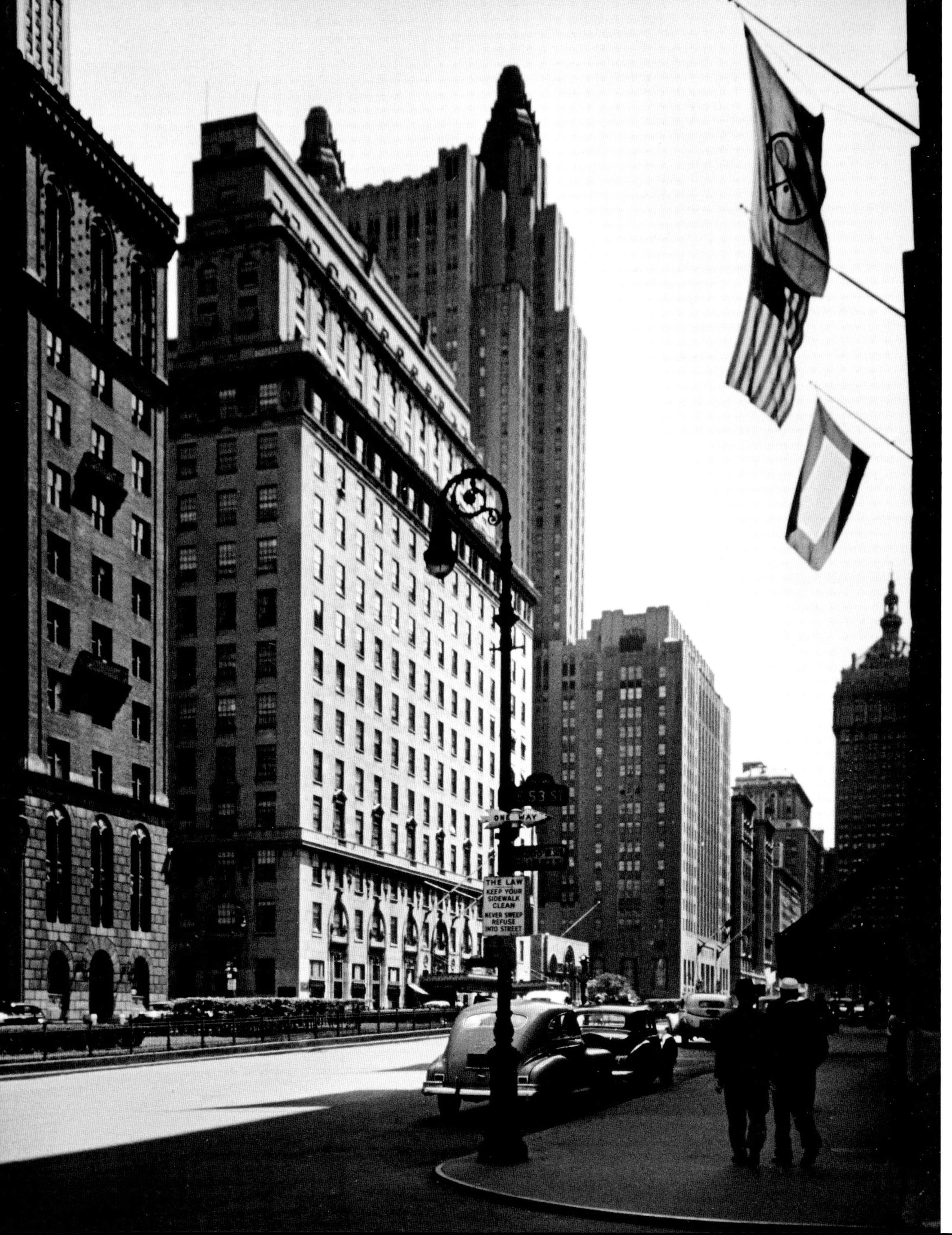

E 53 ST
ONE WAY
THE LAW
KEEP YOUR
SIDEWALK
CLEAN
NEVER SWEEP
REFUSE
INTO STREET

St. Bartholomew. Park Avenue -
50ª Strada.
St. Bartholomew's. Park Avenue
at 50th Street.

p. 72
Park Avenue. Veduta dalla 53ª
Strada verso sud, con l'Hotel
Ambassador e l'Hotel Waldorf.
Park Avenue looking South
from 53rd Street showing the
Ambassador and Waldorf Hotels.

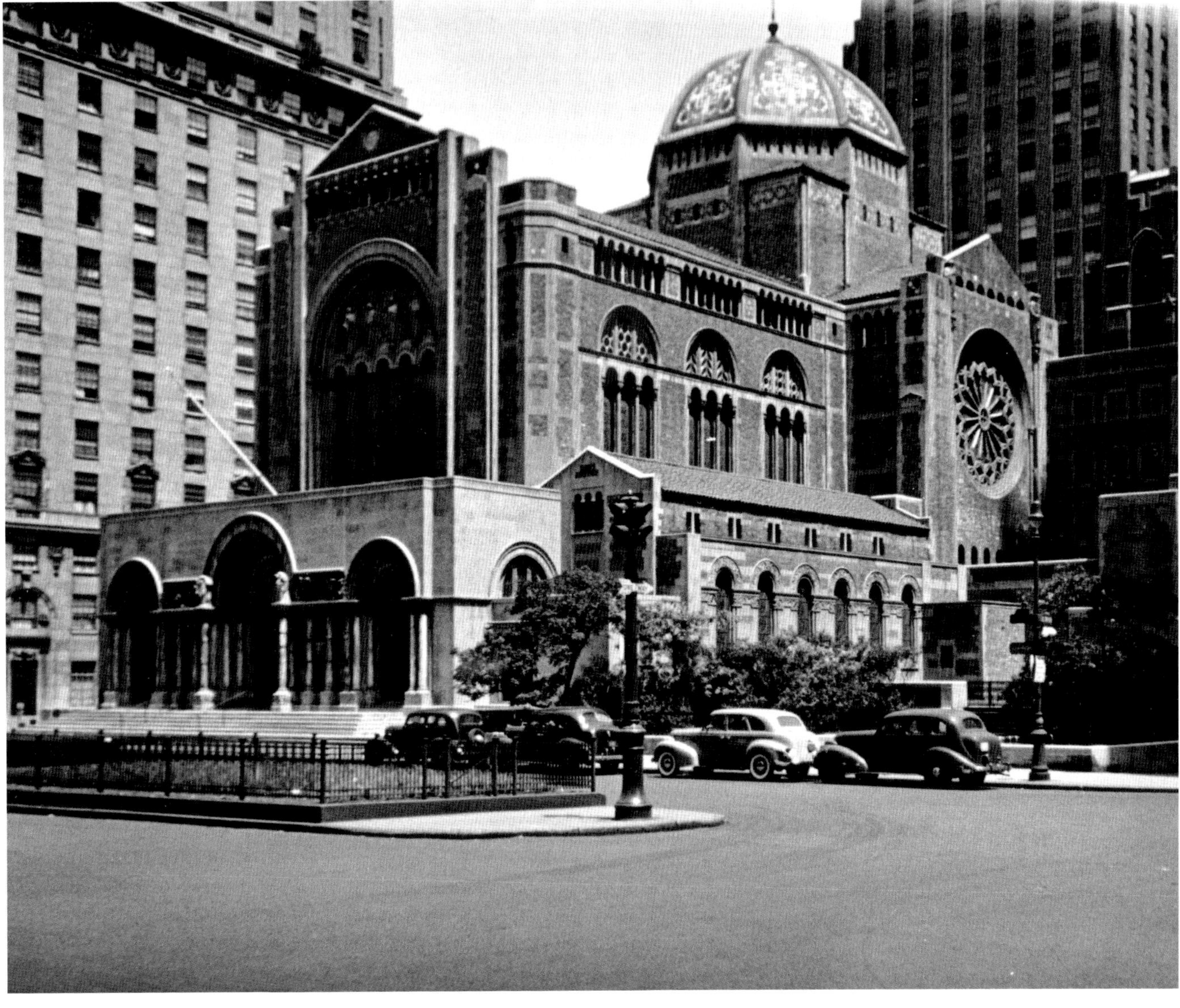

Gli fece uno strano effetto ritrovarsi sui propri piedi,
muoversi da un posto all'altro con passo sicuro,
dondolare le braccia avanti e indietro, sentire
il selciato sotto le scarpe. Eppure eccolo lì sulla
Sessantanovesima, diretto a ovest, eccolo girare
a destra sulla Madison Avenue e prendere verso nord.

It was odd to be on his feet again, moving steadily
from one place to the next, swinging his arms back
and forth, feeling the pavement under the soles
of his shoes. And yet there he was, walking west
on 69th Street, turning right on Madison Avenue,
and beginning to make his way north.

Paul Auster, *Trilogia di New York. Città di vetro. Fantasmi. La stanza chiusa*, trad. it.
Massimo Bocchiola, Torino, Einaudi, 1998, p. 125 (edizione originale: *The New York Trilogy:
City of Glass, Ghosts, The Locked Room*, Los Angeles, Sun & Moon Press, 1985).
Paul Auster, *The New York Trilogy: City of Glass, Ghosts, The Locked Room*, Los Angeles,
Sun & Moon Press, 1985; Penguin Books, 1990, p. 142.

50ª Strada. Veduta dalla Madison
Avenue verso ovest. Sulla destra,
la Cattedrale di St. Patrick
e il Rockefeller Center.
50th Street looking West from
Madison Avenue. St. Patrick's
Cathedral and Rockefeller Center
are on the right.

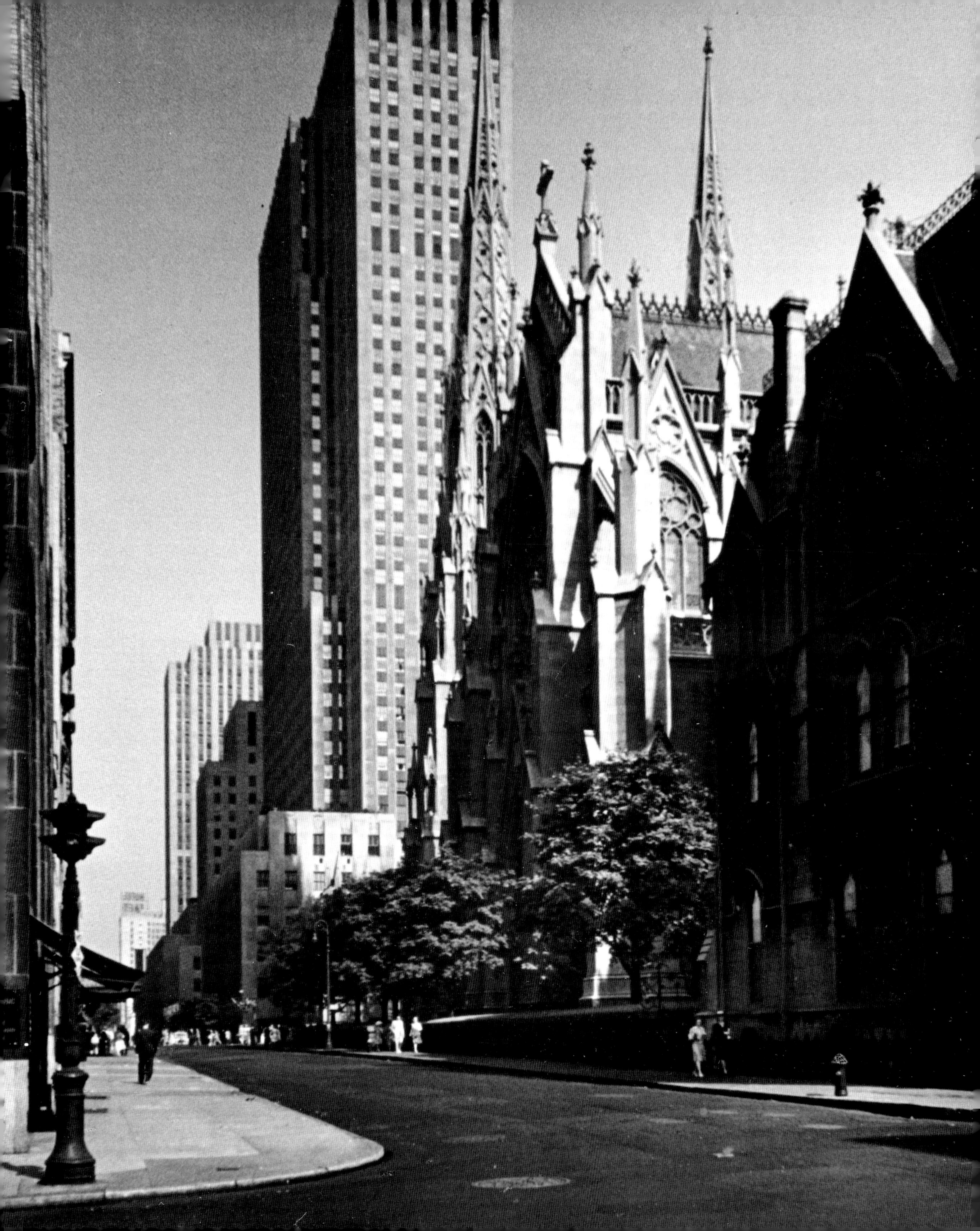

Cattedrale di St. Patrick. Quinta
Avenue - 50ª Strada. Prima pietra
1858, consacrazione 1879.
St. Patrick Cathedral. Fifth Avenue
at 50th Street. Cornerstone laid
1858, dedicated 1879.

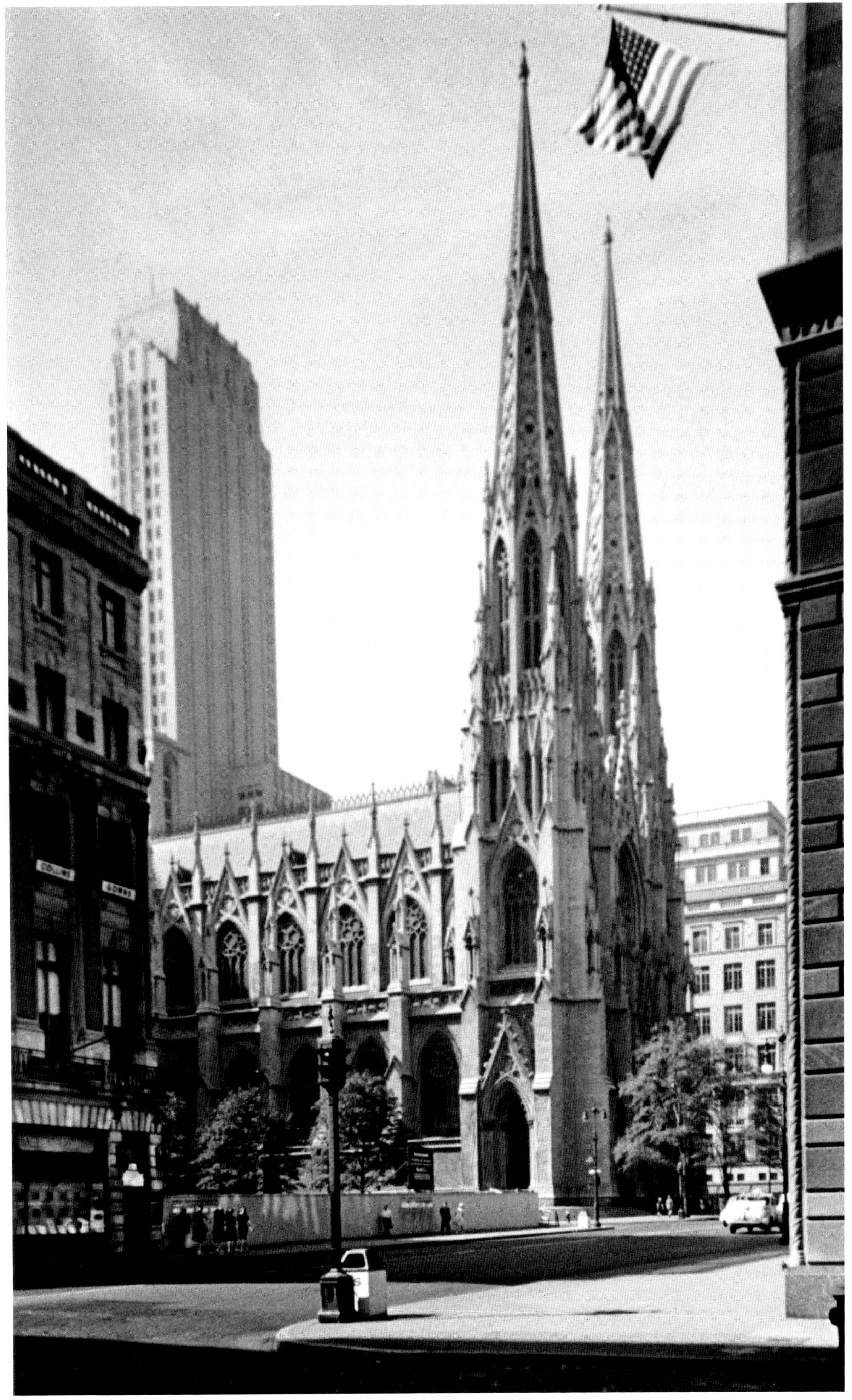

Vanderbilt Mansion. Quinta
Avenue - 51ª Strada.

p. 79
St. Thomas, portale. Quinta
Avenue - 53ª Strada.

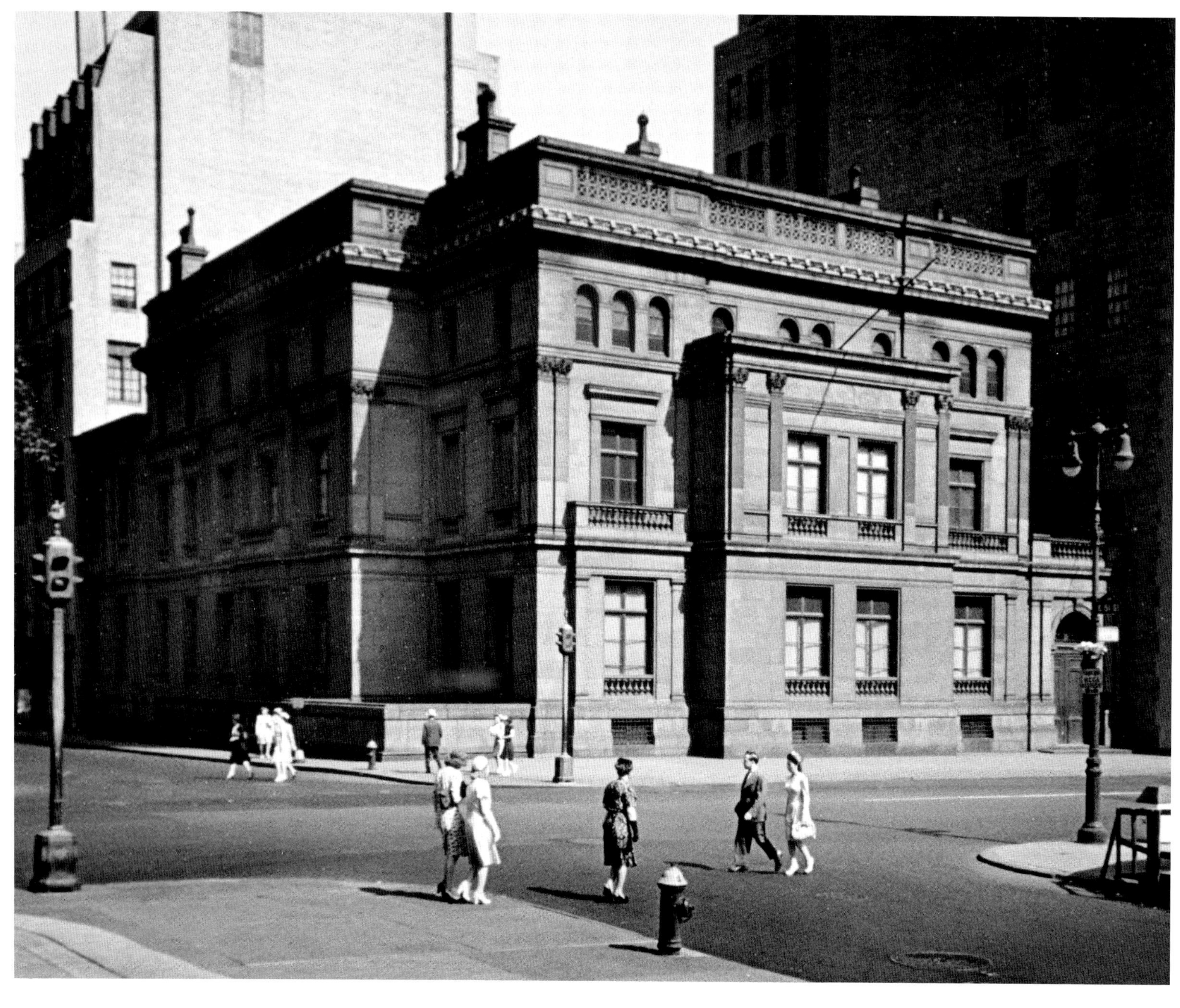

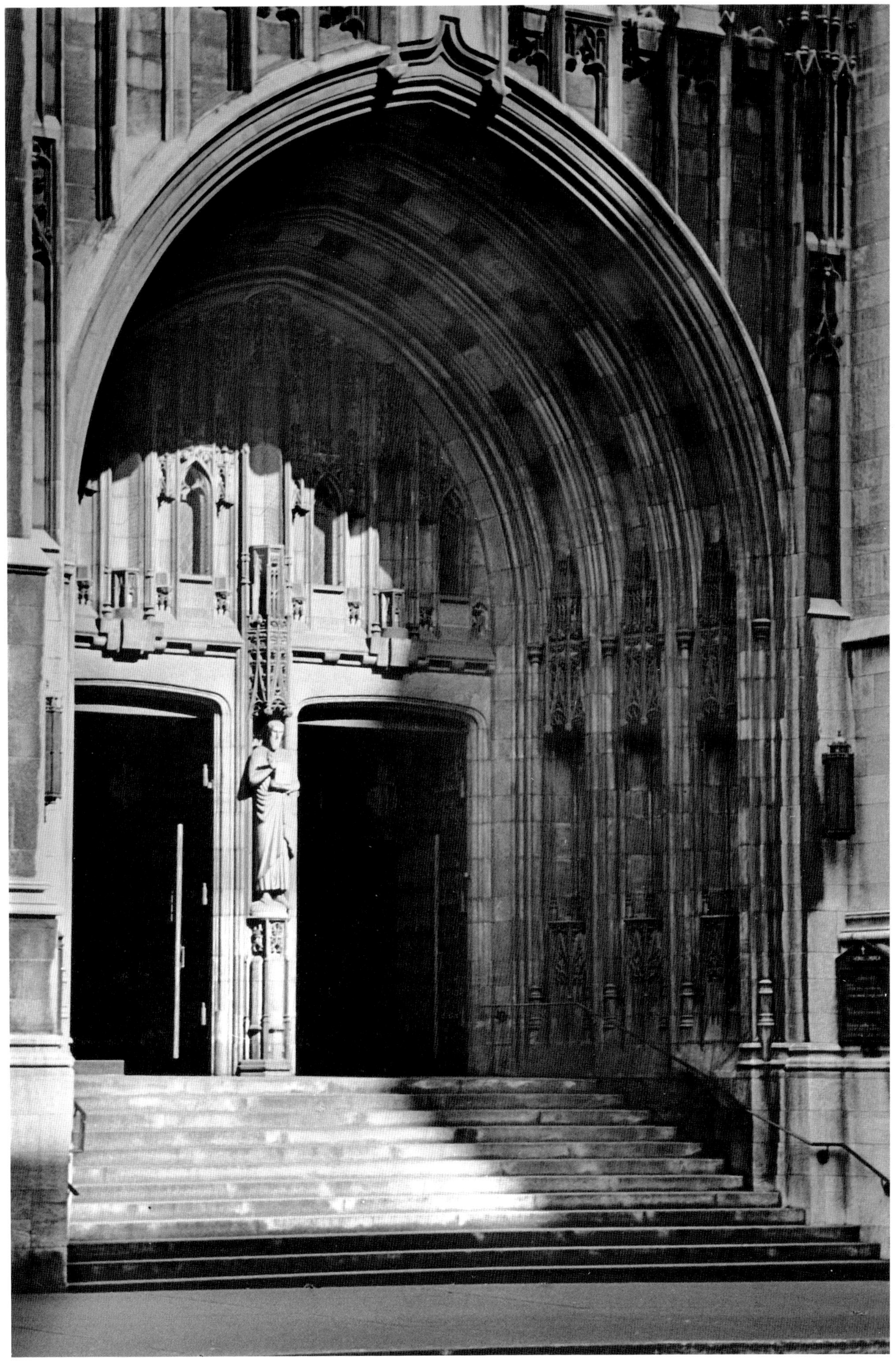

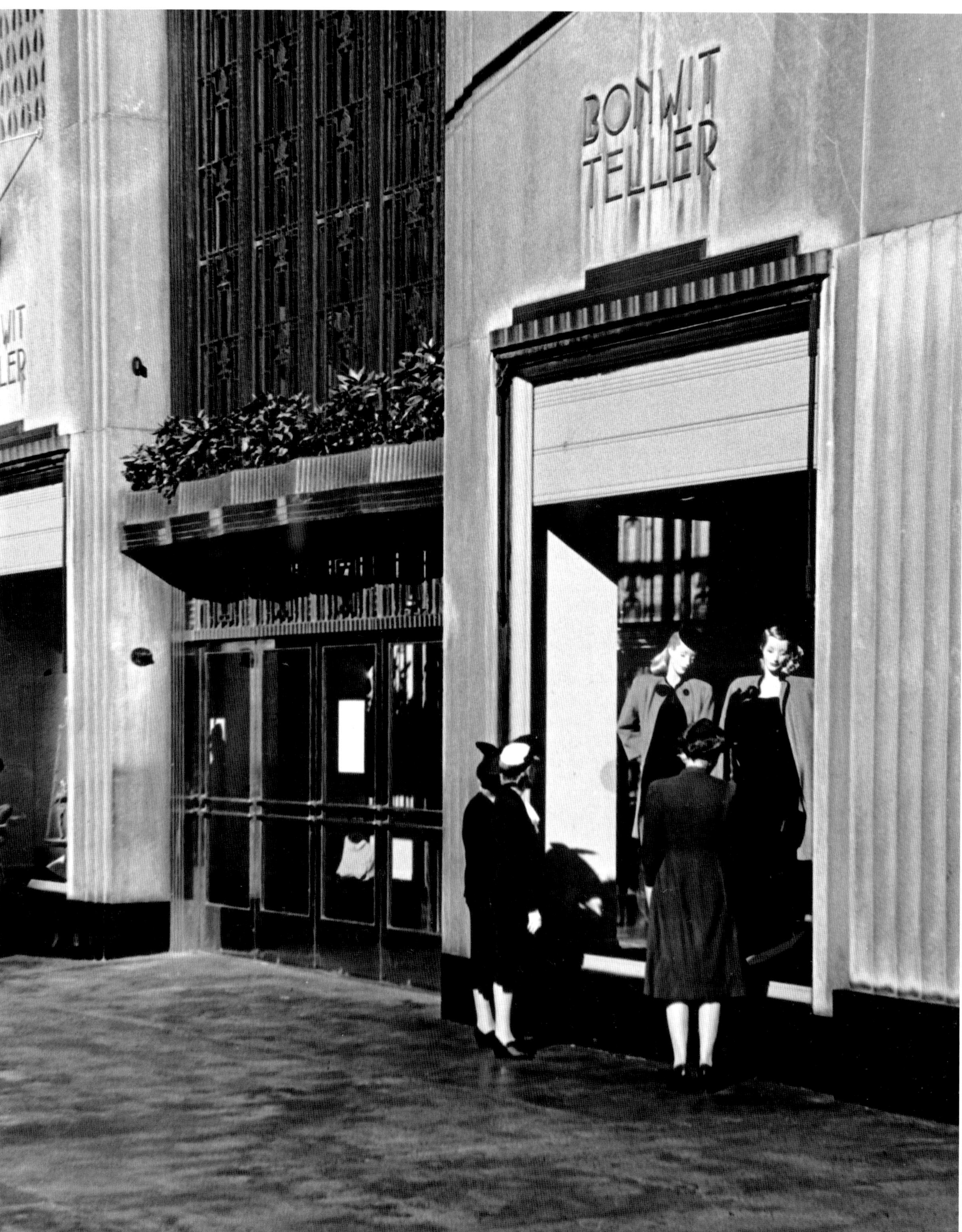
BONWIT
TELLER
BONWIT
TELLER

È una cosa che mi calma subito, quel silenzio
e quell'aria superba: non ci può capitare niente
di brutto là dentro, non con quei cortesi signori
vestiti così bene, con quel simpatico odore d'argento
e di portafogli di coccodrillo. Se riuscissi a trovare
un posto vero e concreto dove abitare che mi desse
le medesime sensazioni di Tiffany, allora comprerei
un po' di mobili e darei un nome al gatto.

Da *Colazione da Tiffany* di Truman Capote, Milano, Garzanti, 1963, p. 49.
From Truman Capote's novella, *Breakfast at Tiffany's*, Penguin Books, 1958.

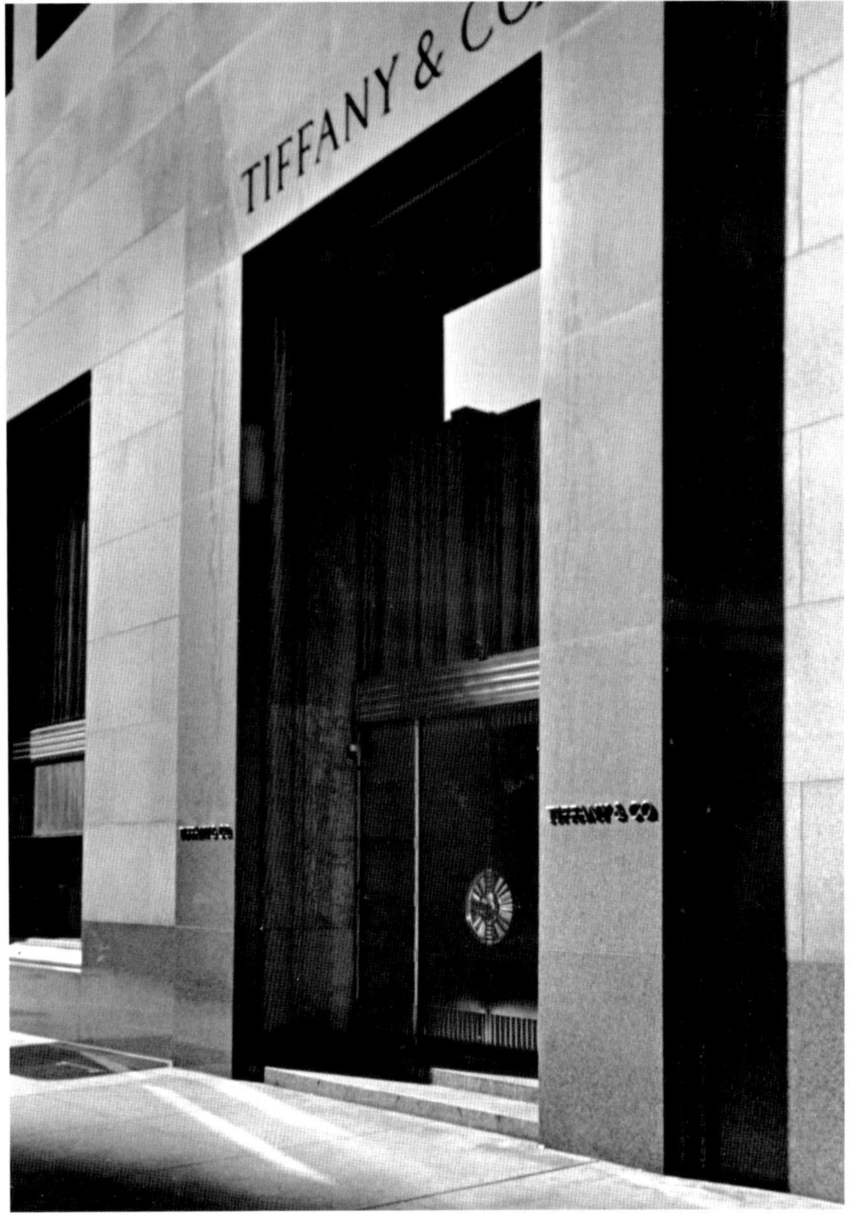

Tiffany.
Tiffany.

p. 80
Bonwit Teller.
Bonwit Teller.

Vetturino davanti al Plaza.

p. 83
Il Plaza. Quinta Avenue - 59ª Strada.

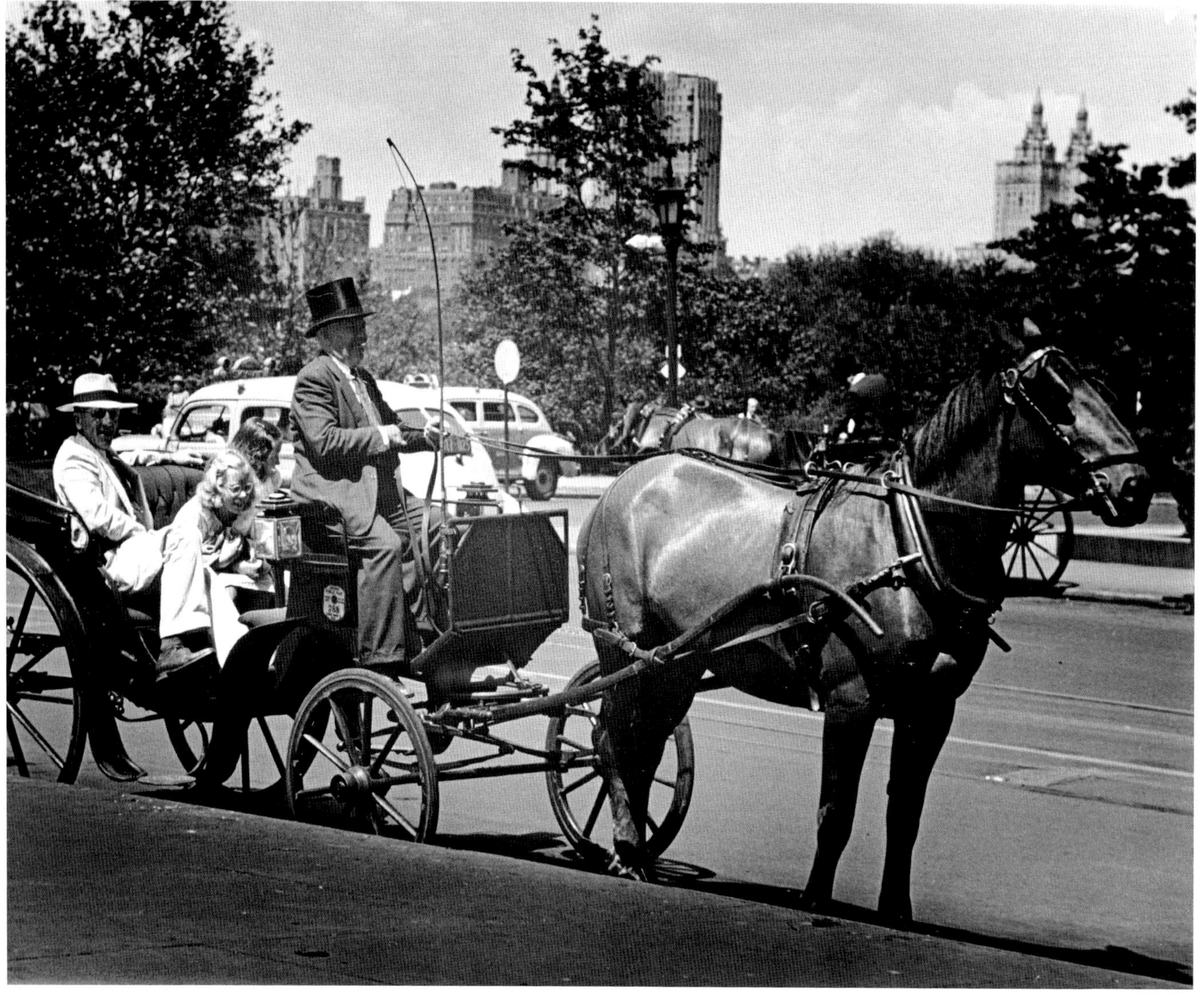

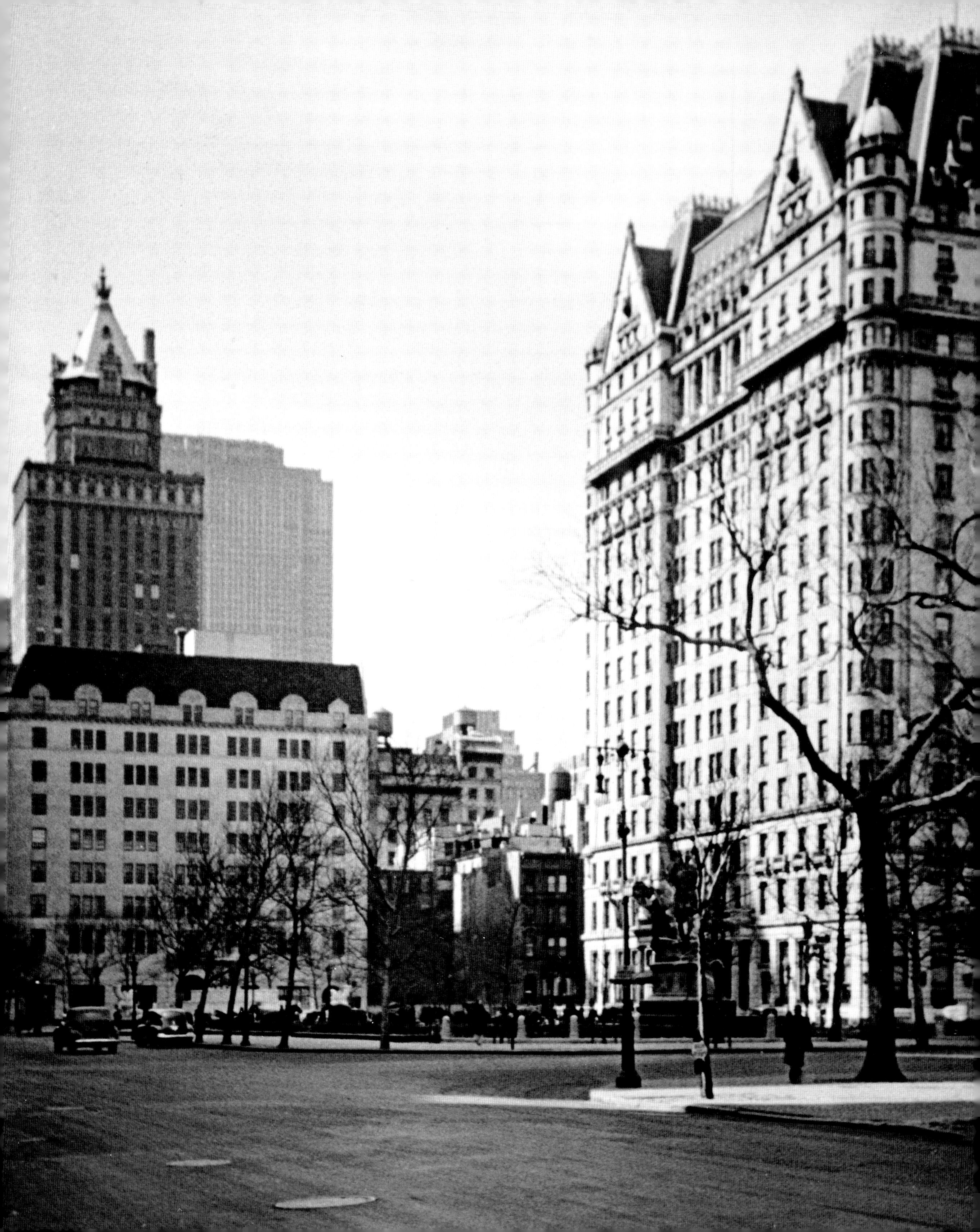

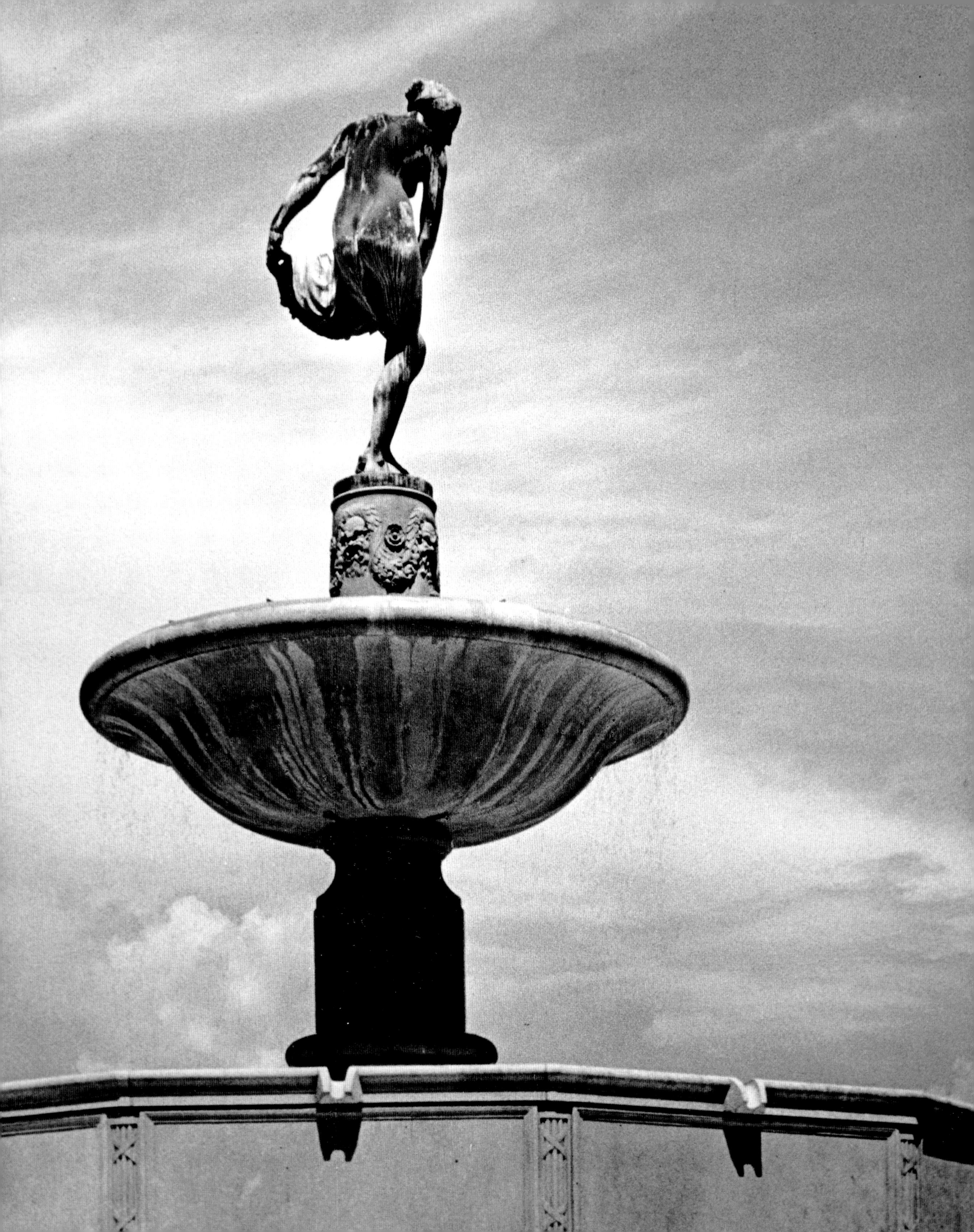

Fontana Pulitzer, particolari.
Details Pulitzer Fountain.

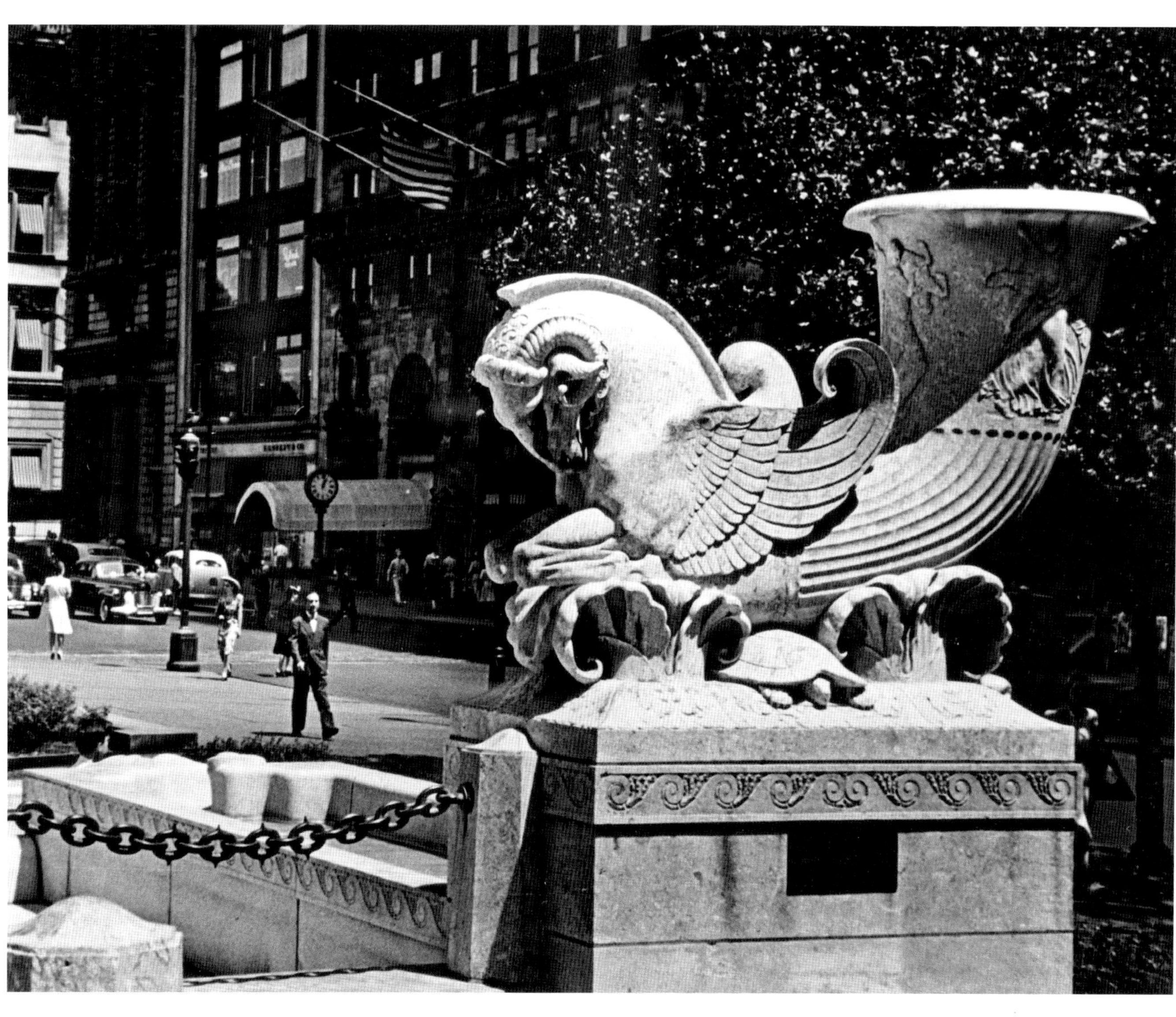

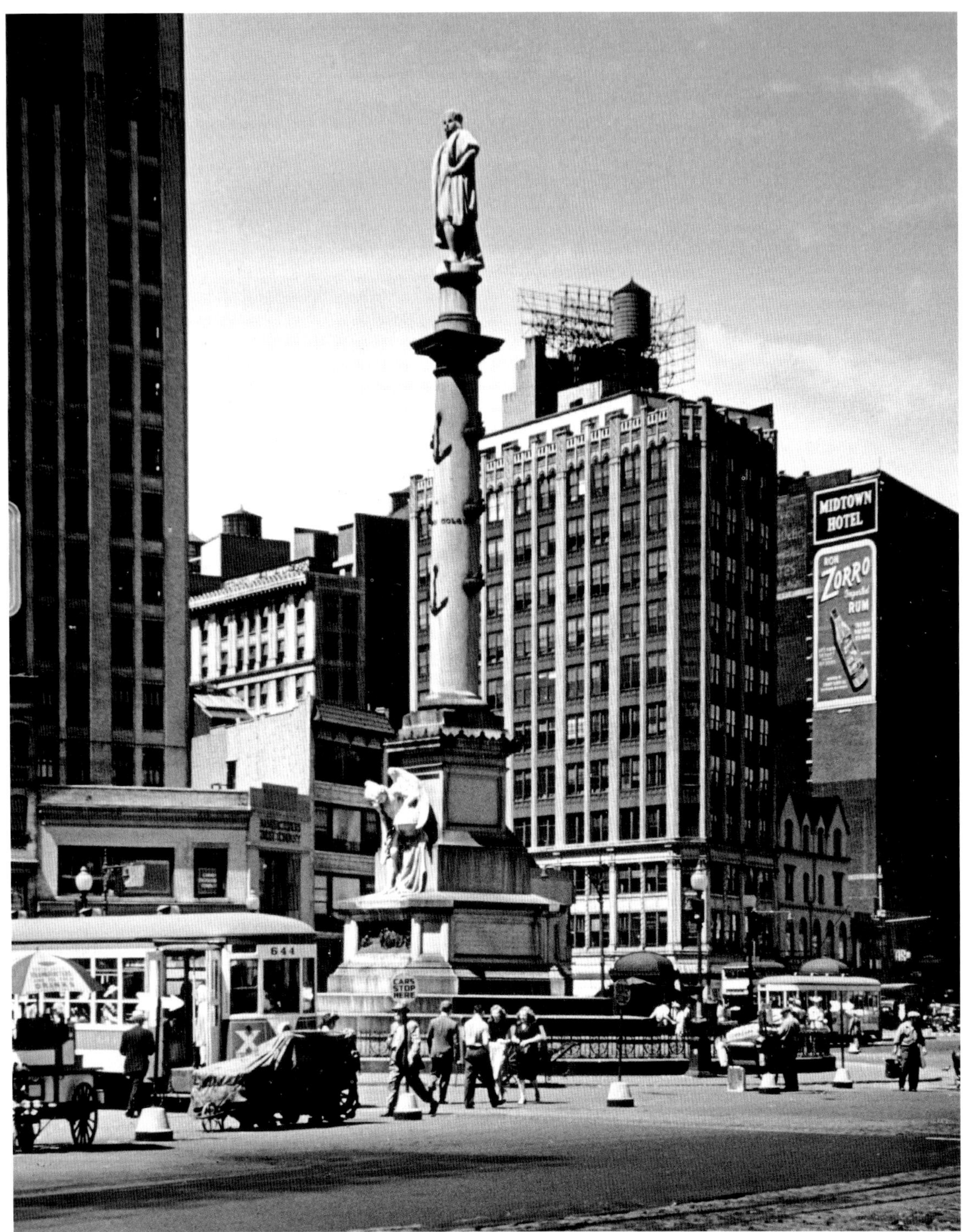

Columbus Circle. Sesta Avenue -
59ª Strada.
Columbus Circle. Sixth Avenue
at 59th Street.

p. 87
Lo Squibb Building e il Plaza.
Squibb Building and the Plaza
Hotel.

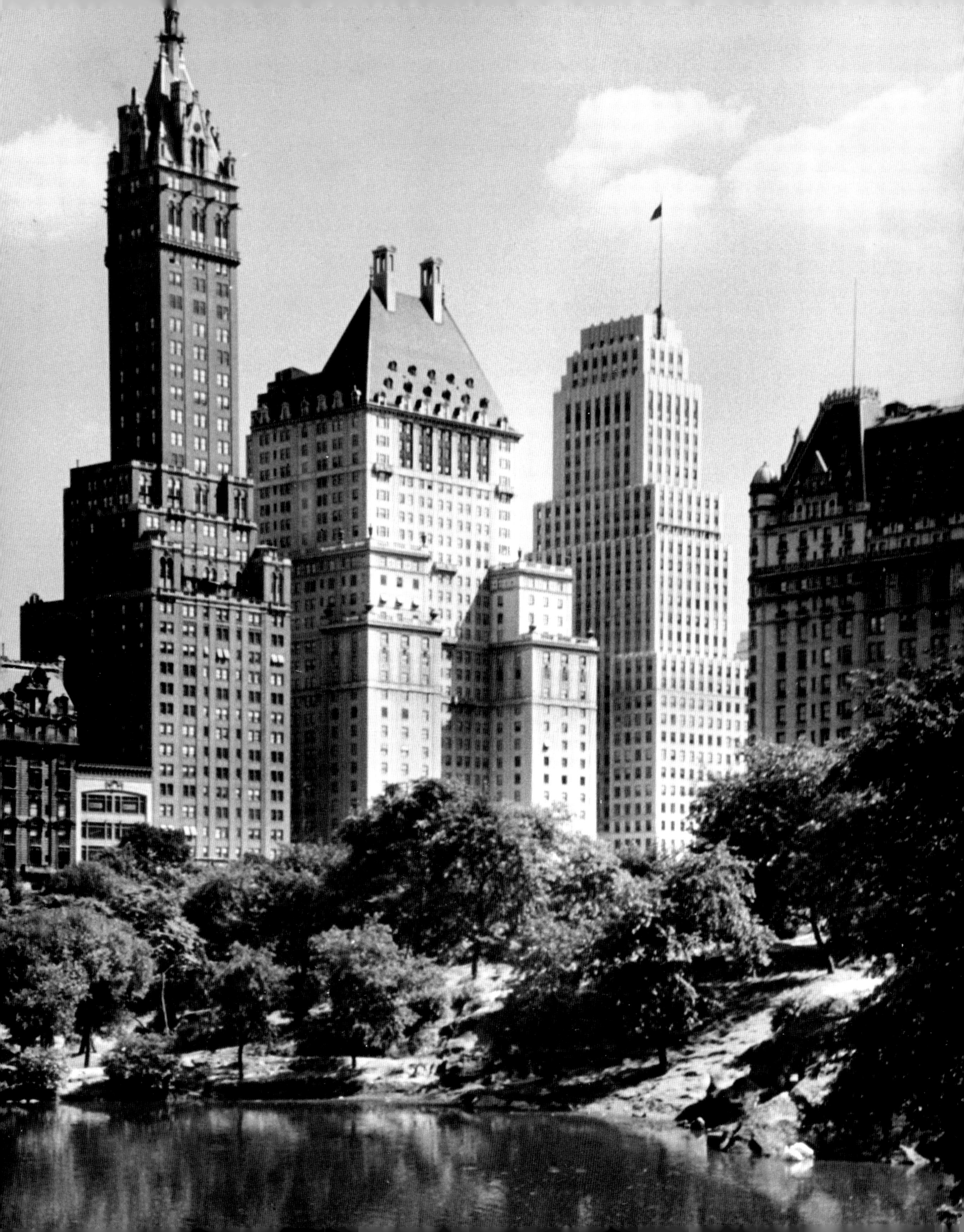

La poesia di New York non è quella di un
funzionale edificio di cemento che raschia
il cielo; la poesia di New York è quella di un
gigantesco organo dalle molte canne di avorio
rosso – che non raschia il cielo, risuona in esso
con l'estensione delle sistole e delle diastole del
cantico viscerale di biologia elementare…

The poetry of New York is not that of a practical
concrete building that scrapes the sky; the poetry
of New York is that of giant manypiped organ of
red ivory – it does not scrape the sky, it resounds
in it with the compass of the systole and diastole
of the visceral canticle of elementary biology…

Salvador Dalí, *City of Light*, New York World's Fair, 1939, cit. in Rem Koolhaas, *Delirious New York. A Retroactive Manifesto for Manhattan*, Londra, Thames and Hudson, 1978, p. 219 (edizione originale).
Salvador Dalí, *City of Light*, New York World's Fair, 1939, cit. in Rem Koolhaas, *Delirious New York. A Retroactive Manifesto for Manhattan*, London, Thames and Hudson, 1978, p. 219.

Central Park in inverno.
Winter. Central Park.

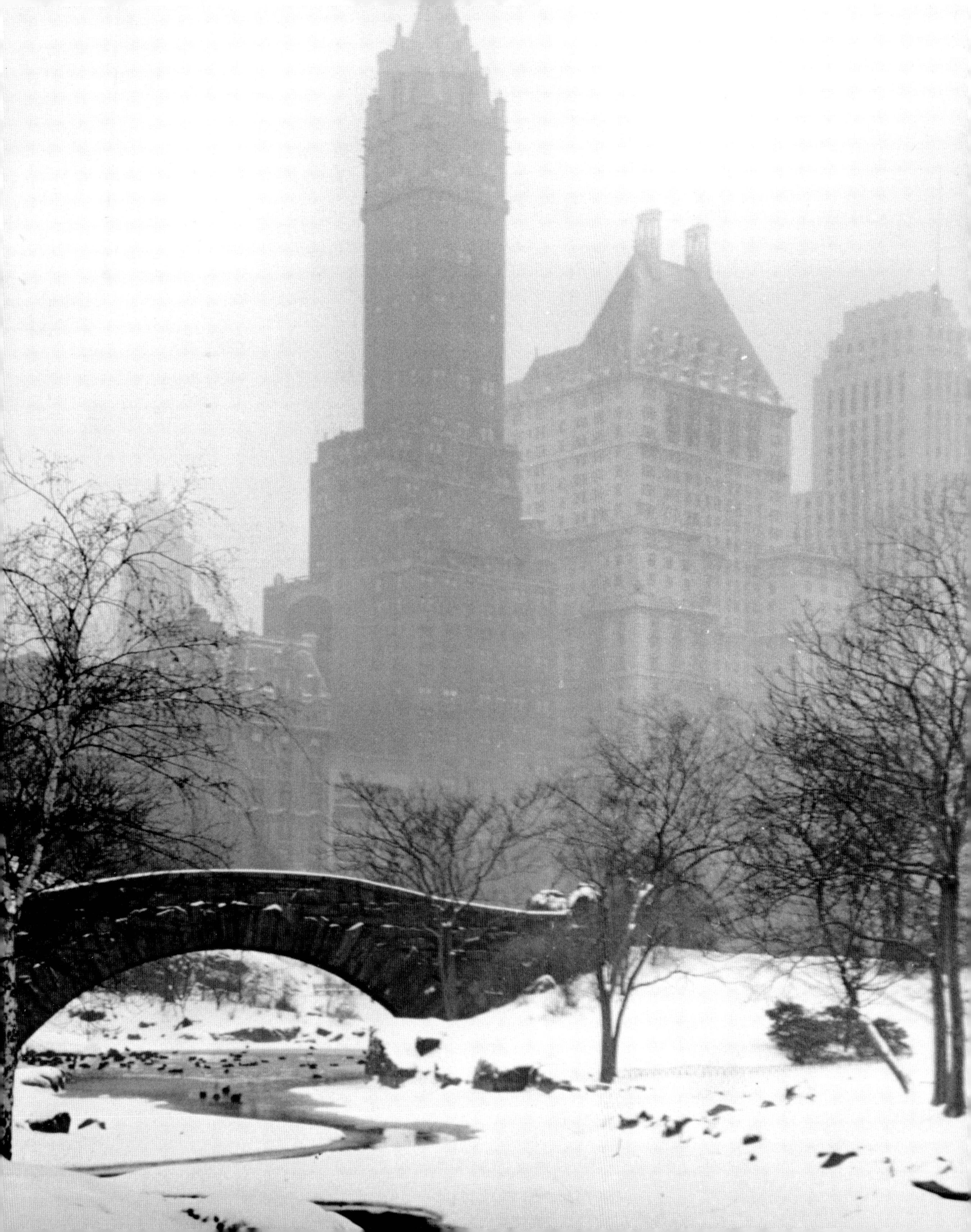

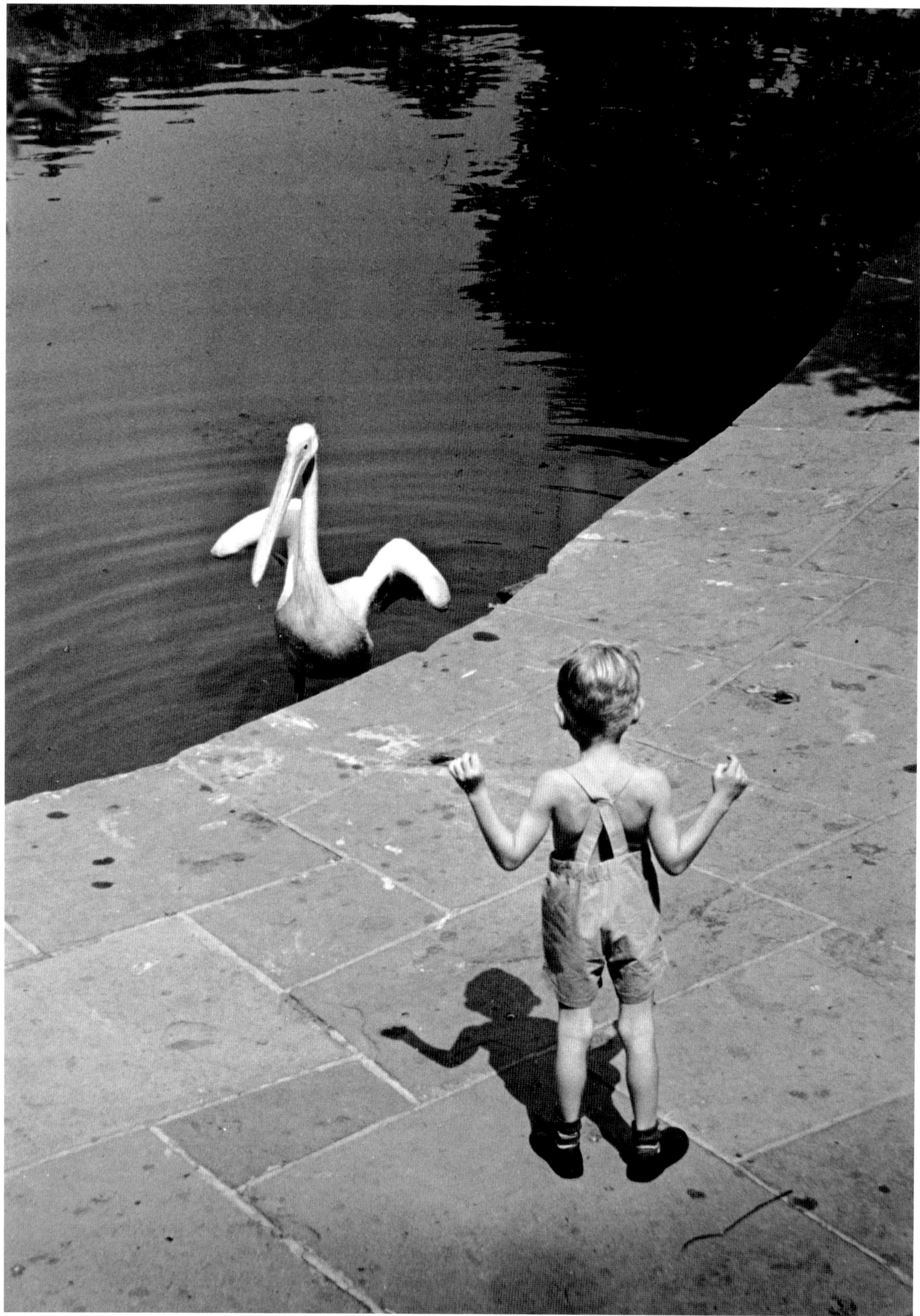

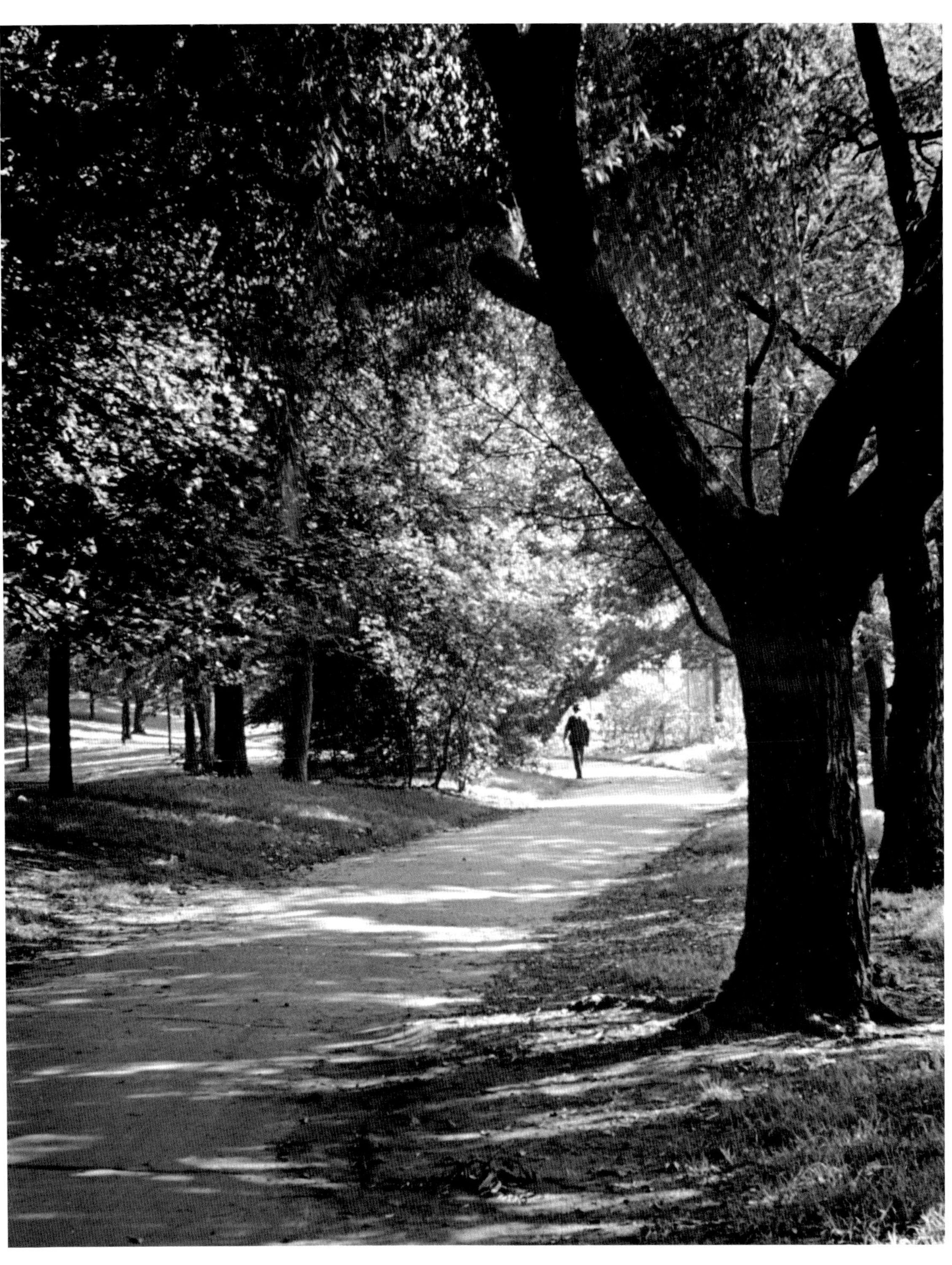

Un viale ombreggiato al Central Park.
Shady Path. Central Park.

p. 90
Il linguaggio dei segni
al Central Park.
Sign language. Central Park.

p. 92-93
A spasso col pony al Central Park.
Pony Ride. Central Park.

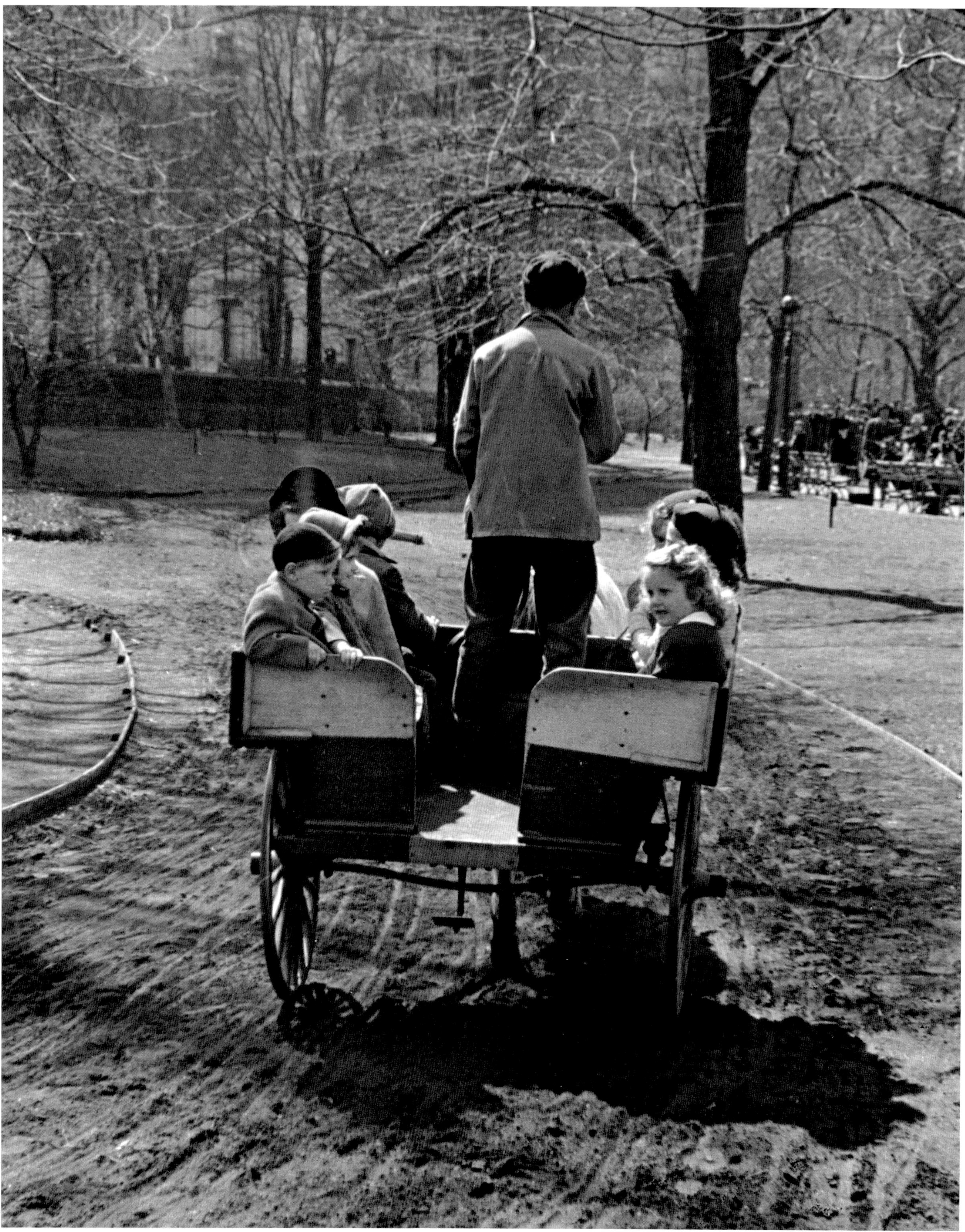

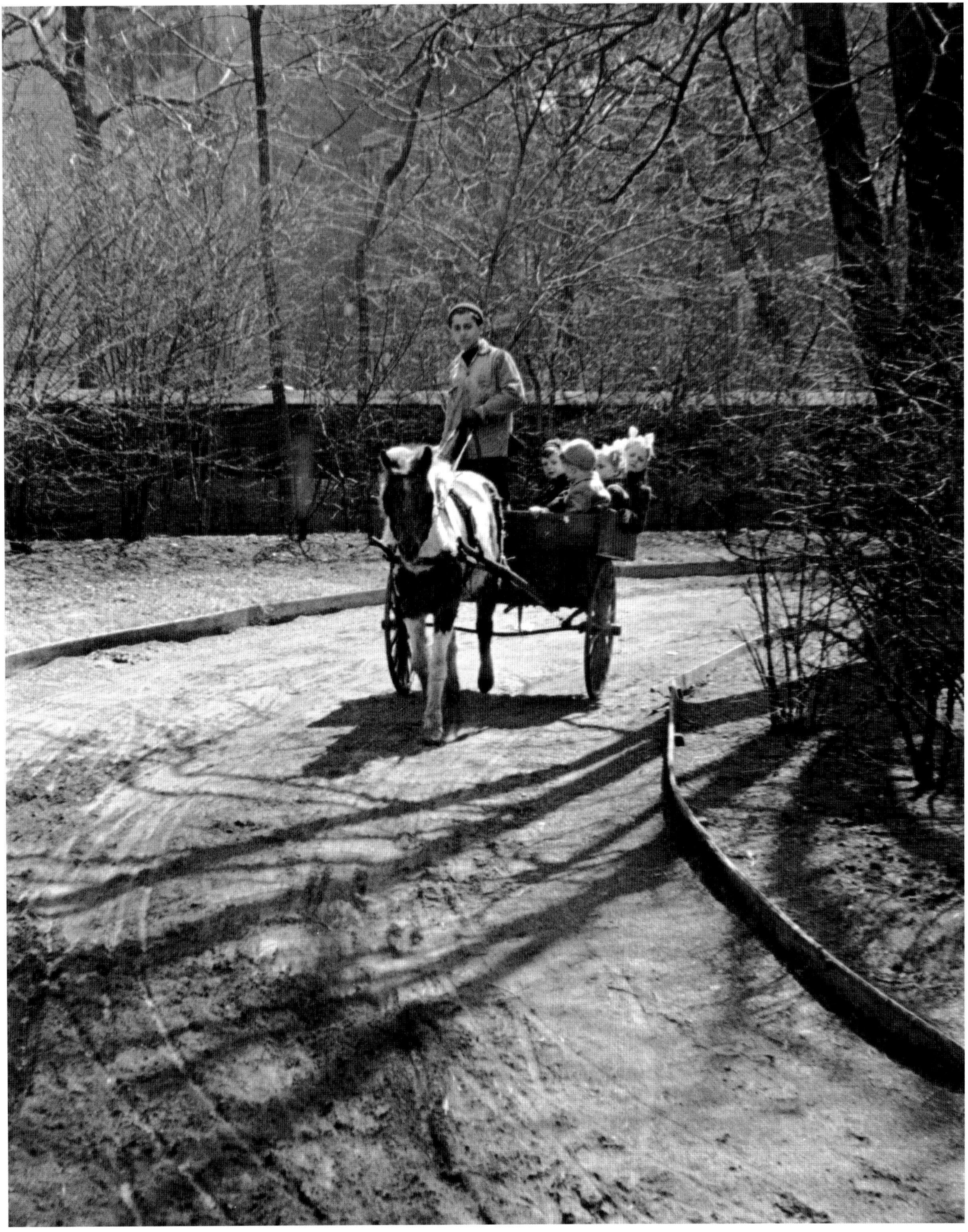

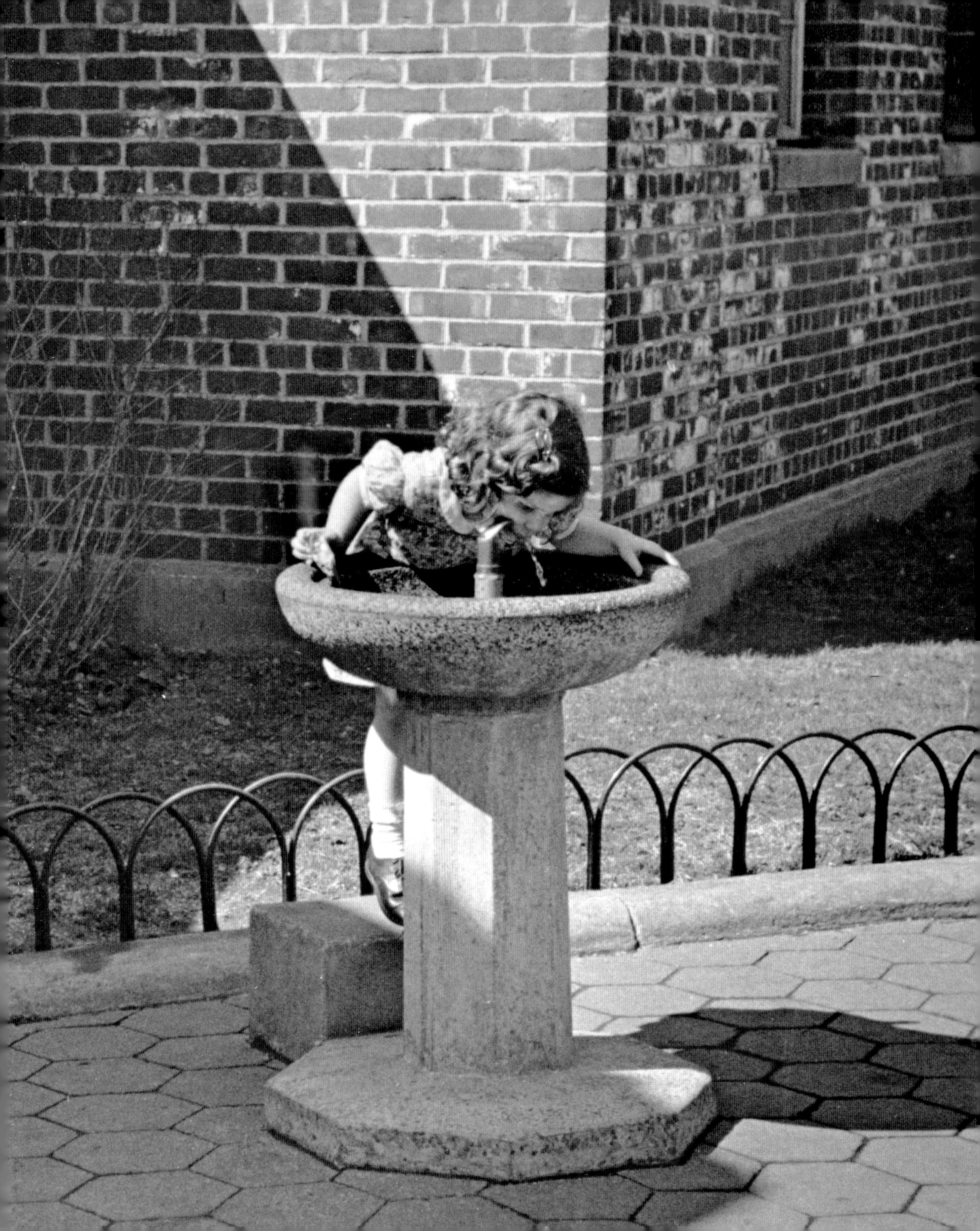

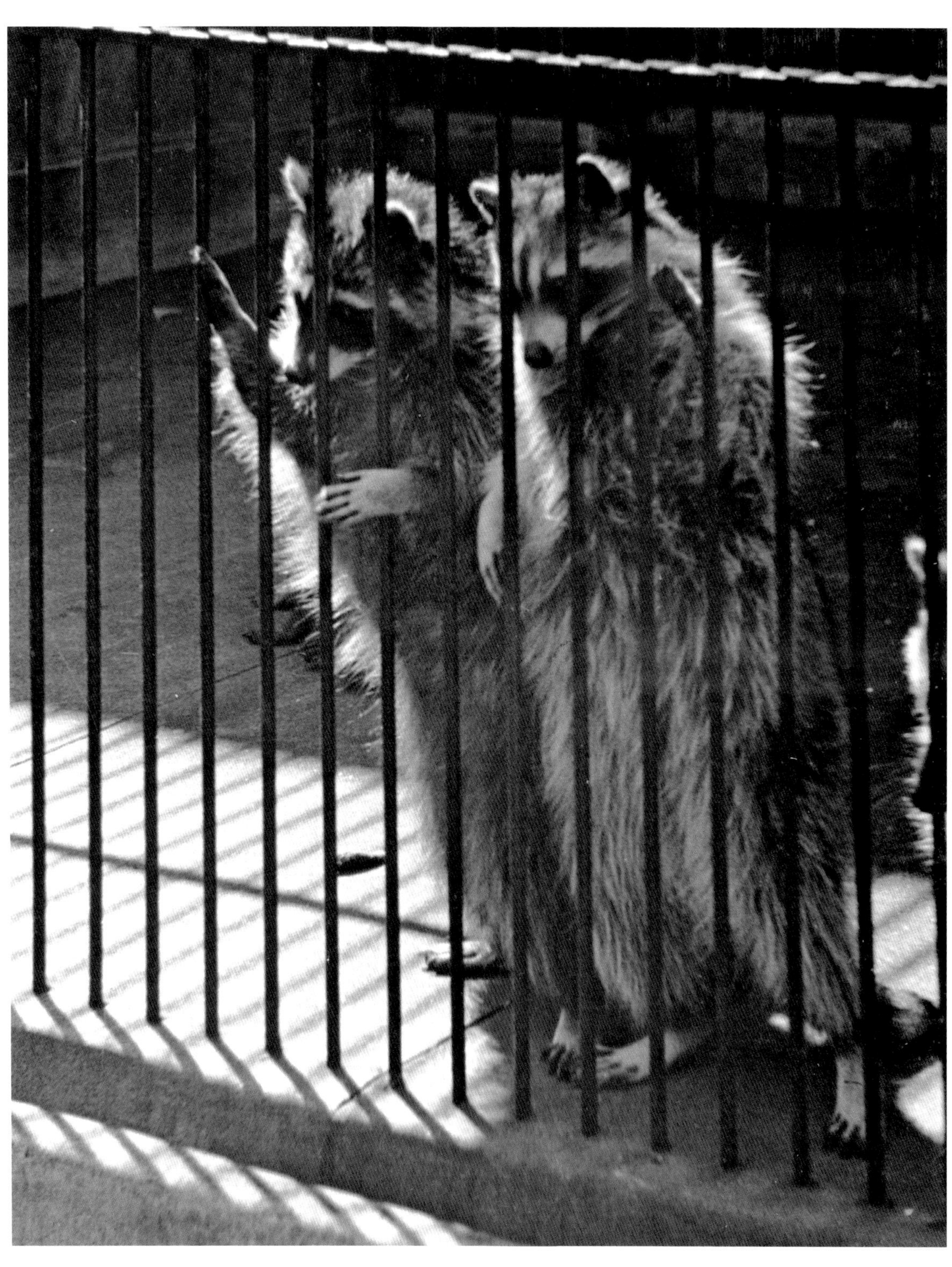

La gabbia dei procioni
allo Zoo del Central Park.

p. 94
Assetata.

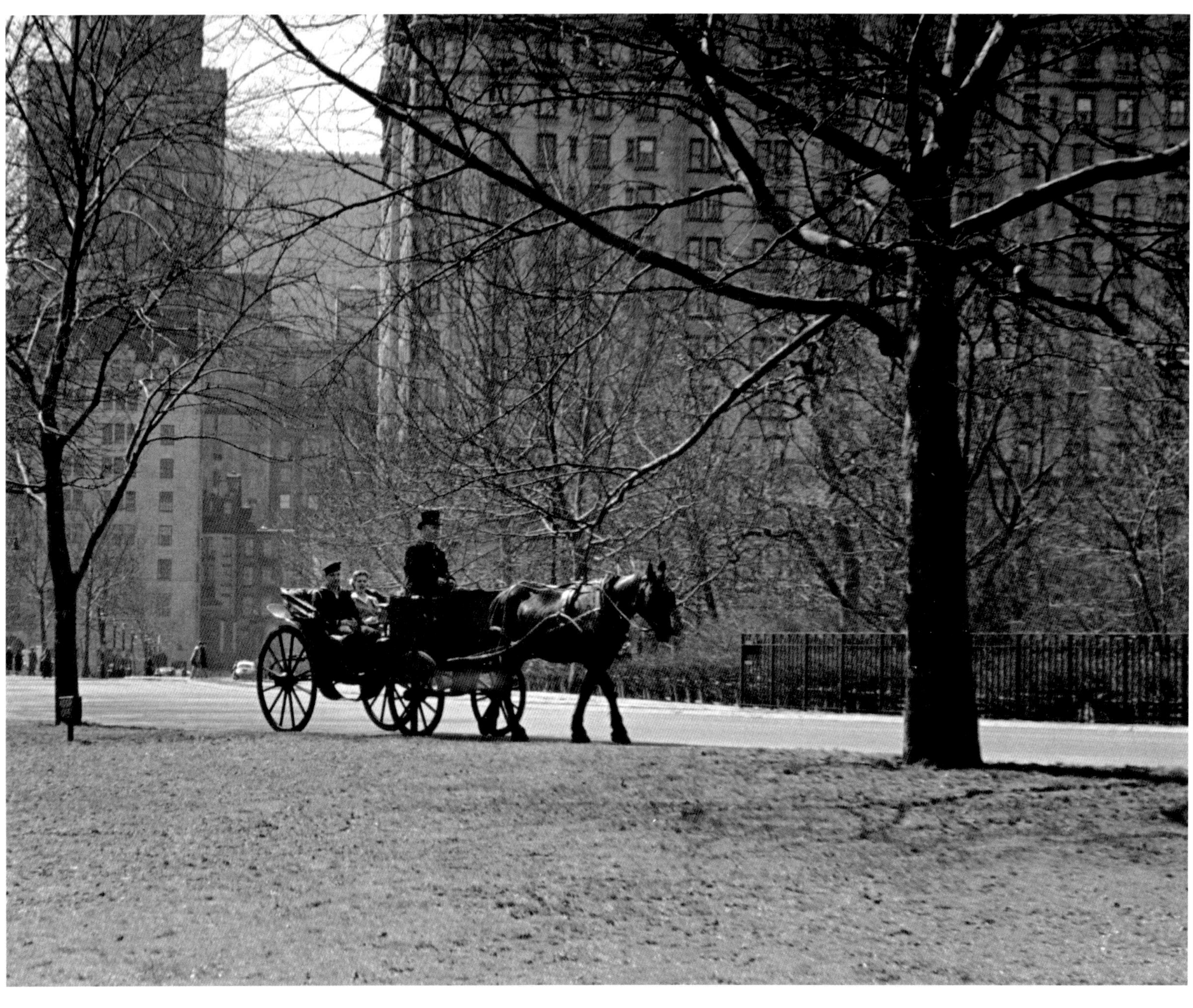

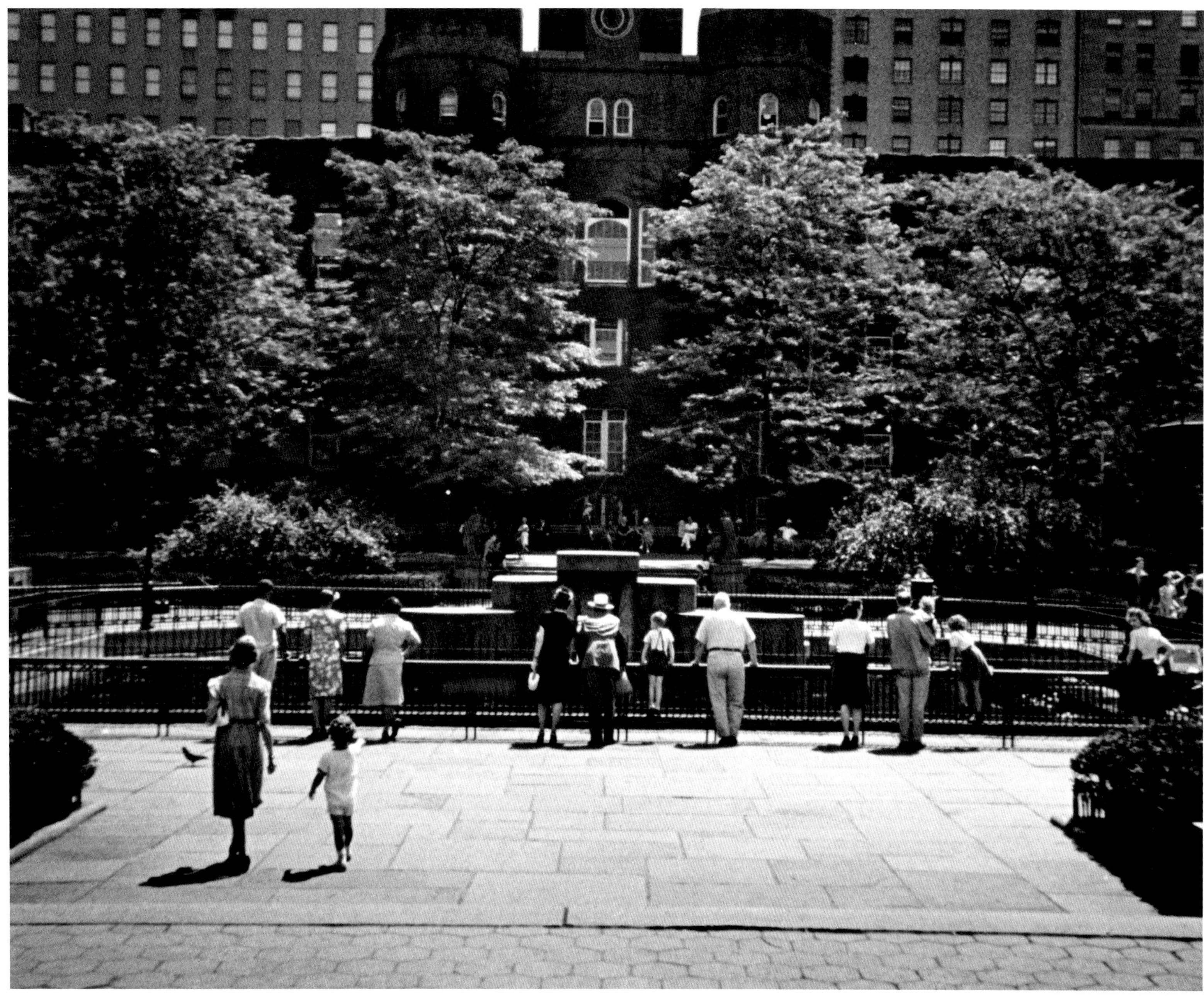

Guardando le otarie
allo Zoo del Central Park.

p. 96
Inizio della primavera
al Central Park.

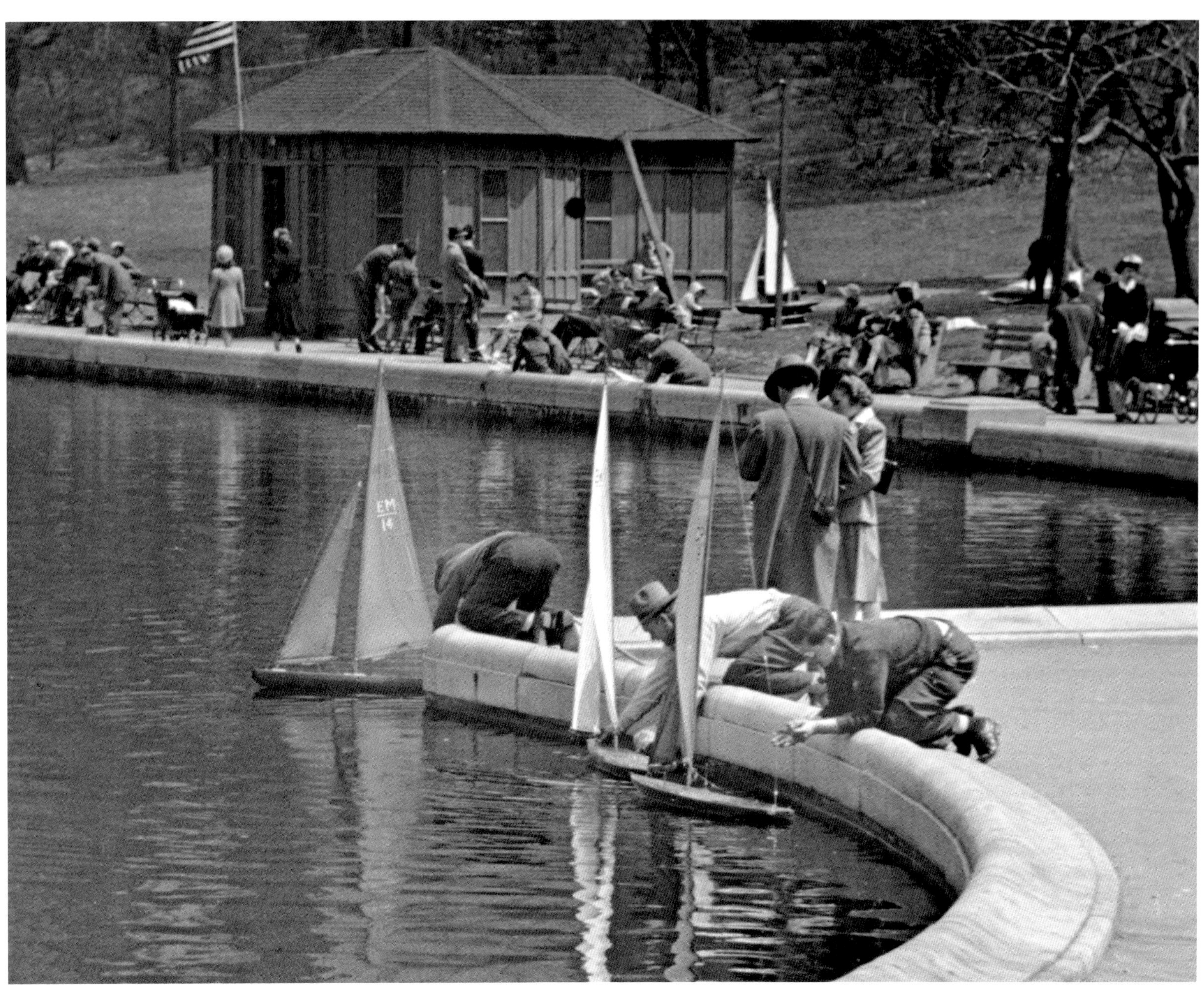

Un divertimento per grandi e piccini
al Conservatory Lake del Central Park.
Fun for young and old. Conservatory
Lake, Central Park.

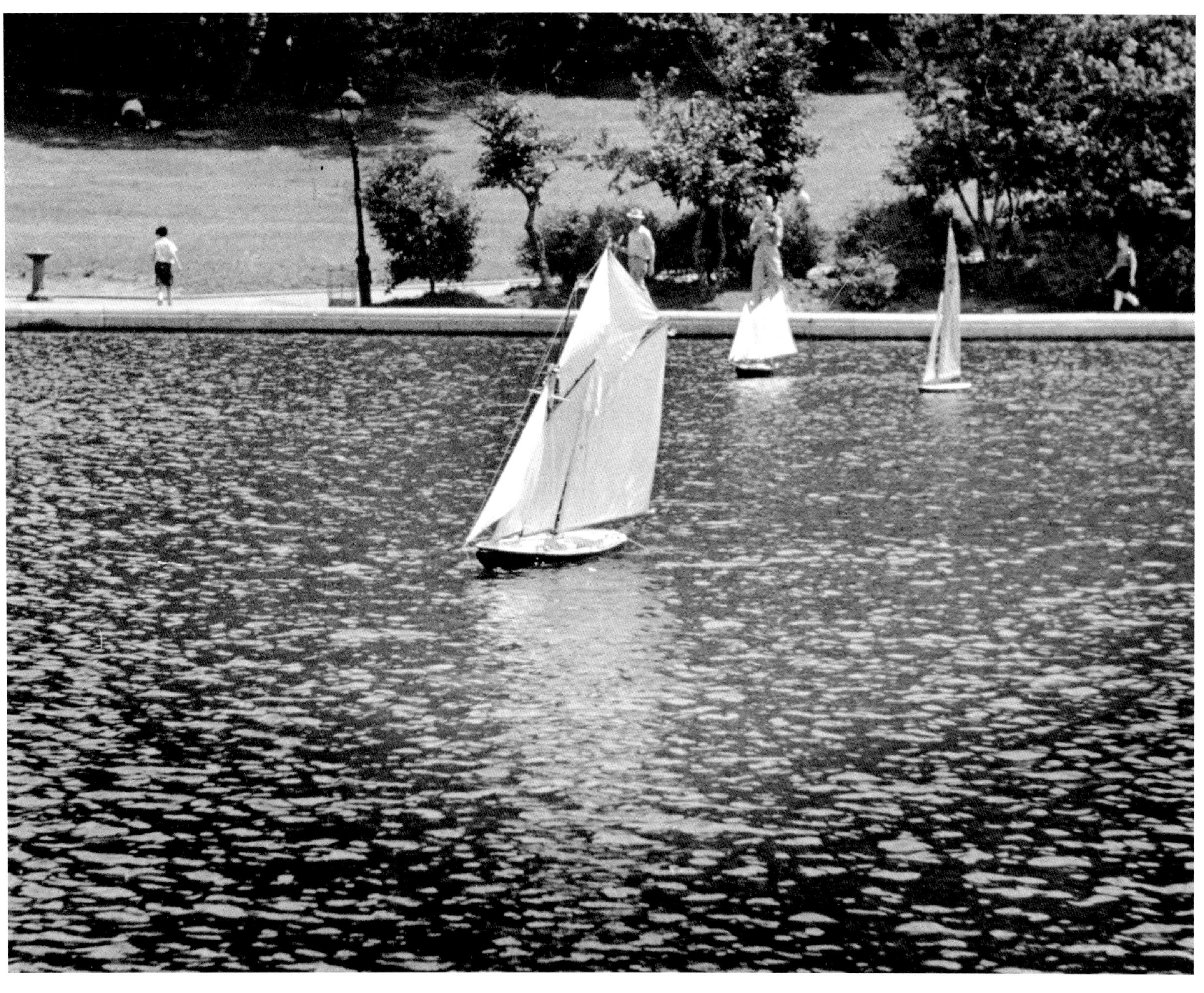

Fontana e laghetto del Central Park.
Fountain and lake, Central Park.

p. 101
Il Conservatory Lake del Central Park.
Conservatory Lake. Central Park.

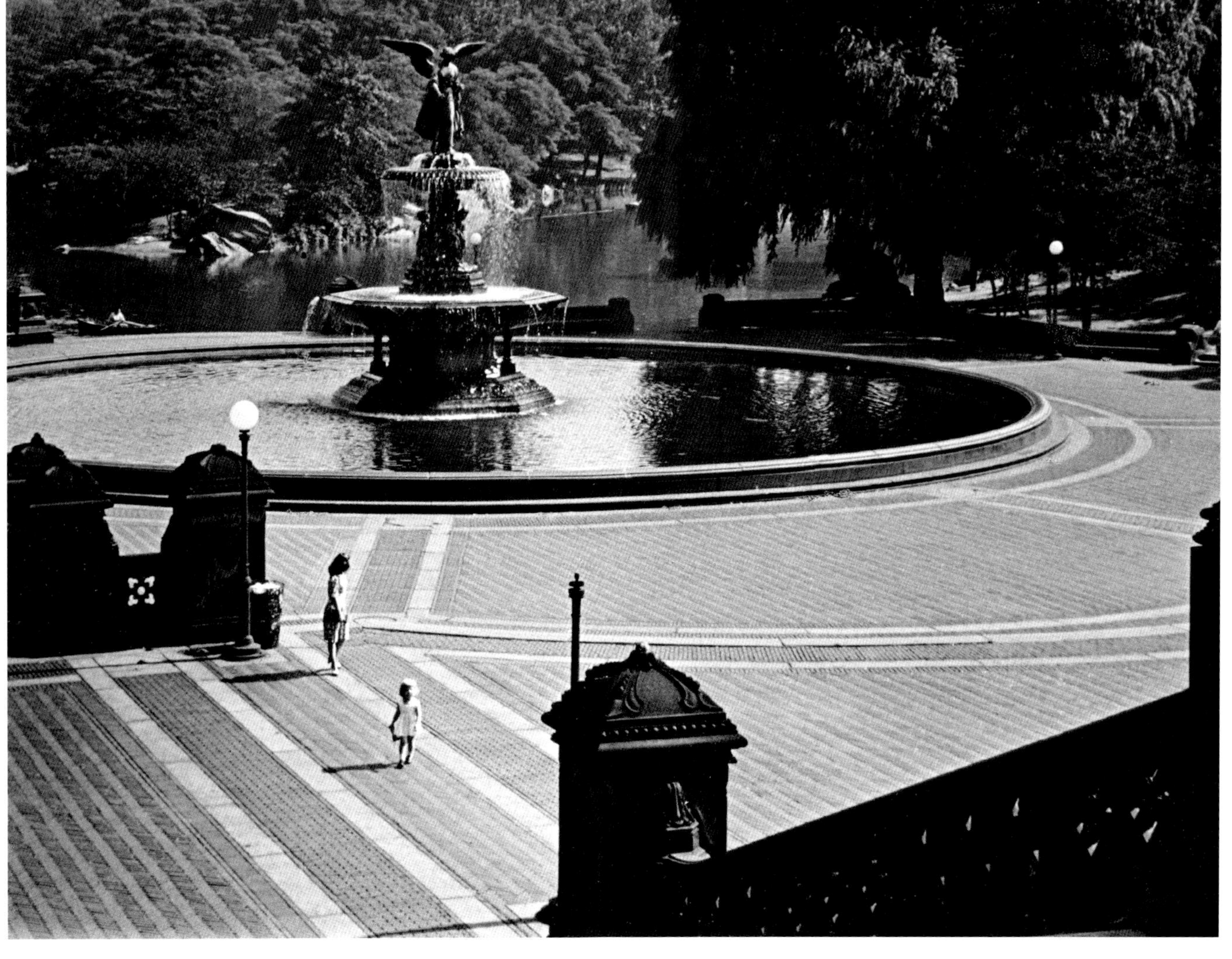

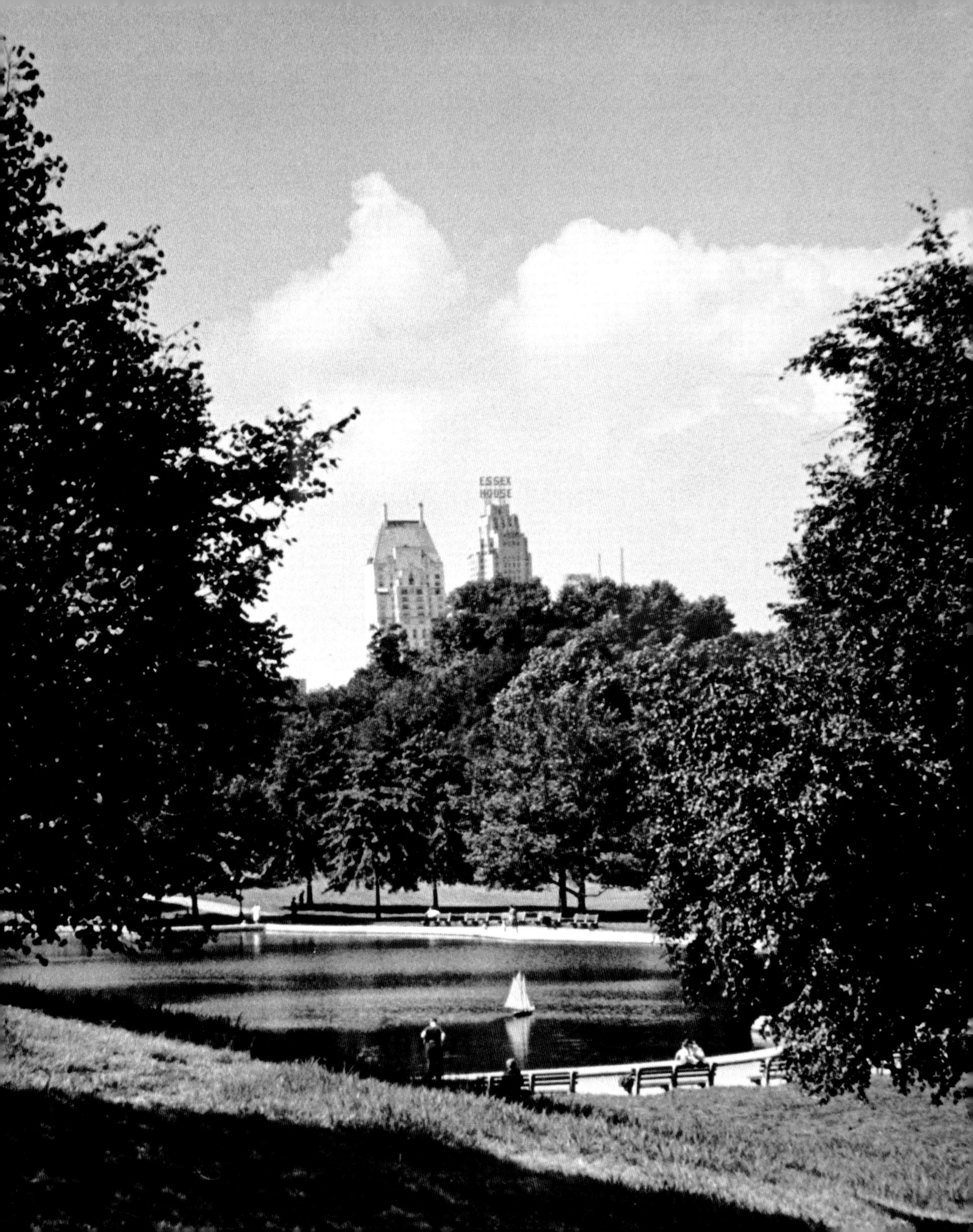
ESSEX
HOUSE

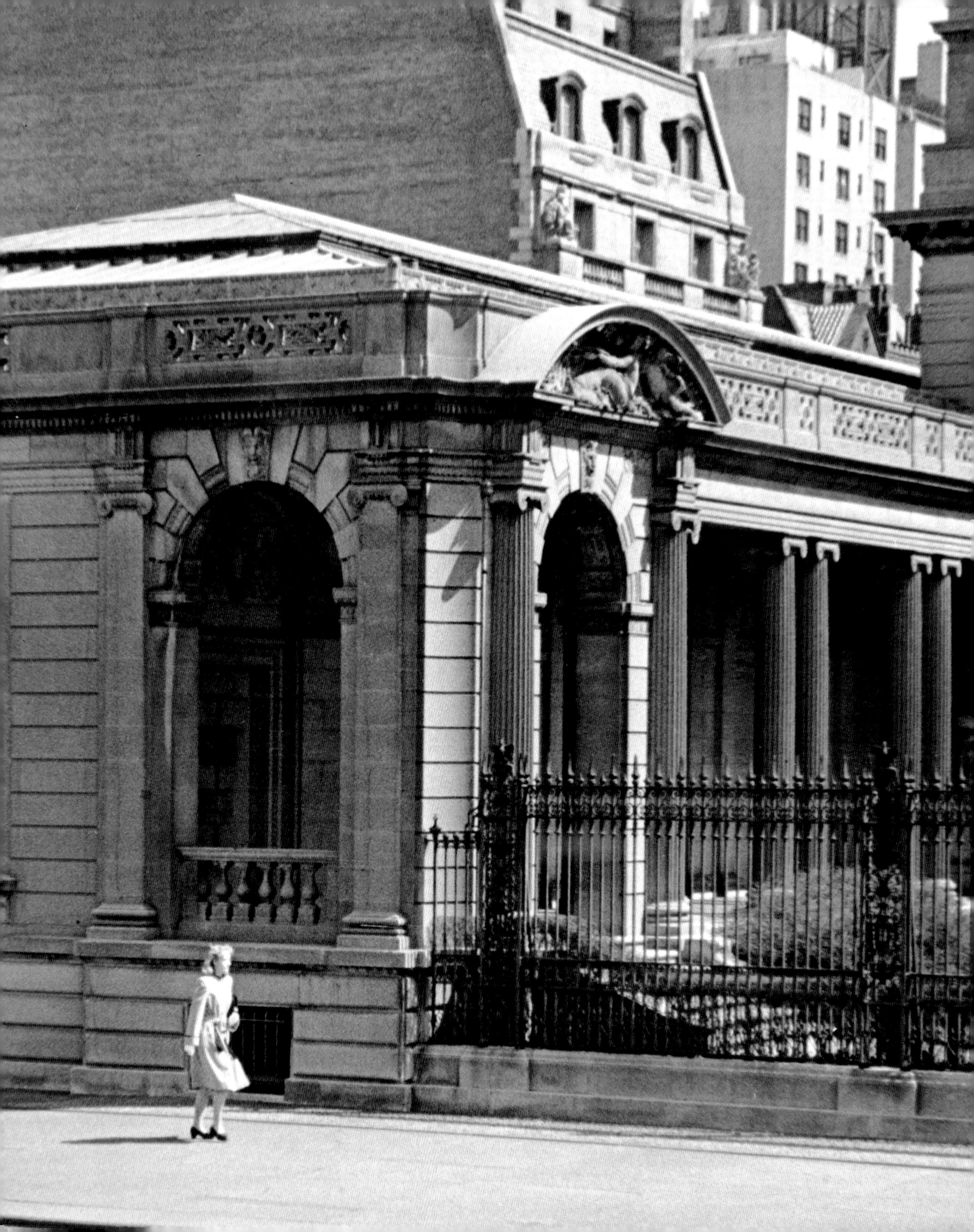

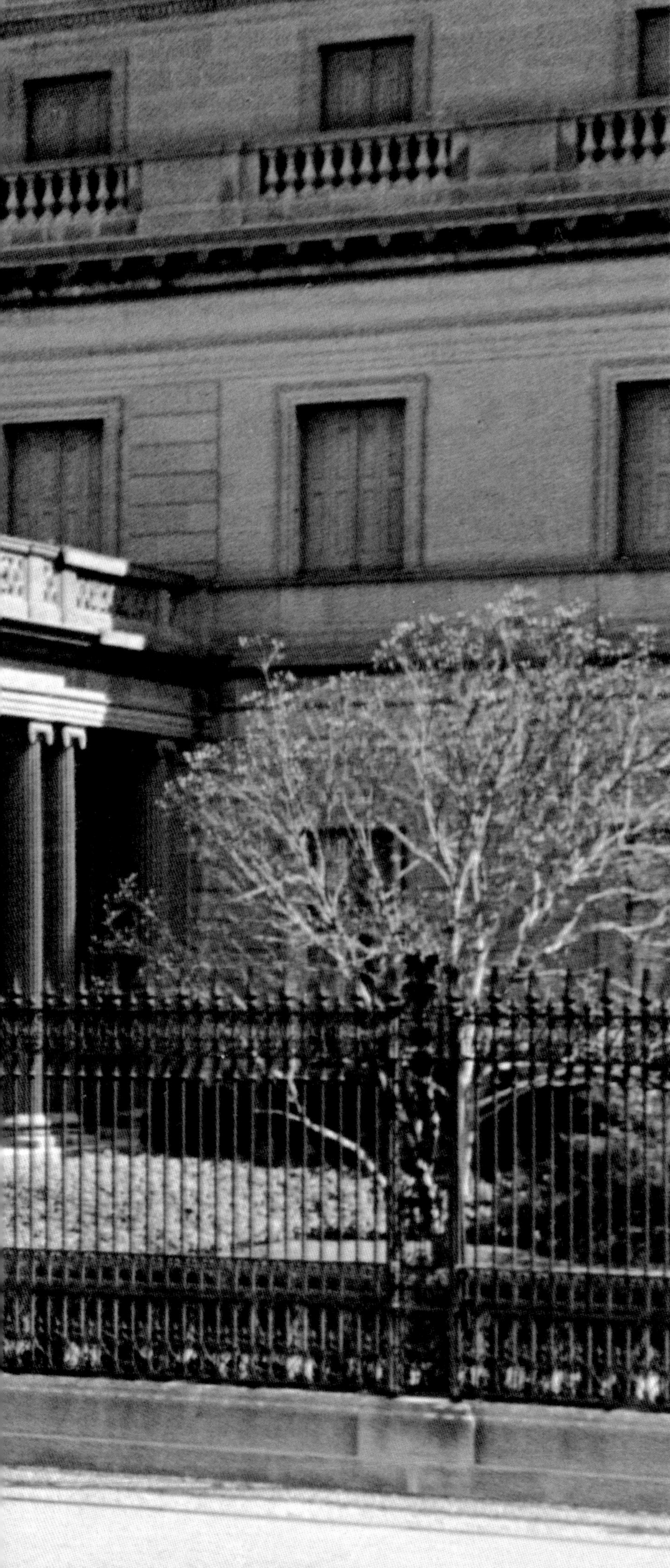

Frick Museum. Quinta Avenue - 70ª Strada.
The Frick Museum. Fifth Avenue at 70th Street.

Metropolitan Museum of Art.
Quinta Avenue - 82ª Strada.
The Metropolitan Museum of Art.
Fifth Avenue at 82nd Street.

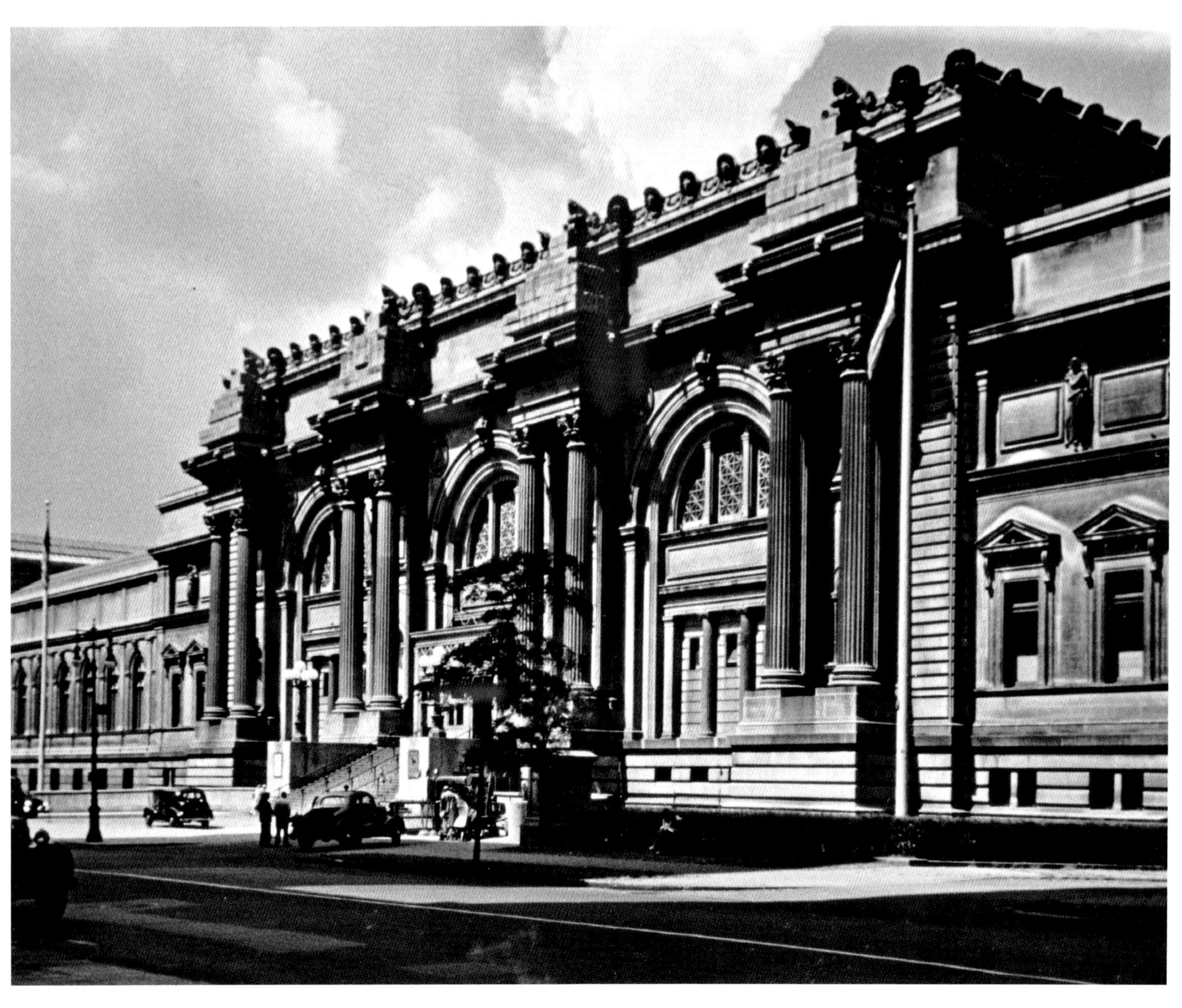

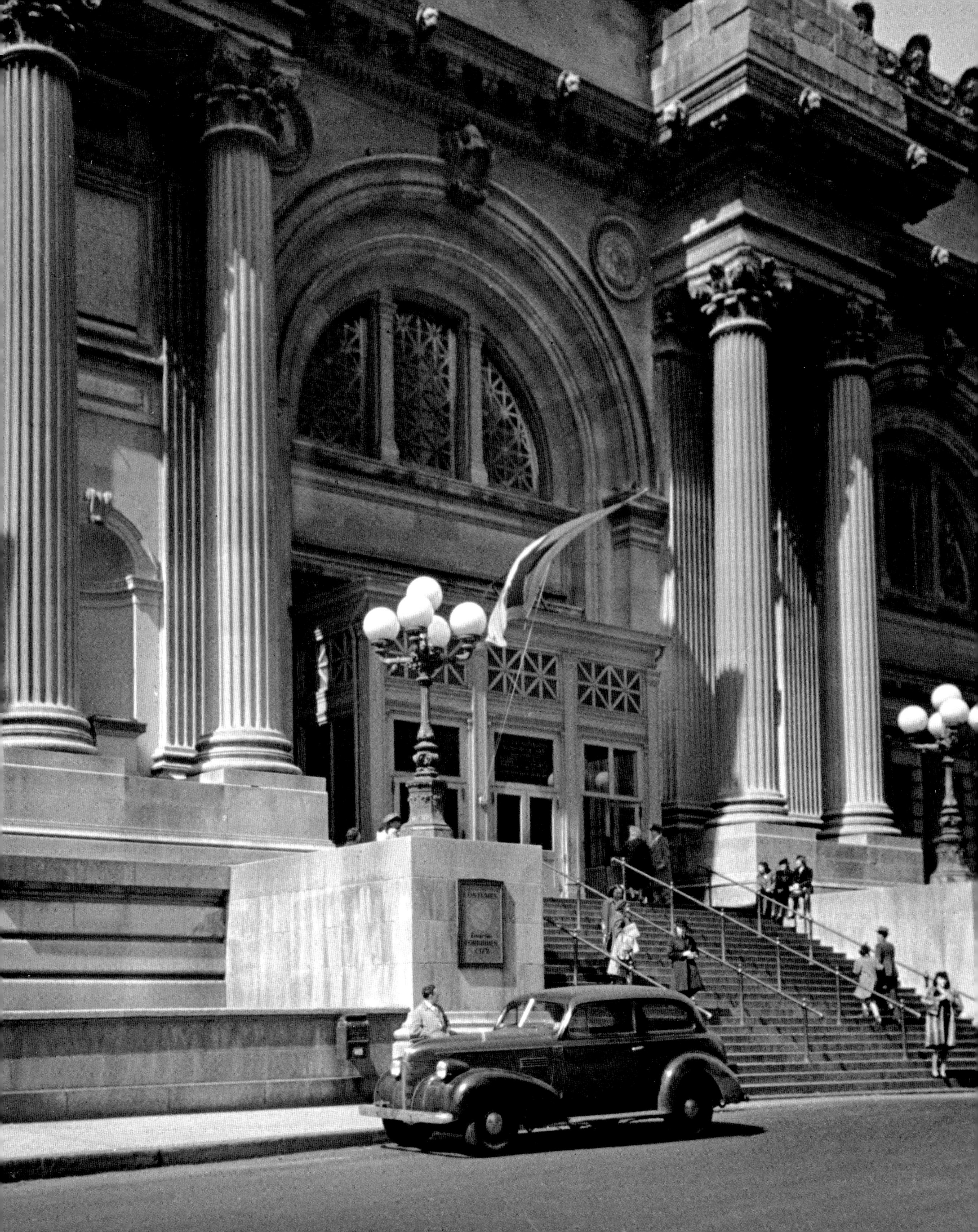

Carnegie Mansion. Quinta
Avenue - 90ª Strada.
Carnegie Mansion. Fifth Avenue
at 90th Street.

p. 107
3 East 83ª Strada.
3 East 83rd Street.

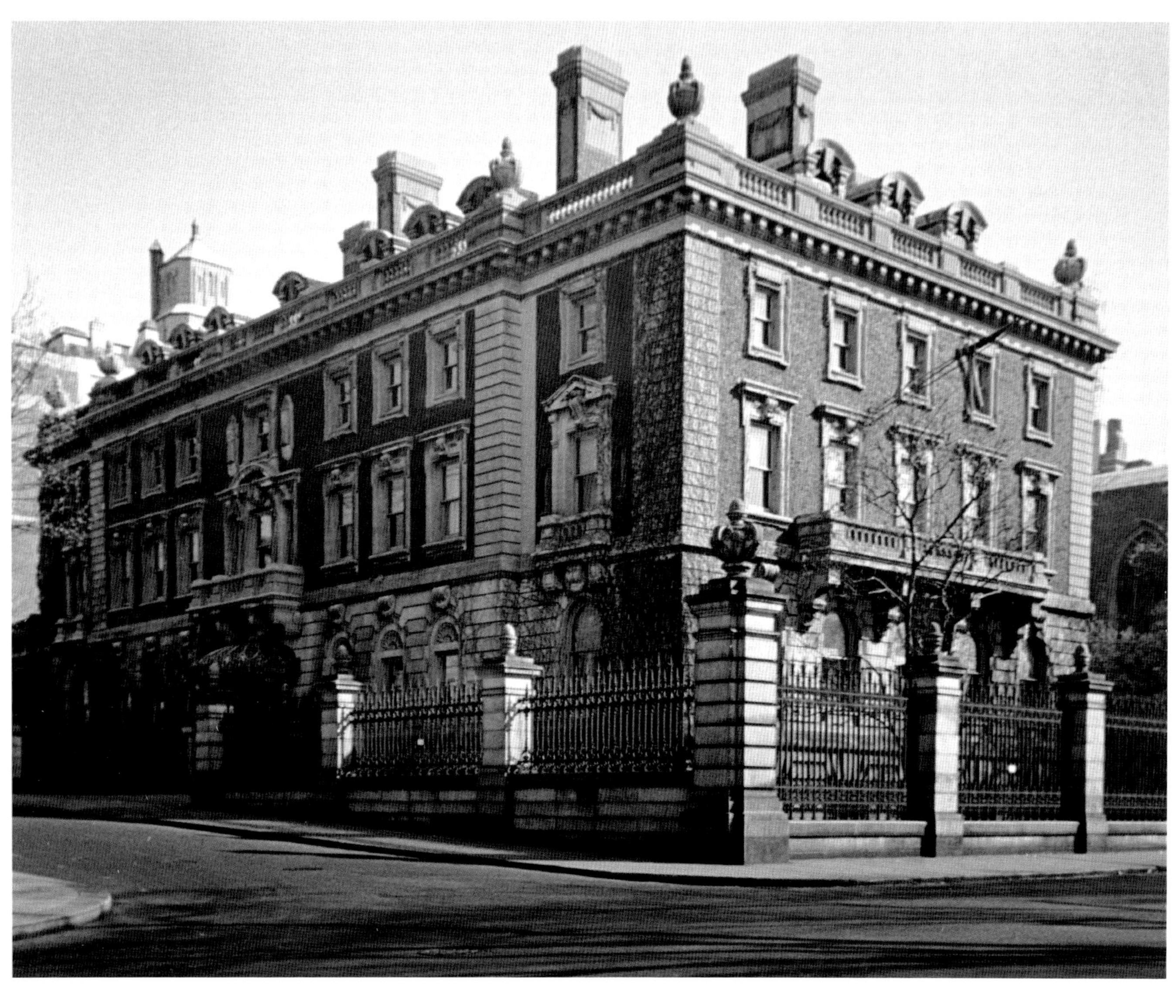

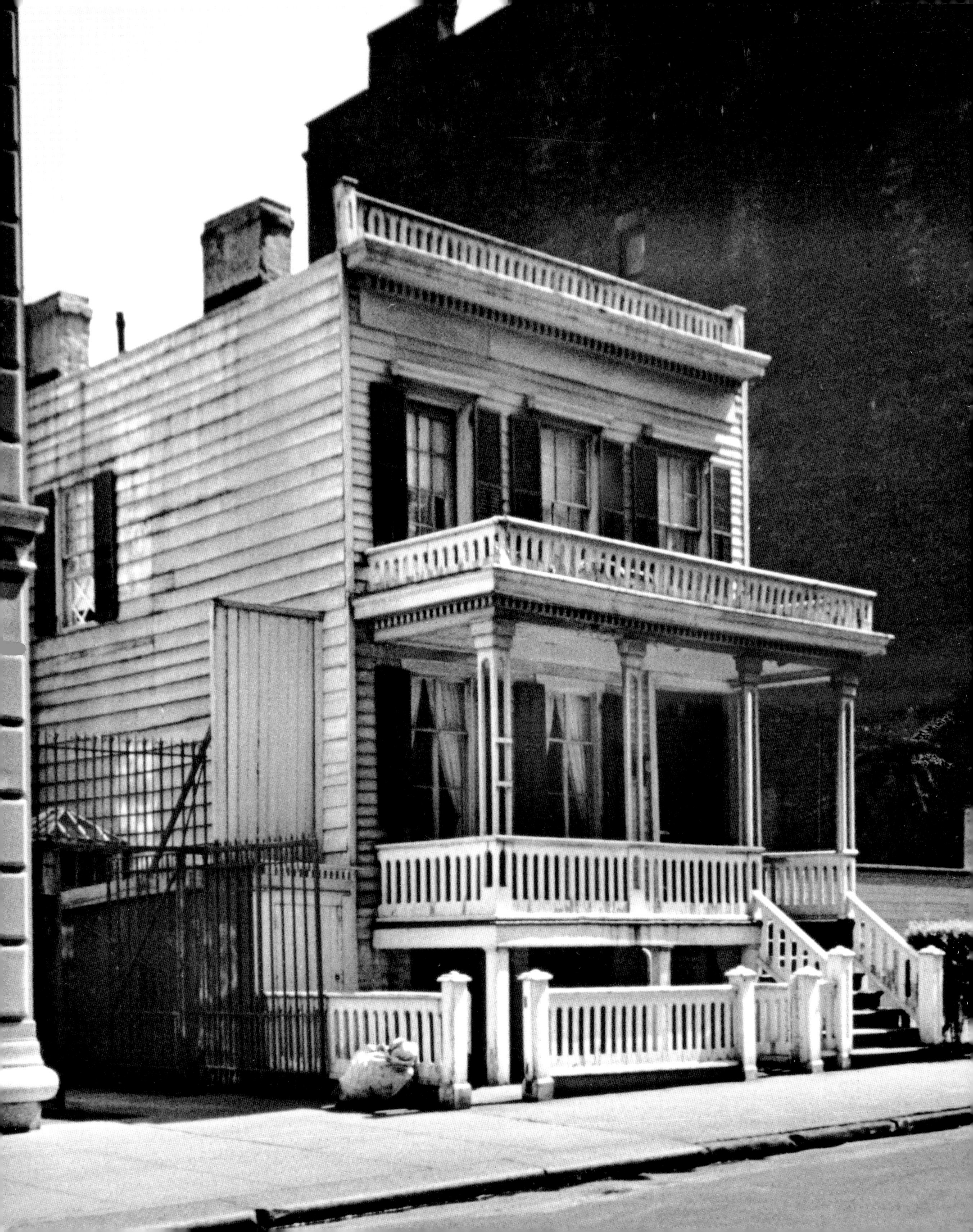

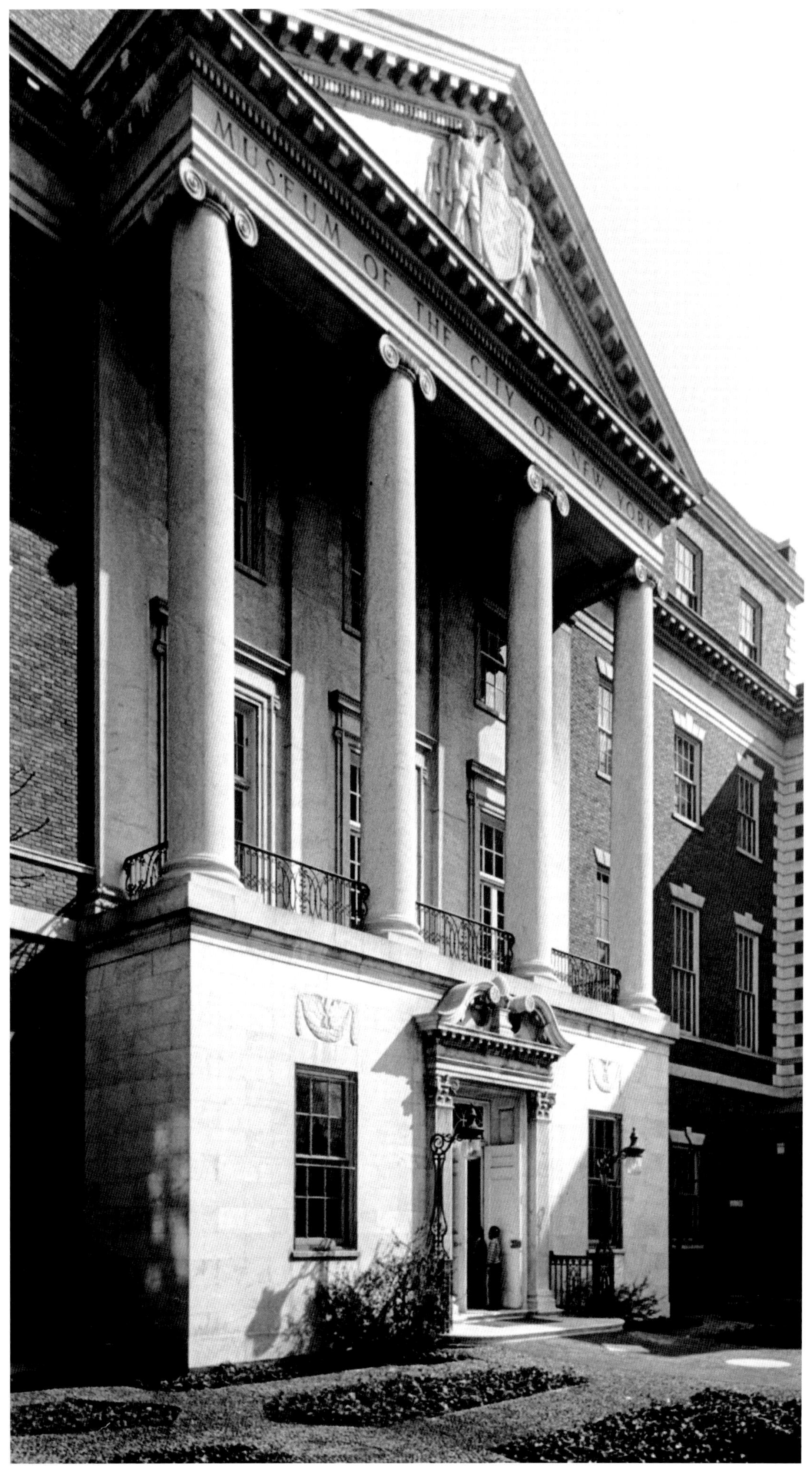

Museum of the City of New York.
Quinta Avenue - 103ª Strada.
The Museum of the City of New
York. Fifth Avenue at 103rd Street.

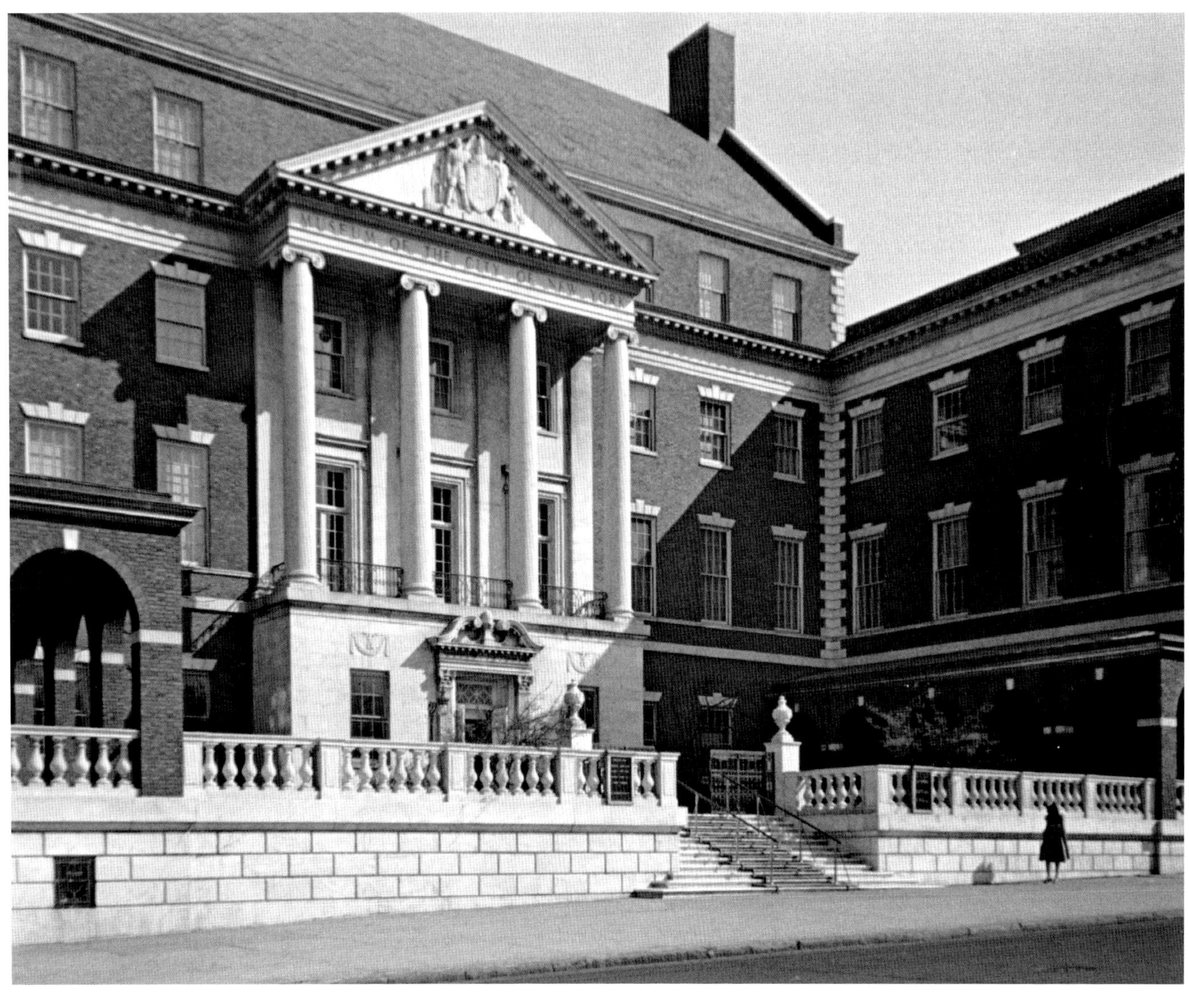

Smith's Folly.
Smith's Folly.

p. 111
Tipico ingresso di abitazione
nella residenziale zona orientale
del Central Park.
Typical doorway in the residential
area East of Central Park.

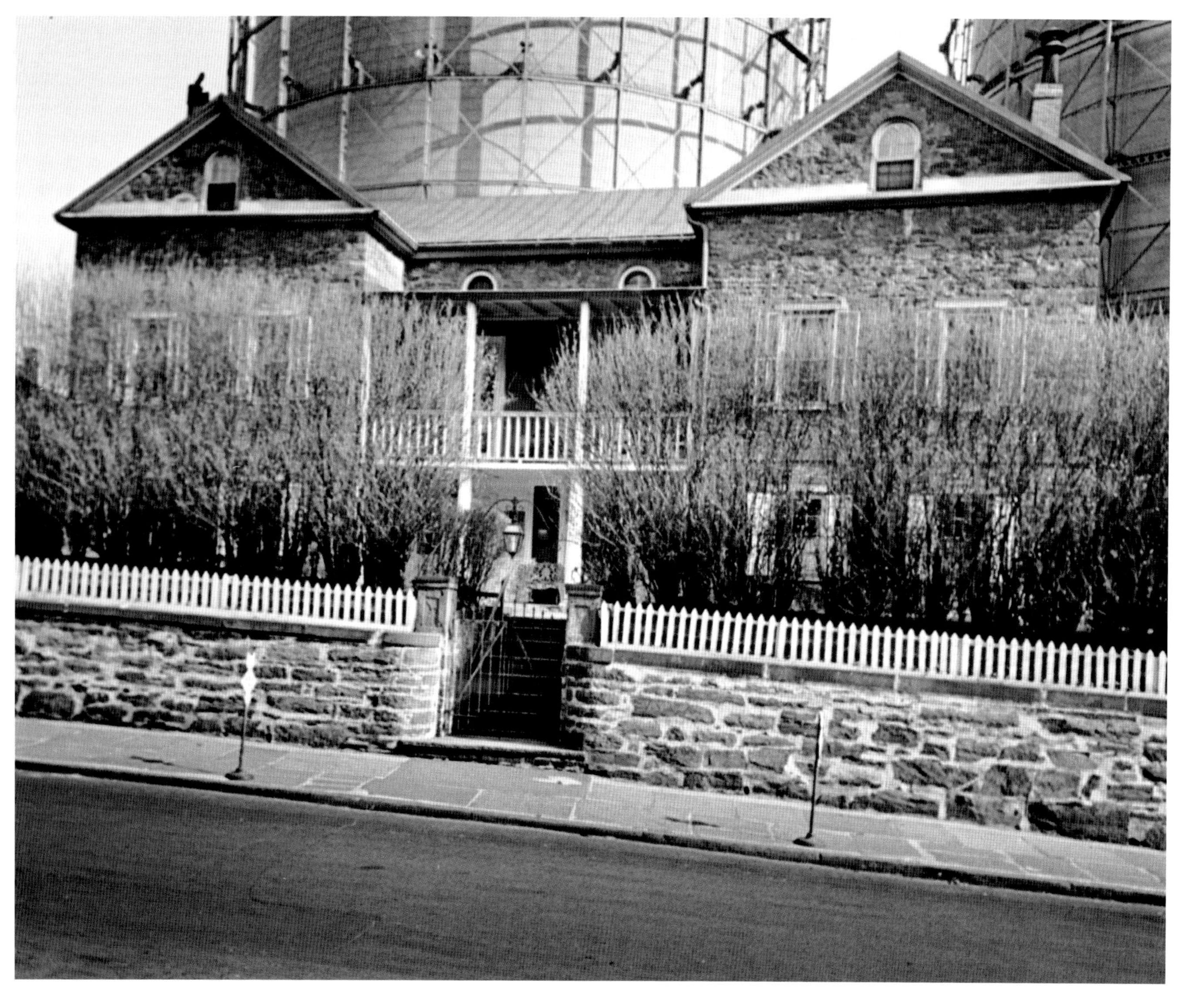

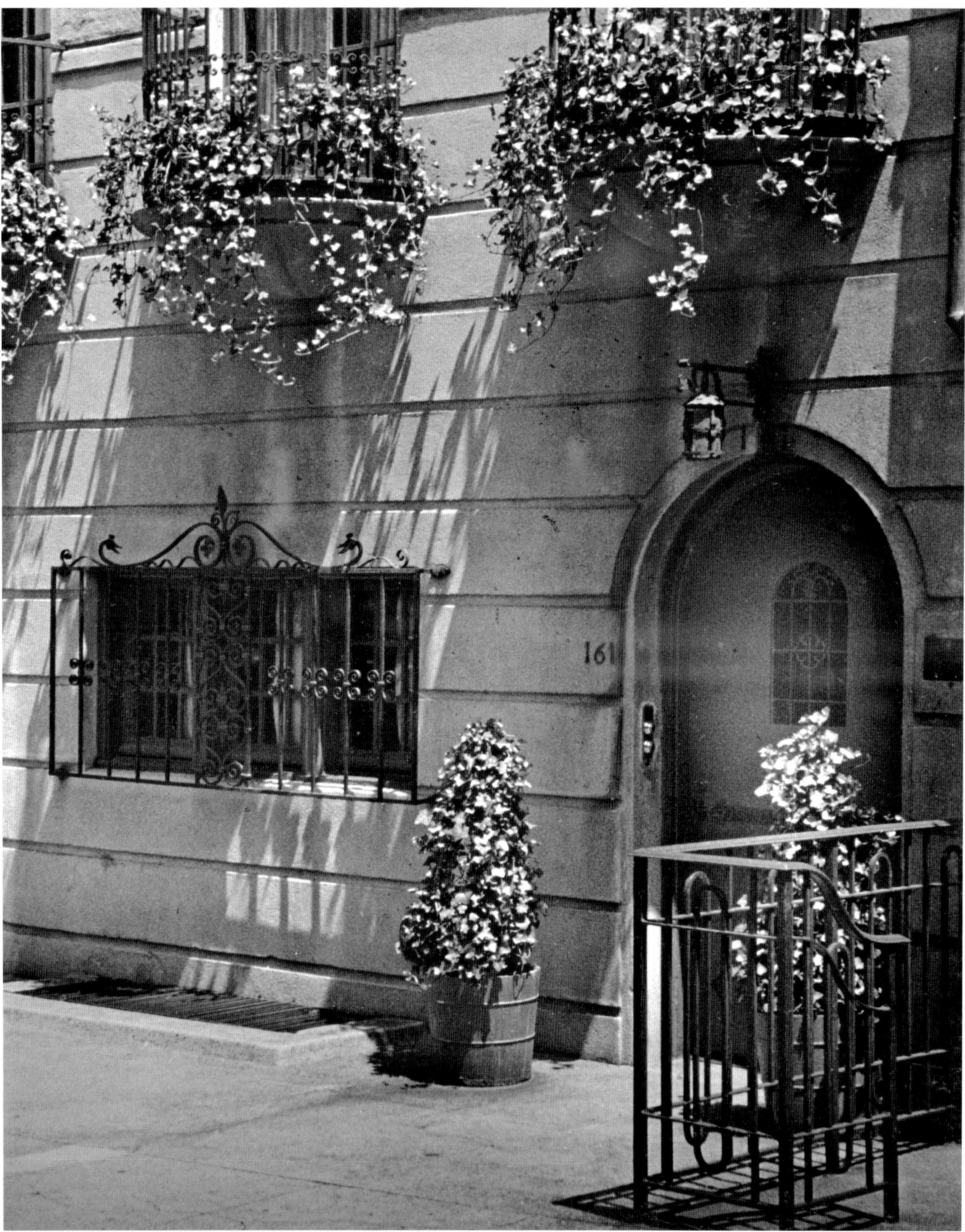

Gli anni Venti sarebbero diventati il decennio
dei grattacieli. Già da vari decenni gli orizzonti
di New York e di Chicago stavano prendendo
forma, ma ora, all'improvviso, irrompevano
in uno splendore drammatico, con uno stile
da togliere il fiato.

The 1920s would become the decade of the
skyscraper. The skylines of New York and
Chicago had been in the making for several
decades, but now, all of a sudden, they burst forth
in dramatic splendor, with breathtaking panache.

George H. Douglas, *Skyscrapers. A Social History of the Very Tall Building in America*,
Jefferson (NC), Mc Farland, 1996, p. 83 (edizione originale).
George H. Douglas, *Skyscrapers. A Social History of the Very Tall Building in America*,
Jefferson (NC), Mc Farland, 1996, p. 83.

New York Hospital. 68ª Strada -
East River Drive.
New York Hospital. 68th Street
and East River Drive

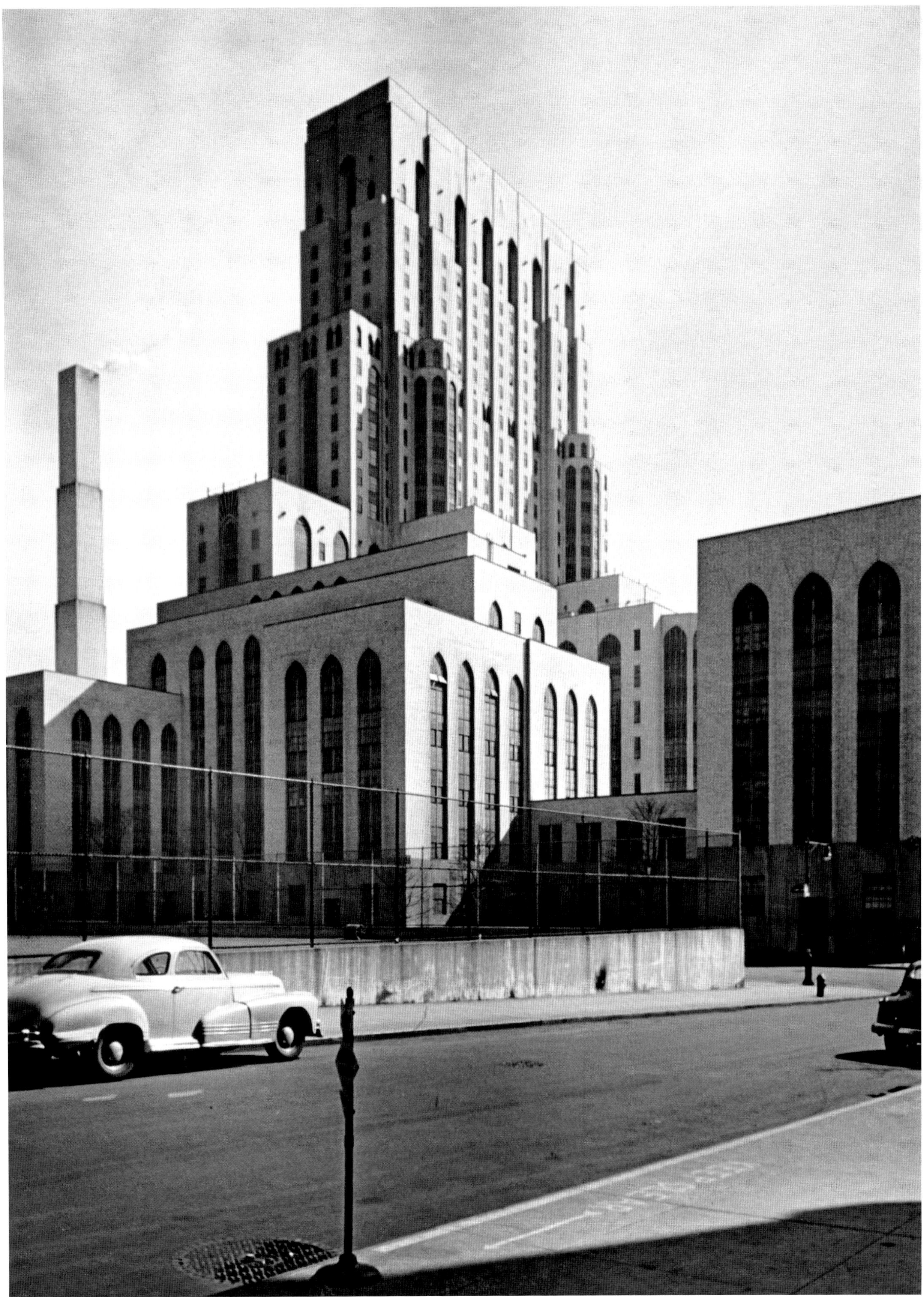

New York Hospital.
New York Hospital..

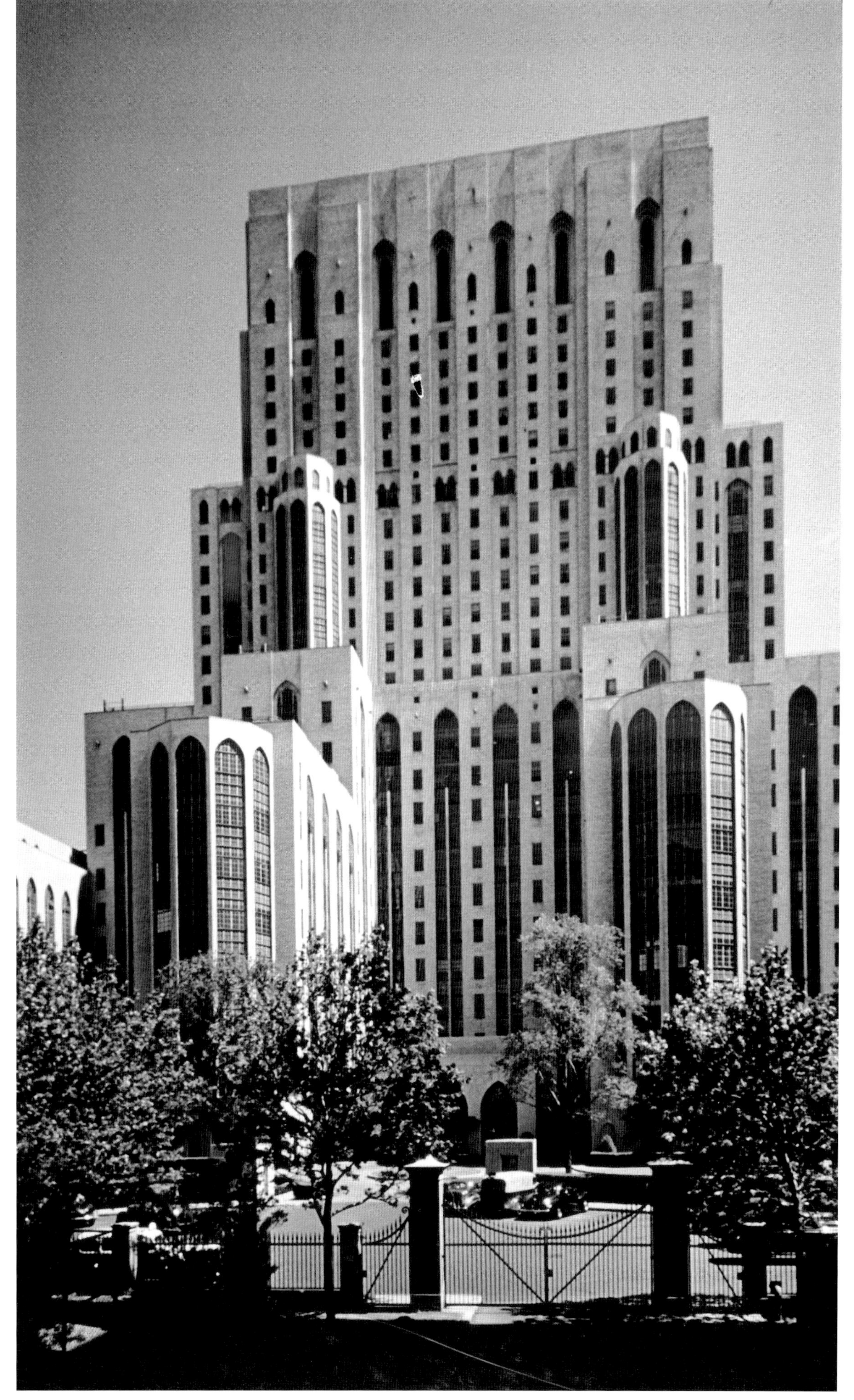

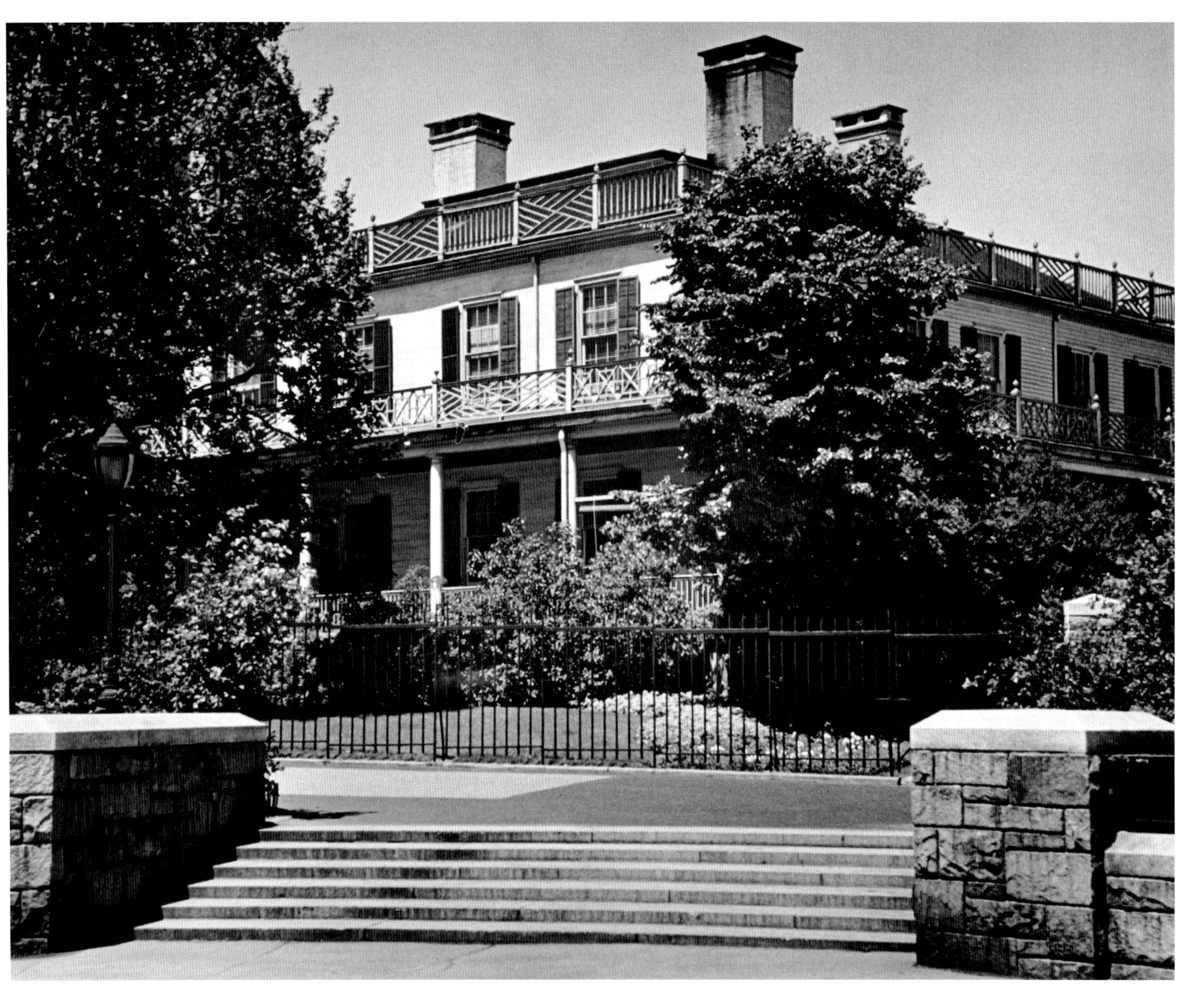

Gracie Mansion. Carl Schurz Park,
88ª Strada - East River.
Gracie Mansion. Carl Schurz Park,
88th Street and the East River.

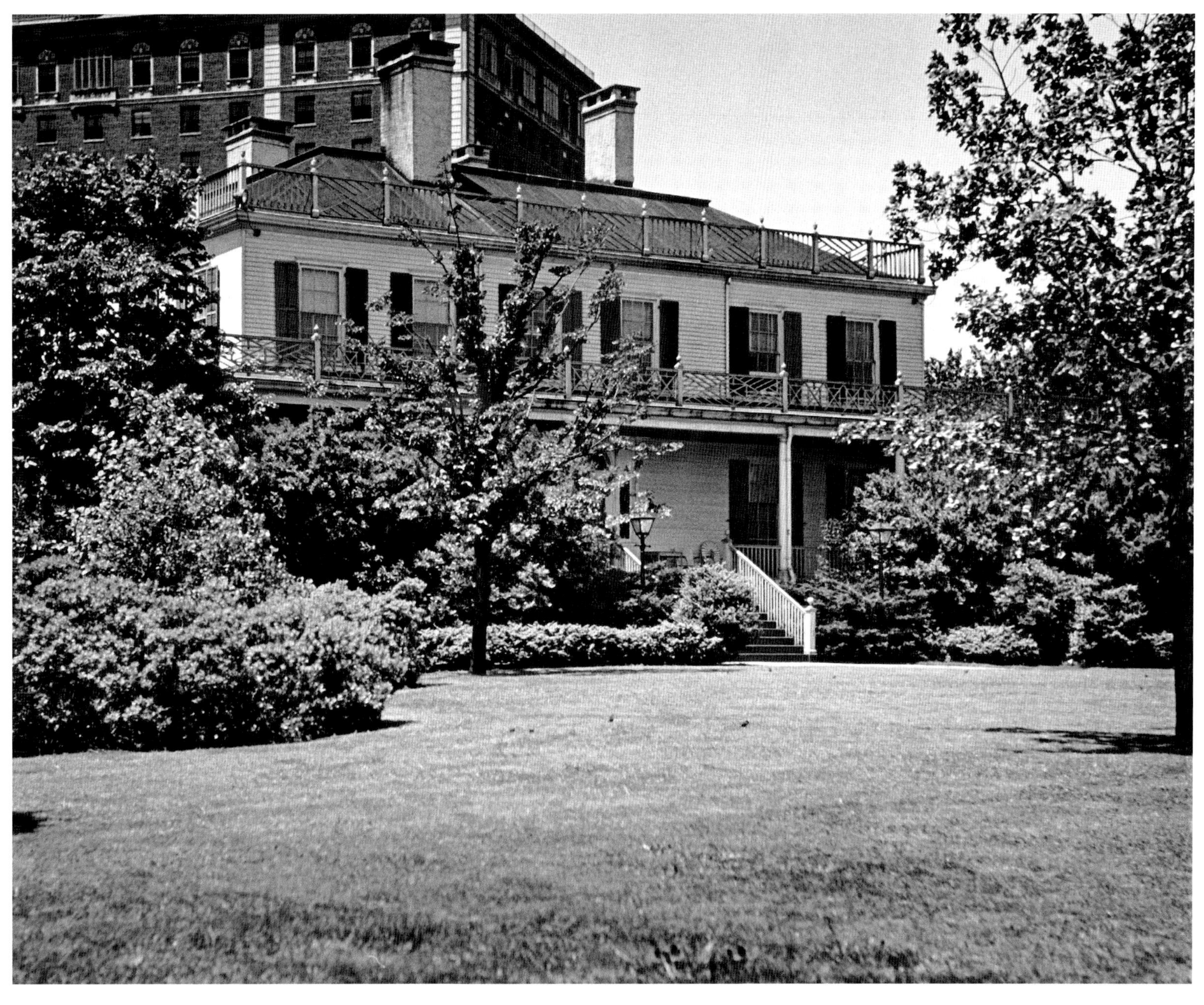

Venerdì sera a New York è affrontare la metro
tirati e profumati, è l'unico immenso marciapiede
su cui camminare diretti verso i cinema, i teatri, la
cena di mezzanotte o una pizza, un hot-dog, un
qualcosa prima dei quattro salti. New York, meta
di pellegrinaggio laico da tutta l'East Coast, nuova
Santiago de Compostela, Lourdes della chiesa
dell'elettricità.

Friday evening in New York means taking on the
subway spick and span and perfumed, it is the only
immense sidewalk on which to walk on your way
to the movies, the theaters, midnight supper or a
pizza, a hot-dog, something before going dancing.
New York, destination of secular pilgrimages from
the entire East Coast, new Santiago de Compostela,
Lourdes of the church of electricity.

Wu Ming 1, *New Thing*, Torino, Einaudi, 2004, p. 98.
Wu Ming 1, *New Thing*, Turin, Einaudi, 2004, p. 98 (Italian edition).

Cattedrale di St. John the Divine,
interno verso l'altare.
Altar. Cathedral of St. John
the Divine.

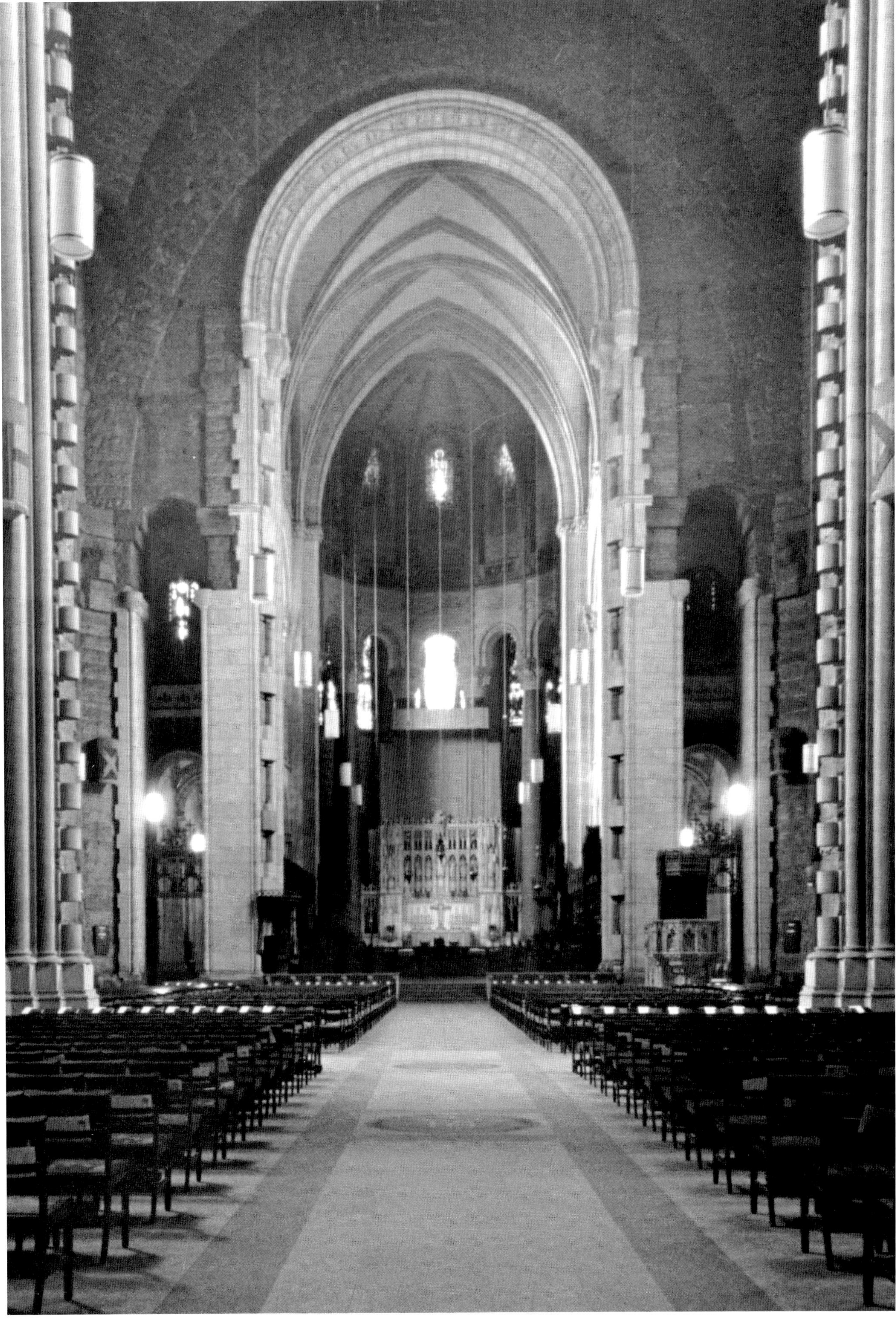

Cattedrale di St. John the Divine, interno.
Interior. Cathedral of St. John the Divine.

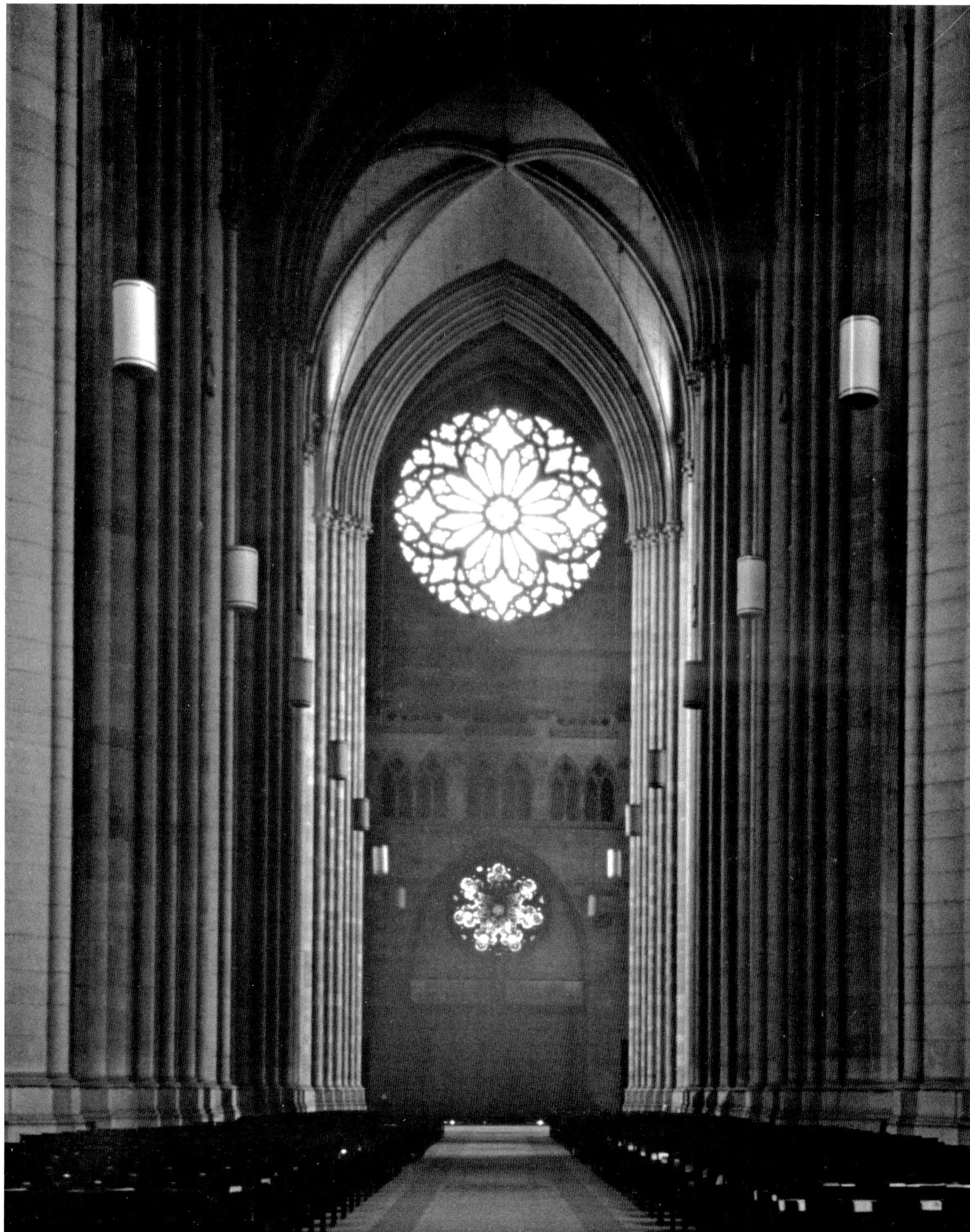

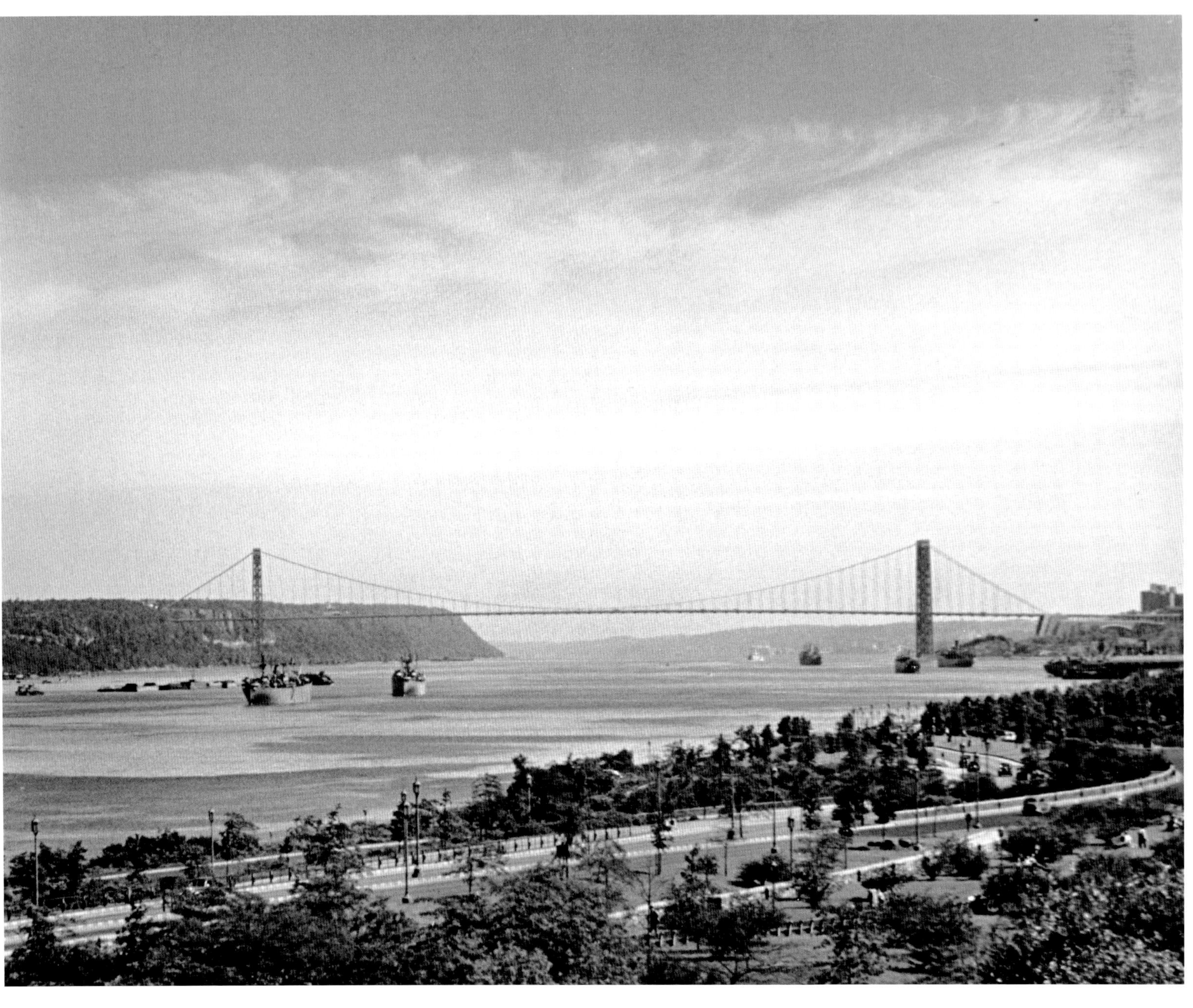

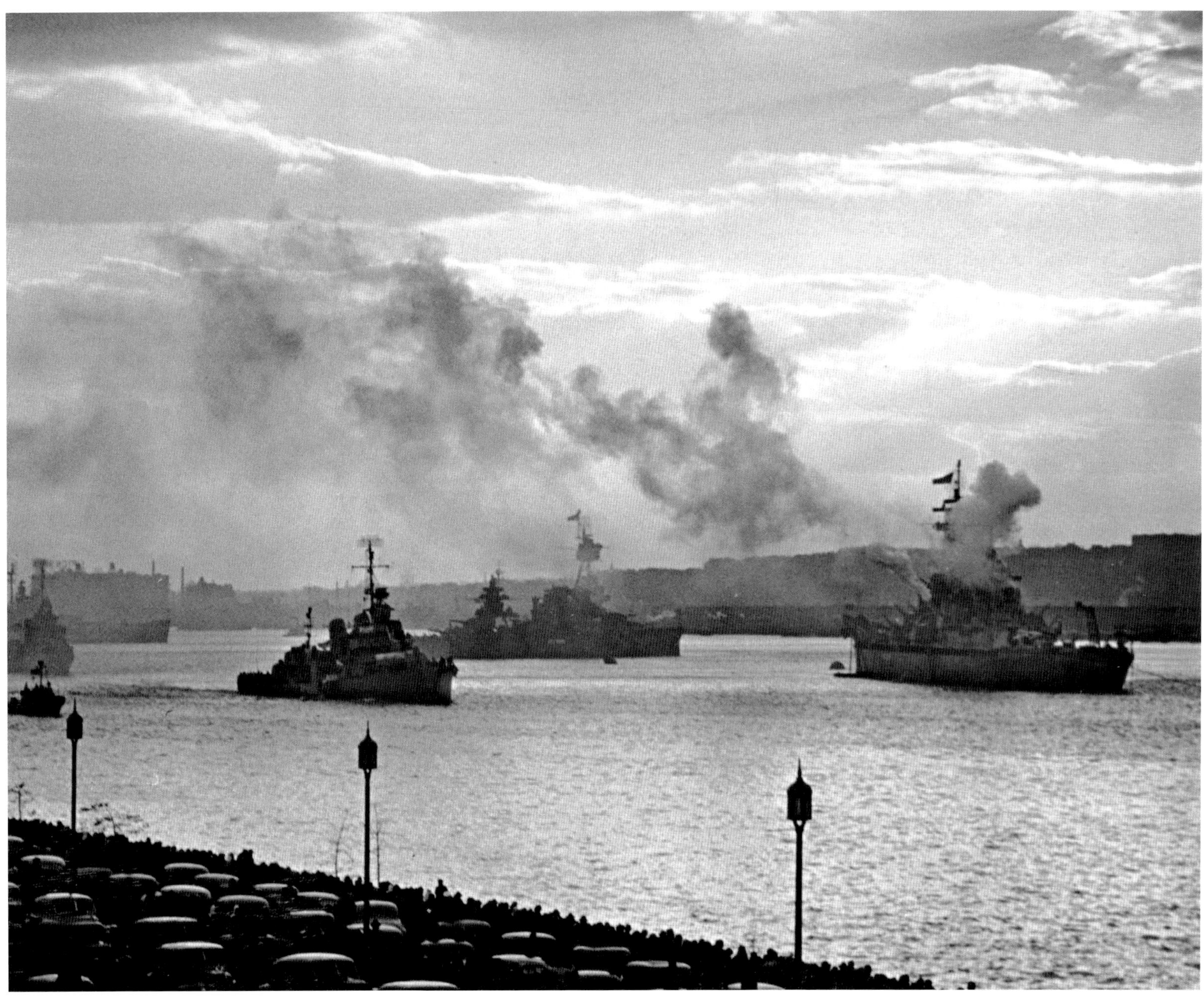

Parata di navi da guerra
sull'Hudson River.

p. 122
Il Riverside Park, l'Hudson River
e il George Washington Bridge.
Veduta dal Monumento ai Soldati
e ai Marinai.

Columbia University Library
(1895-97). 116ª Strada - Morning
Side Drive.
The Columbia University Library
(1895-97). 116th Street and
Morning Side Drive.

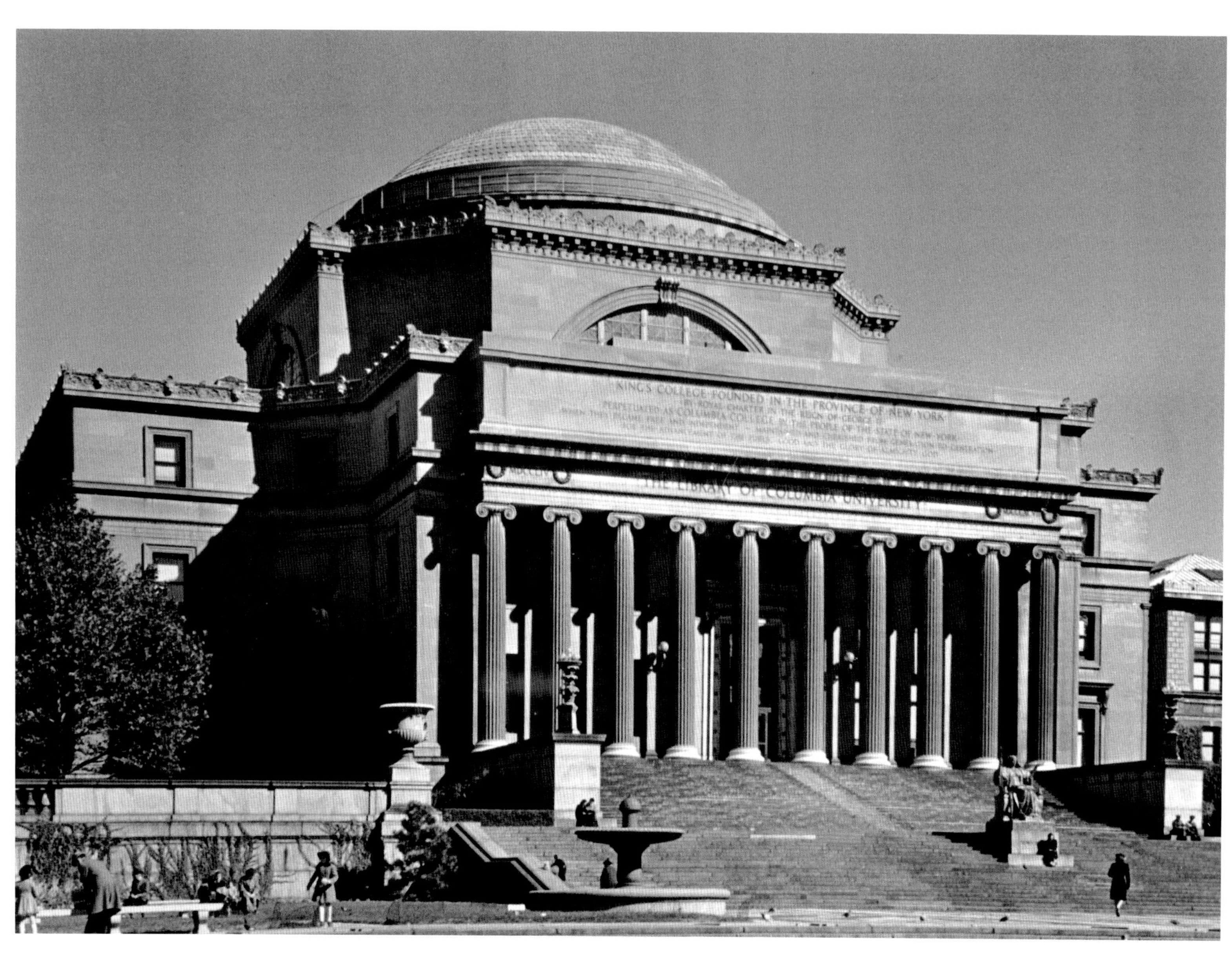

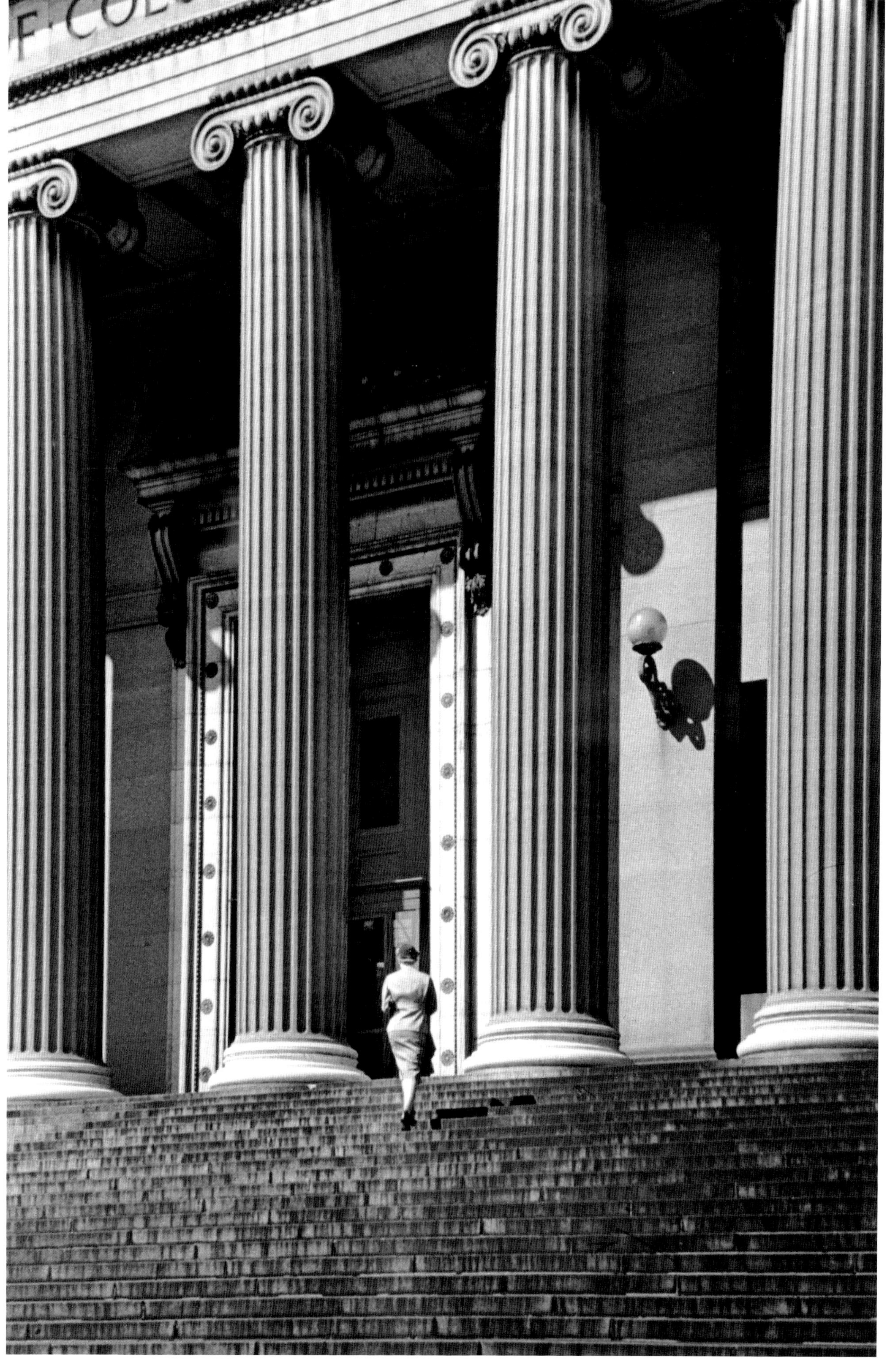

Il giorno della laurea. Cappella
di St. Paul, Columbia University.

p. 127
Sepolcro del generale Grant
(1897). Riverside Drive -
122ª Strada.

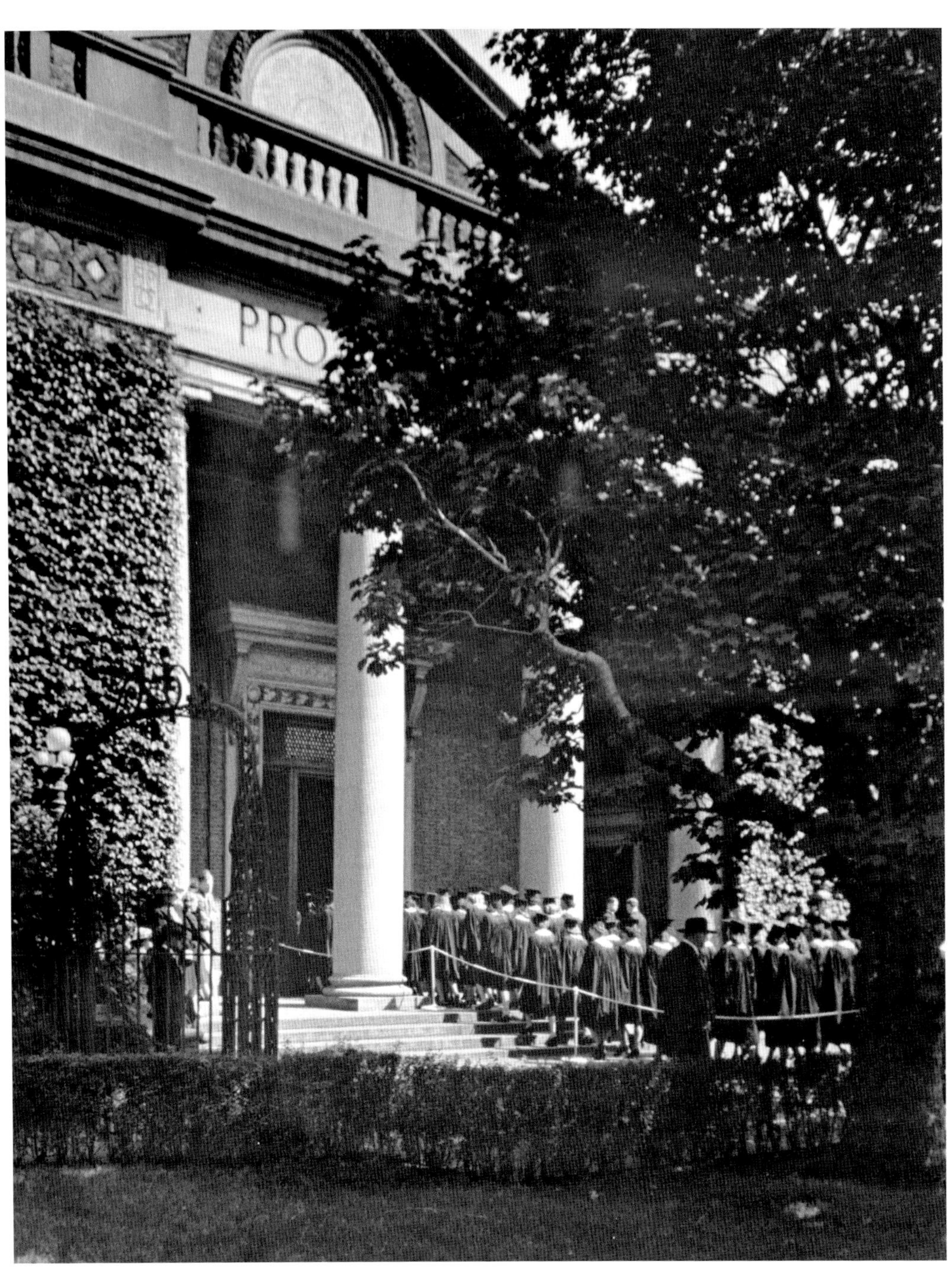

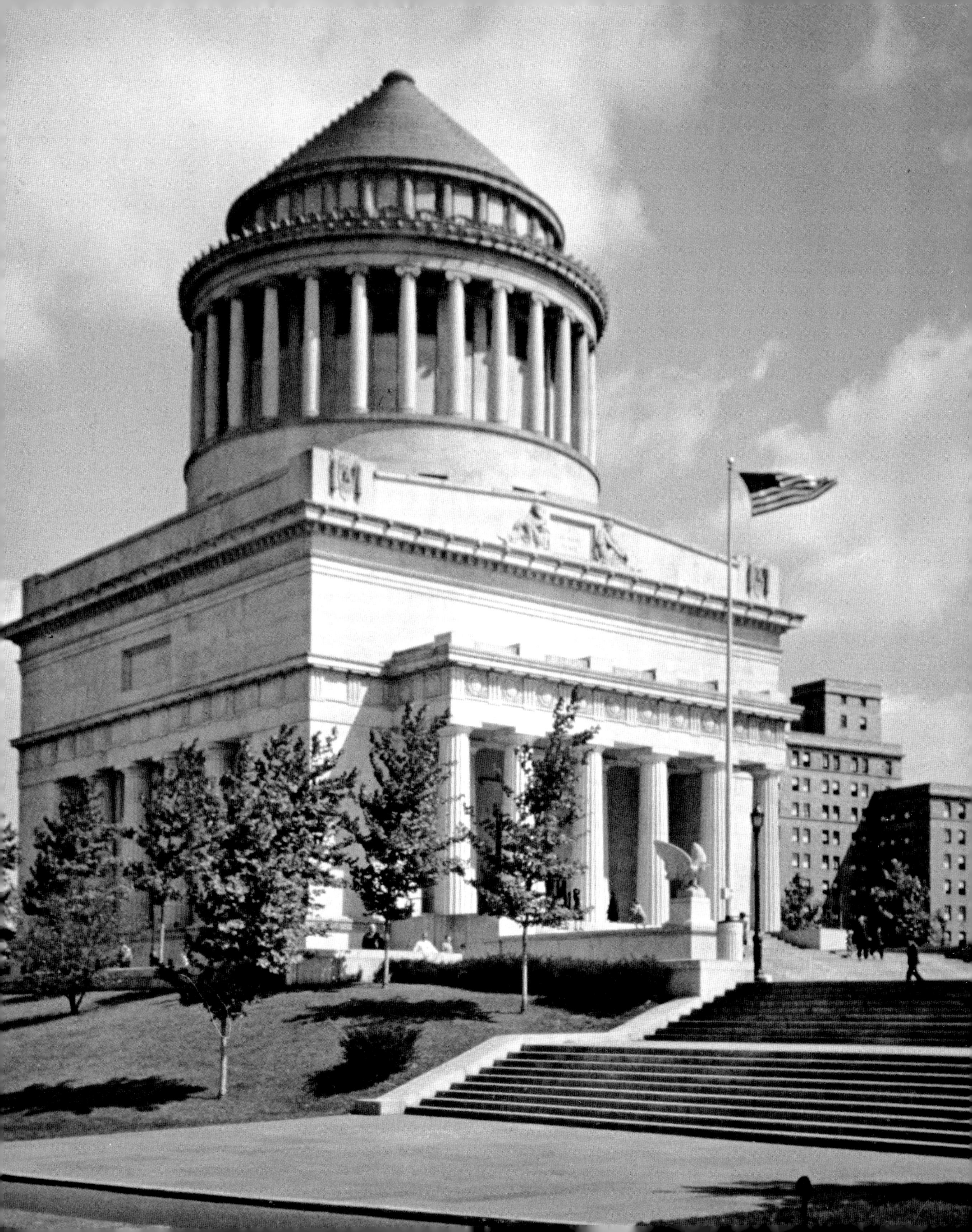

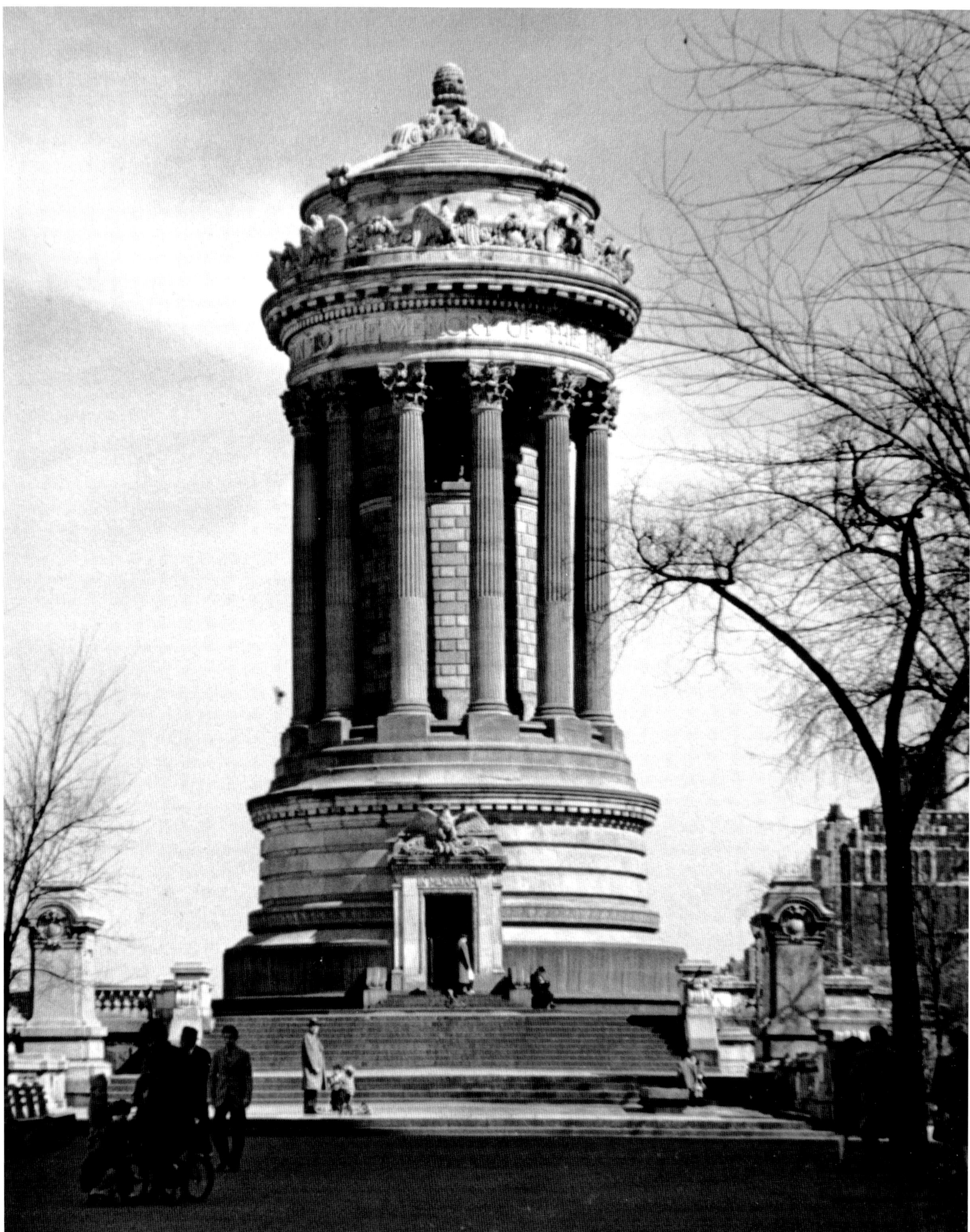

Riverside Church. Riverside
Drive - 122ª Strada.
Riverside Church. Riverside
Drive at 122nd Street.

p. 128
Monumento ai Soldati
e ai Marinai. Riverside Drive -
89ª Strada.
Soldiers and Sailors Monument.
Riverside Drive at 89th Street.

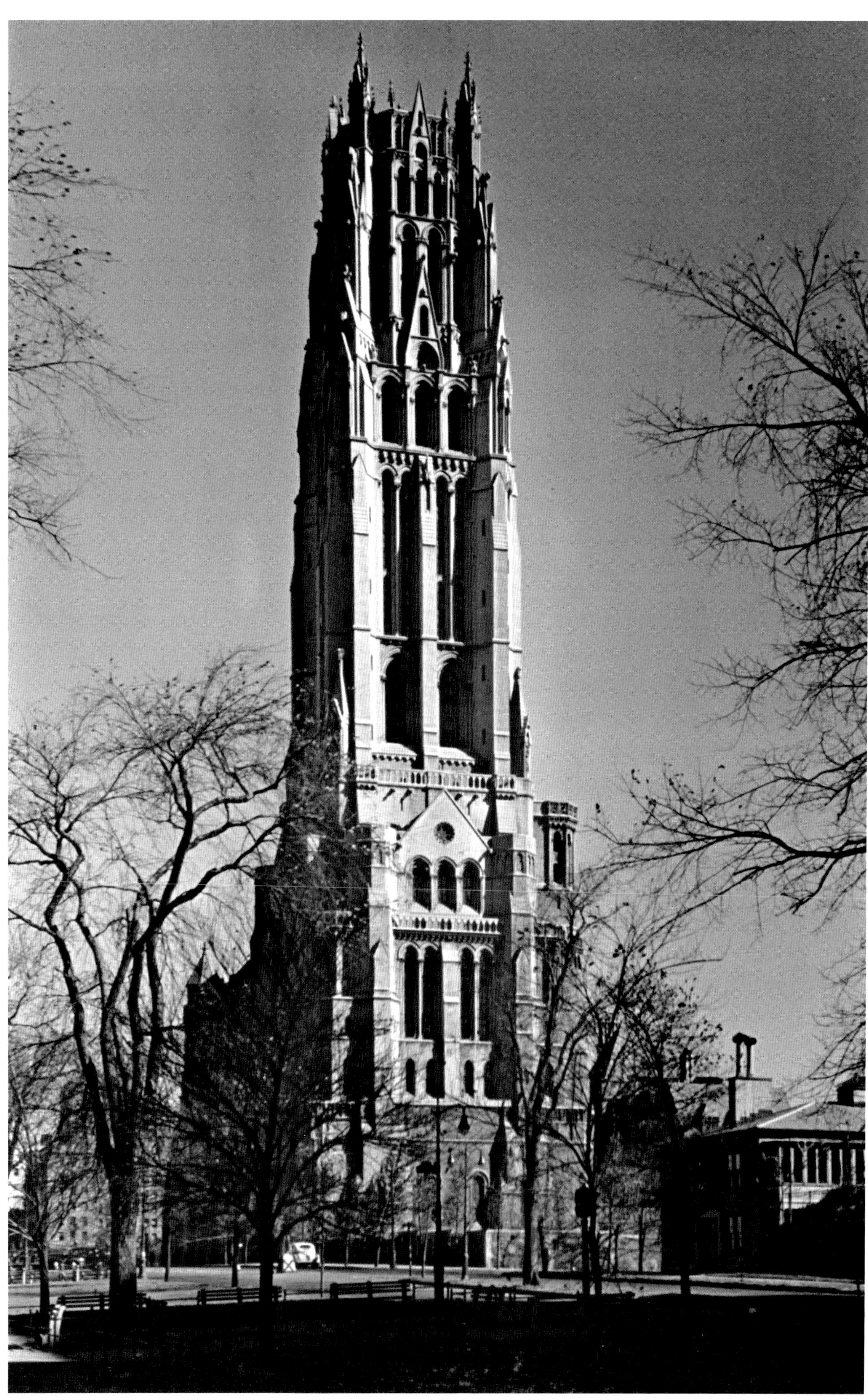

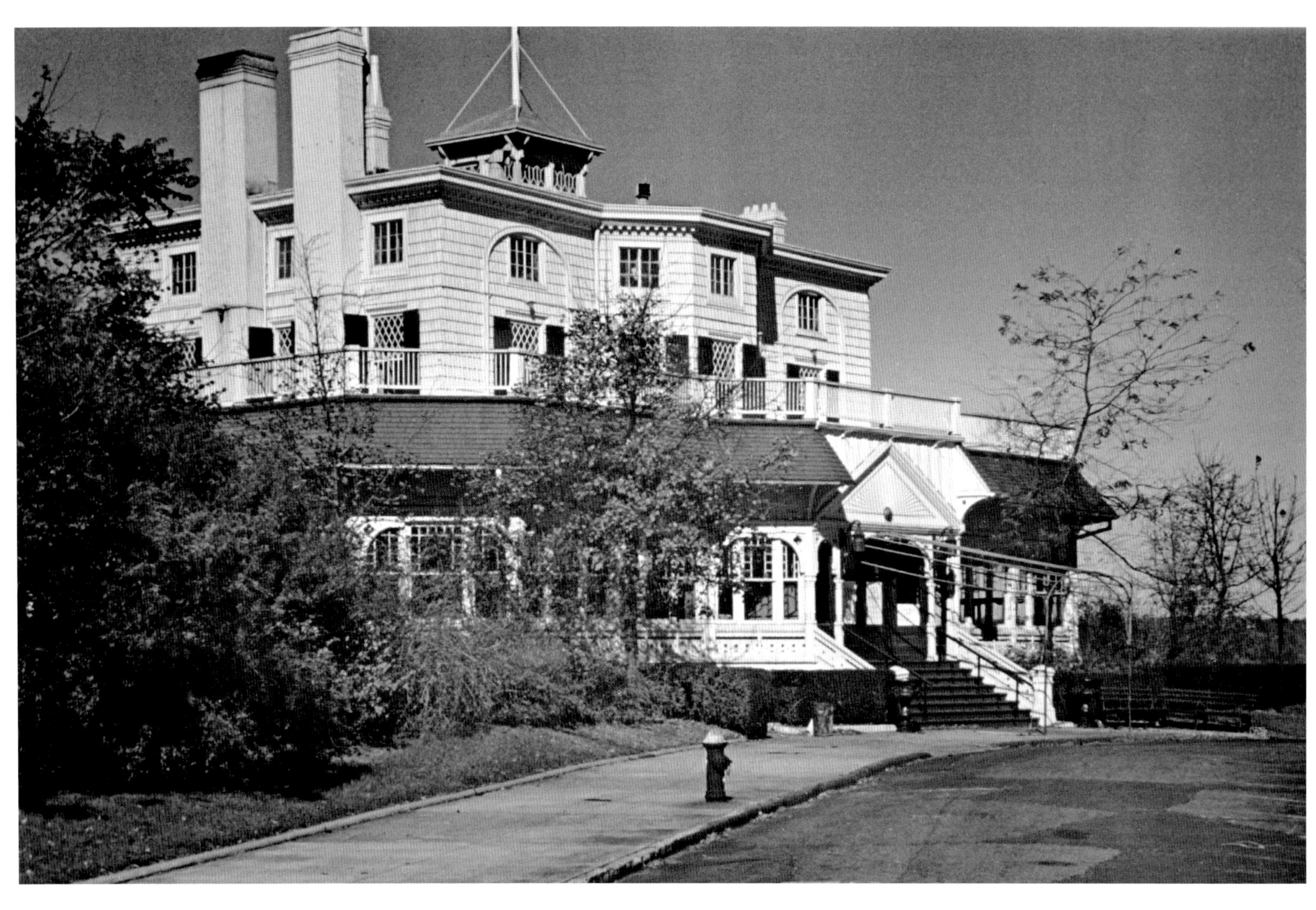

Claremont Inn. Riverside
Drive - 125ª Strada.
Claremont Inn. Riverside
Drive at 125th Street.

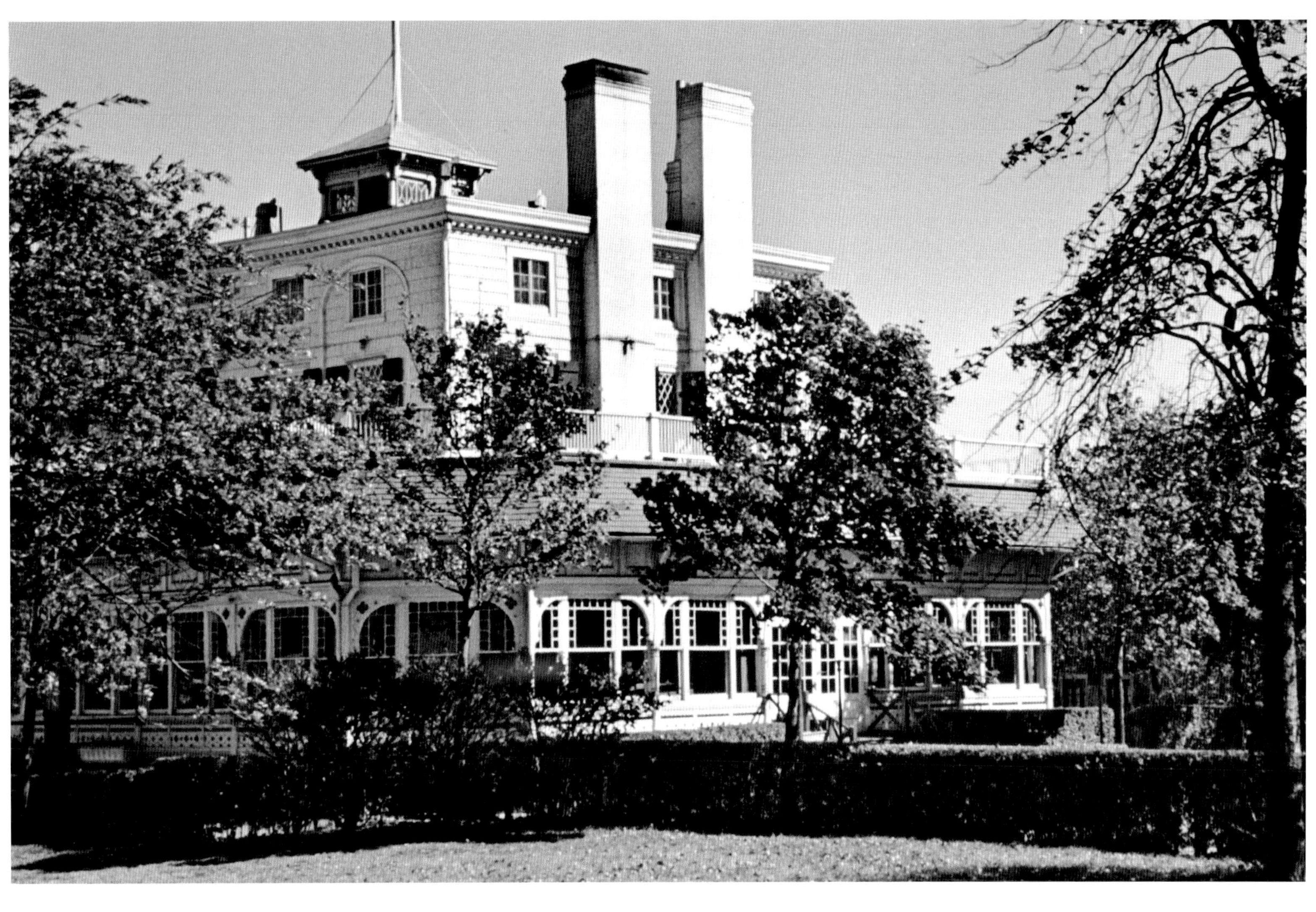

Claremont Inn.
Claremont Inn.

p. 132
Faro sotto il George Washington
Bridge. Riverside Drive - 129ª Strada.
Lighthouse under George Washington
Bridge. Riverside Drive at 129th Street.

p. 133
George Washington Bridge.
George Washington Bridge.

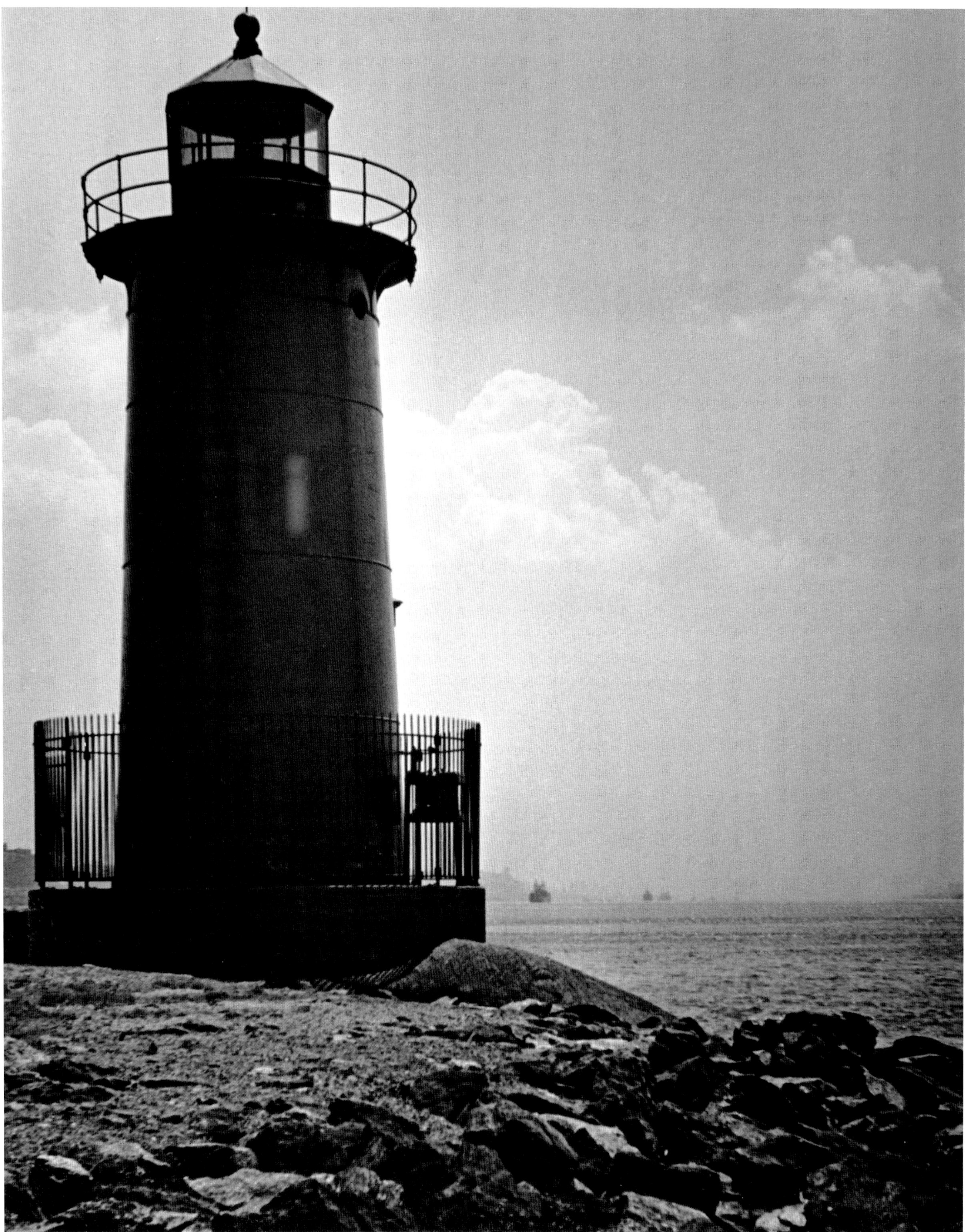

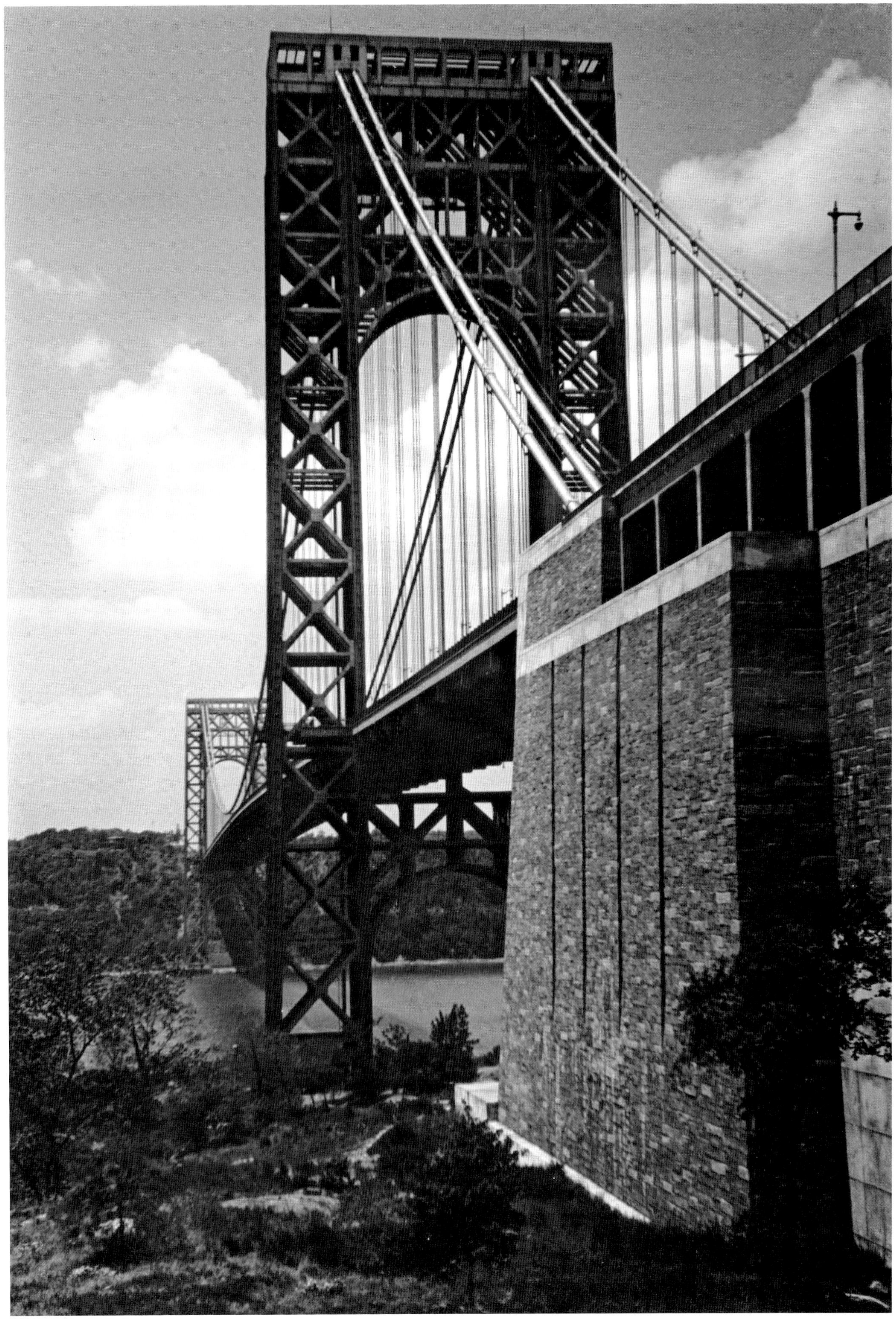

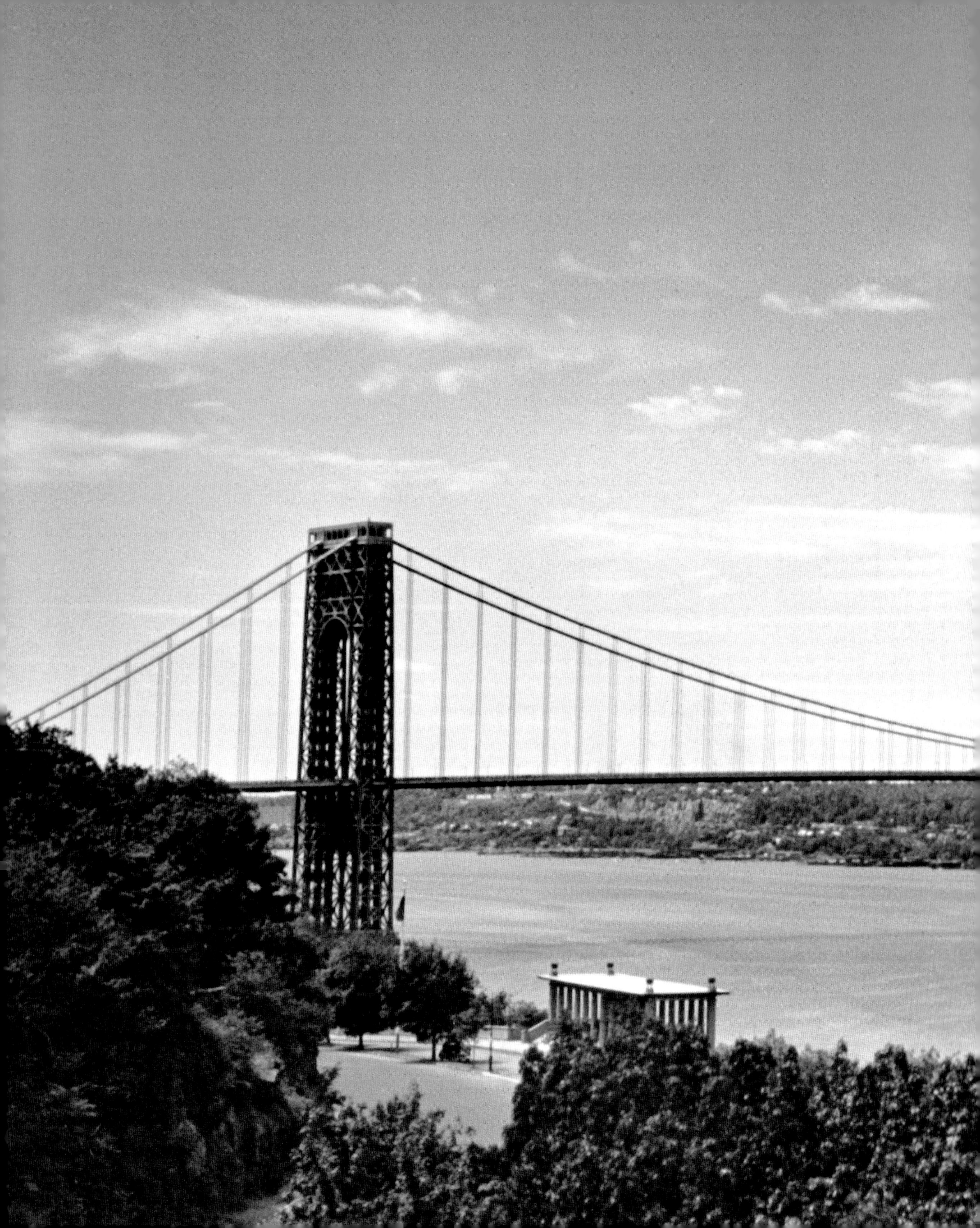

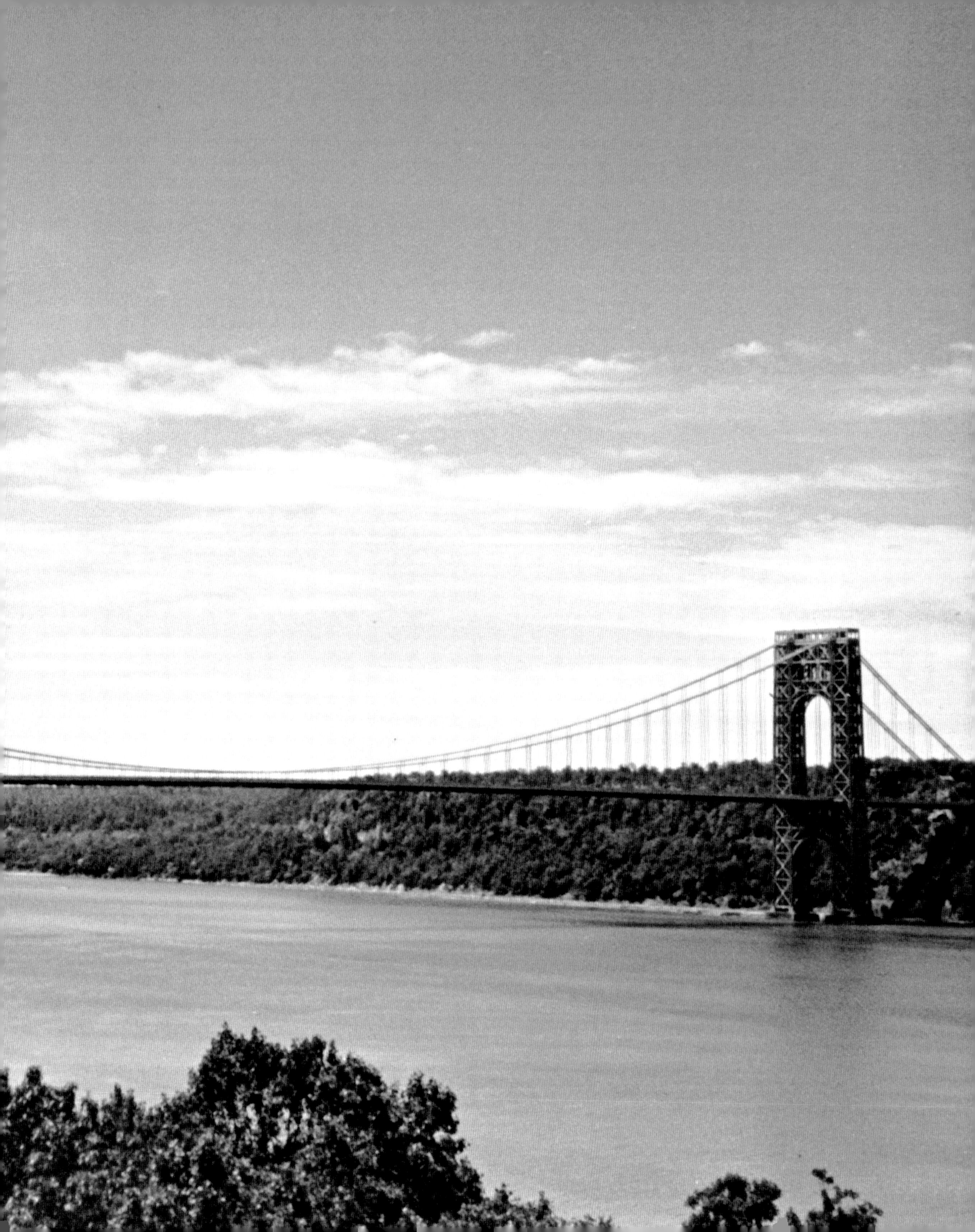

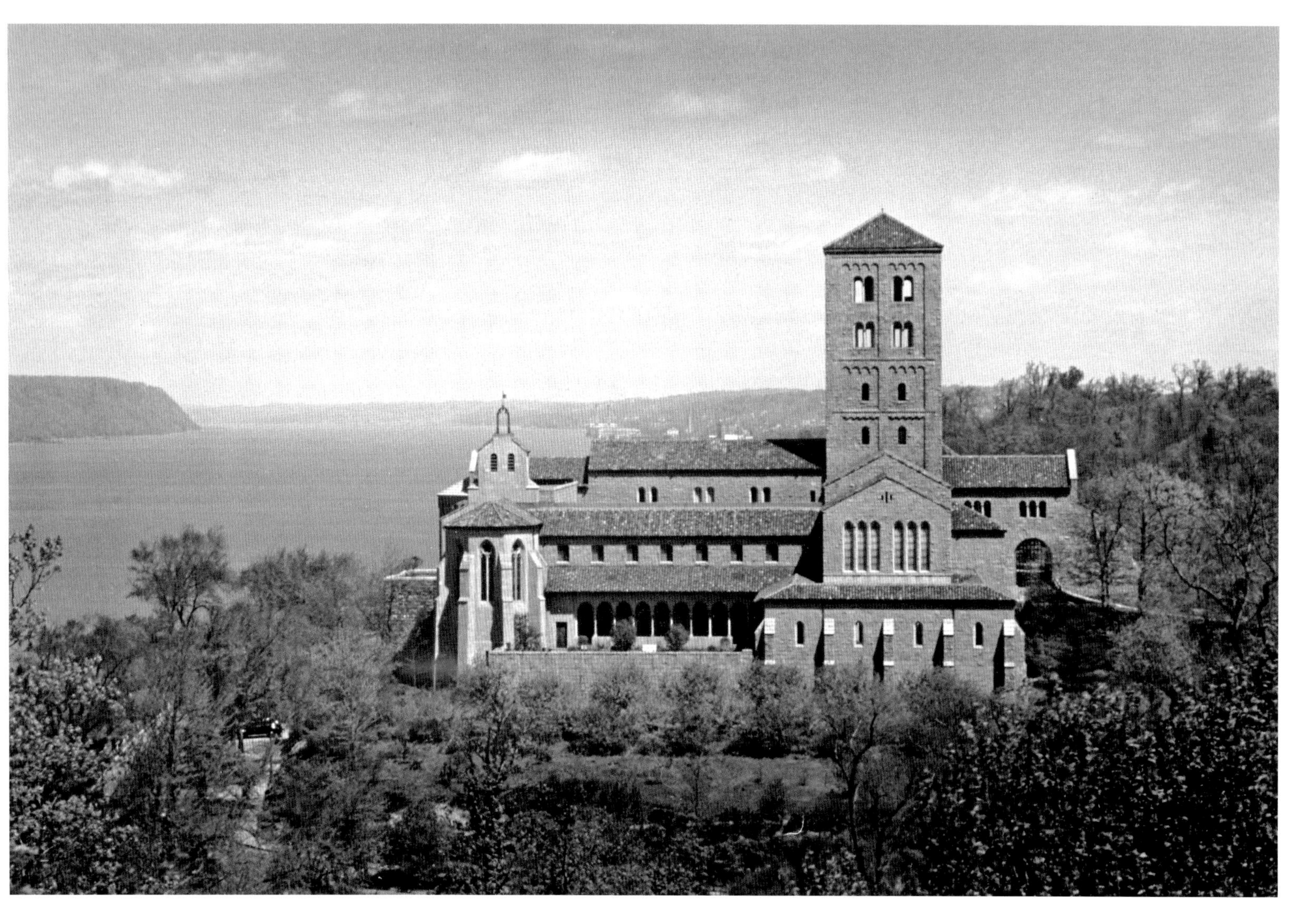

I Chiostri. Fort Tryon Park.
The Cloisters. Fort Tryon Park.

p. 134-135
George Washington Bridge.
Veduta dal Fort Tryon Park.
George Washington Bridge
from Fort Tryon Park.

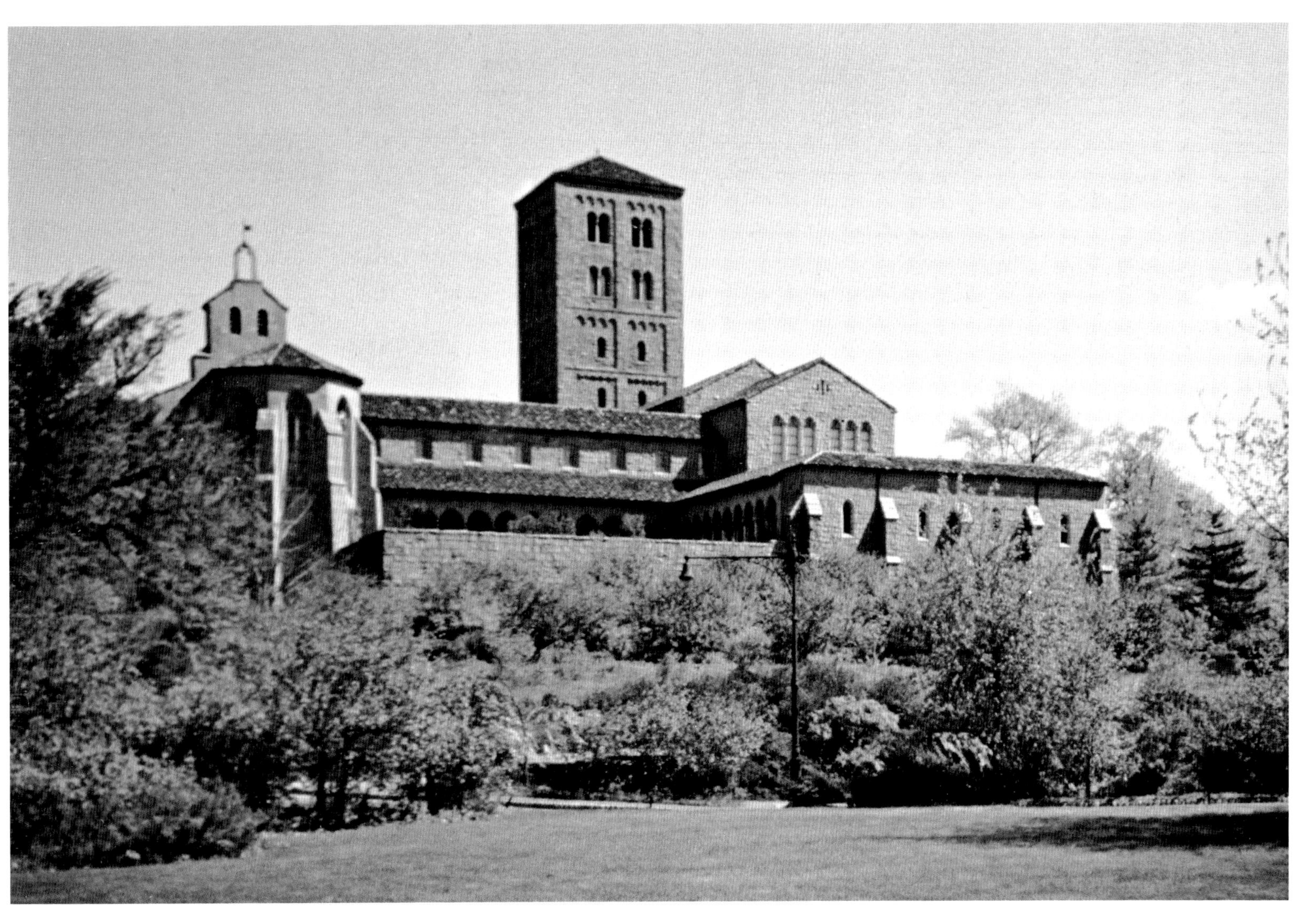

I Chiostri.
The Cloisters.

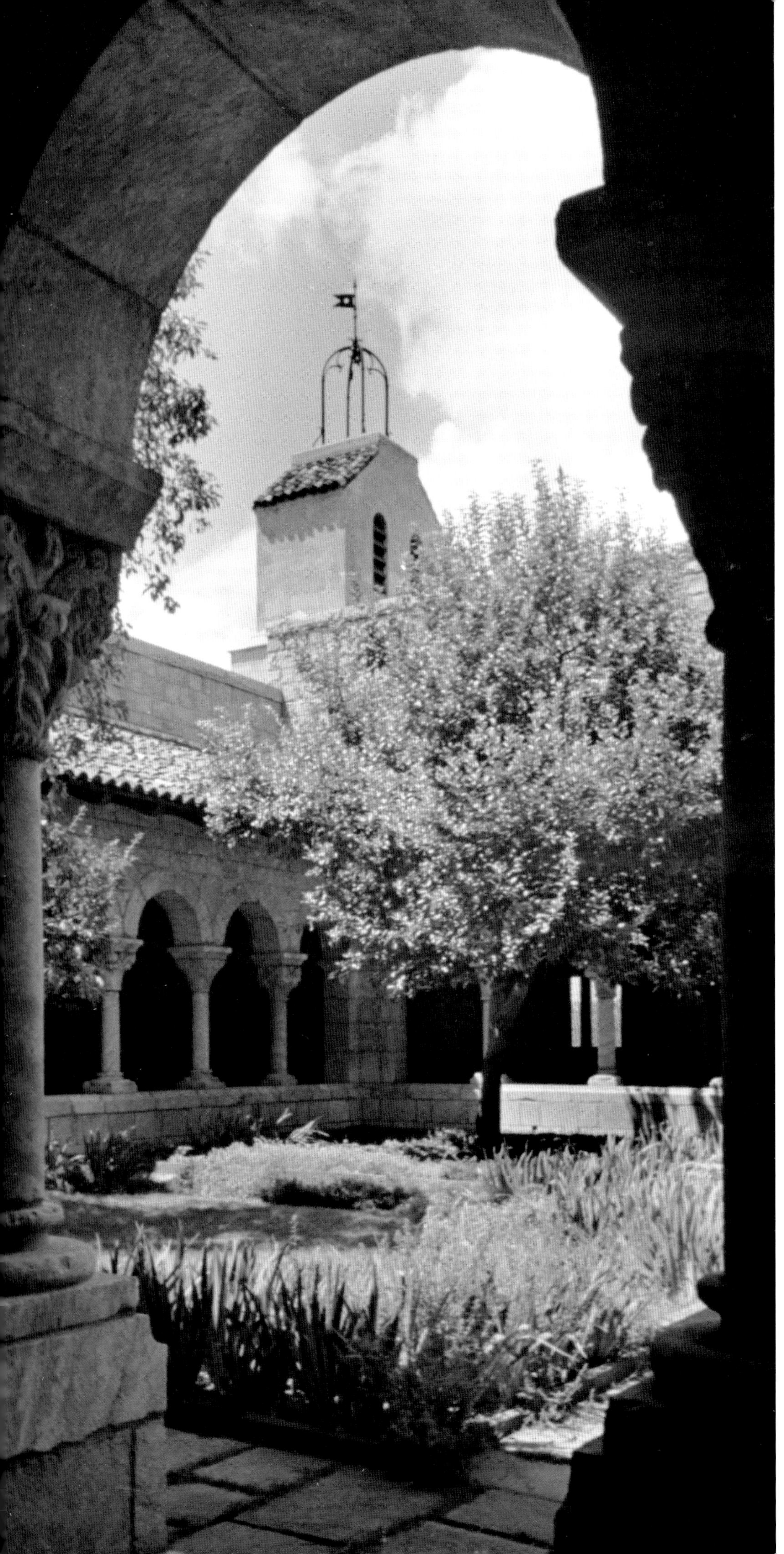

Chiostro di Saint-Michel-de-Cuxa, giardino.
Garden. The Cuxa Cloister.

p. 139
I Chiostri.
The Cloisters.

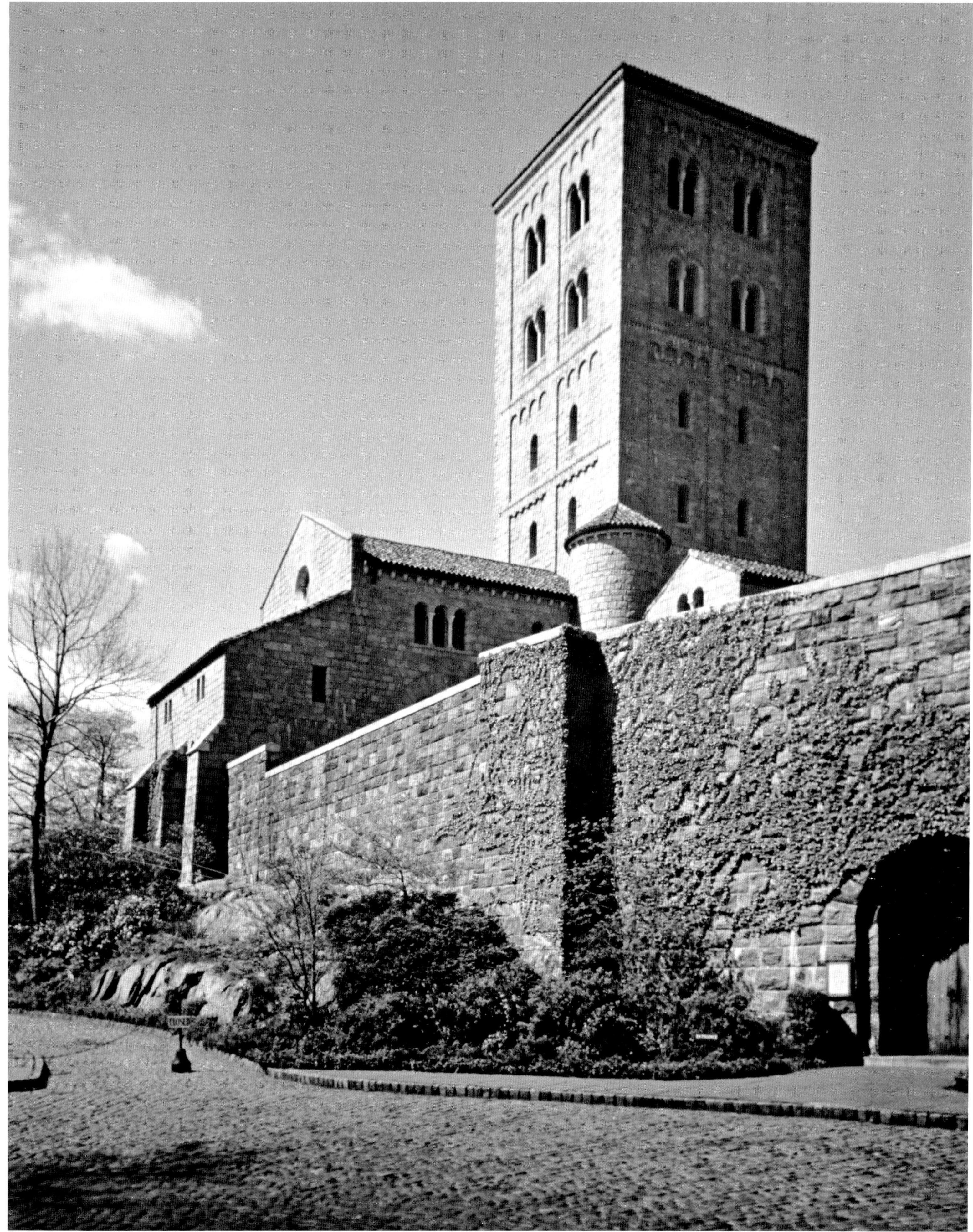

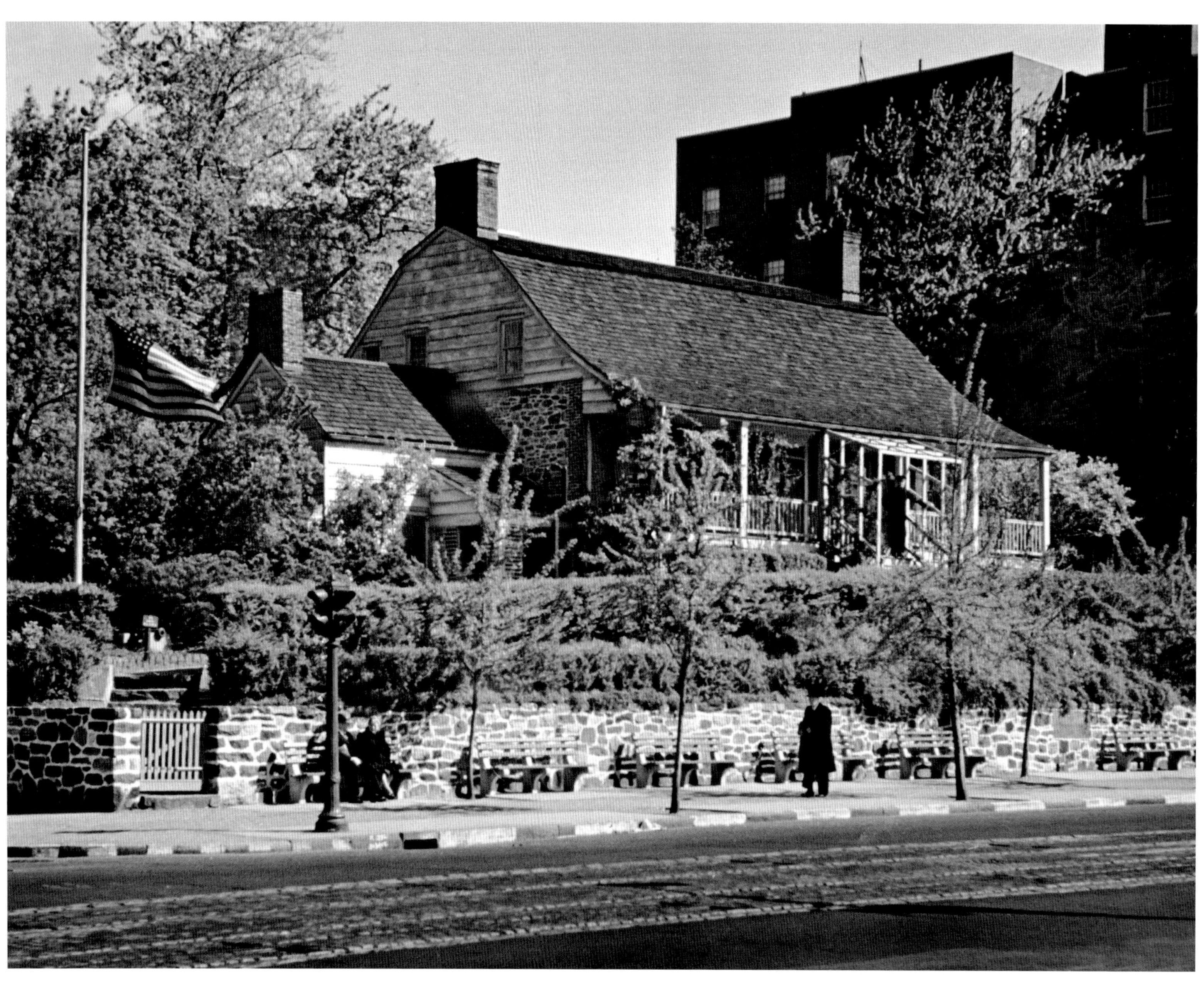

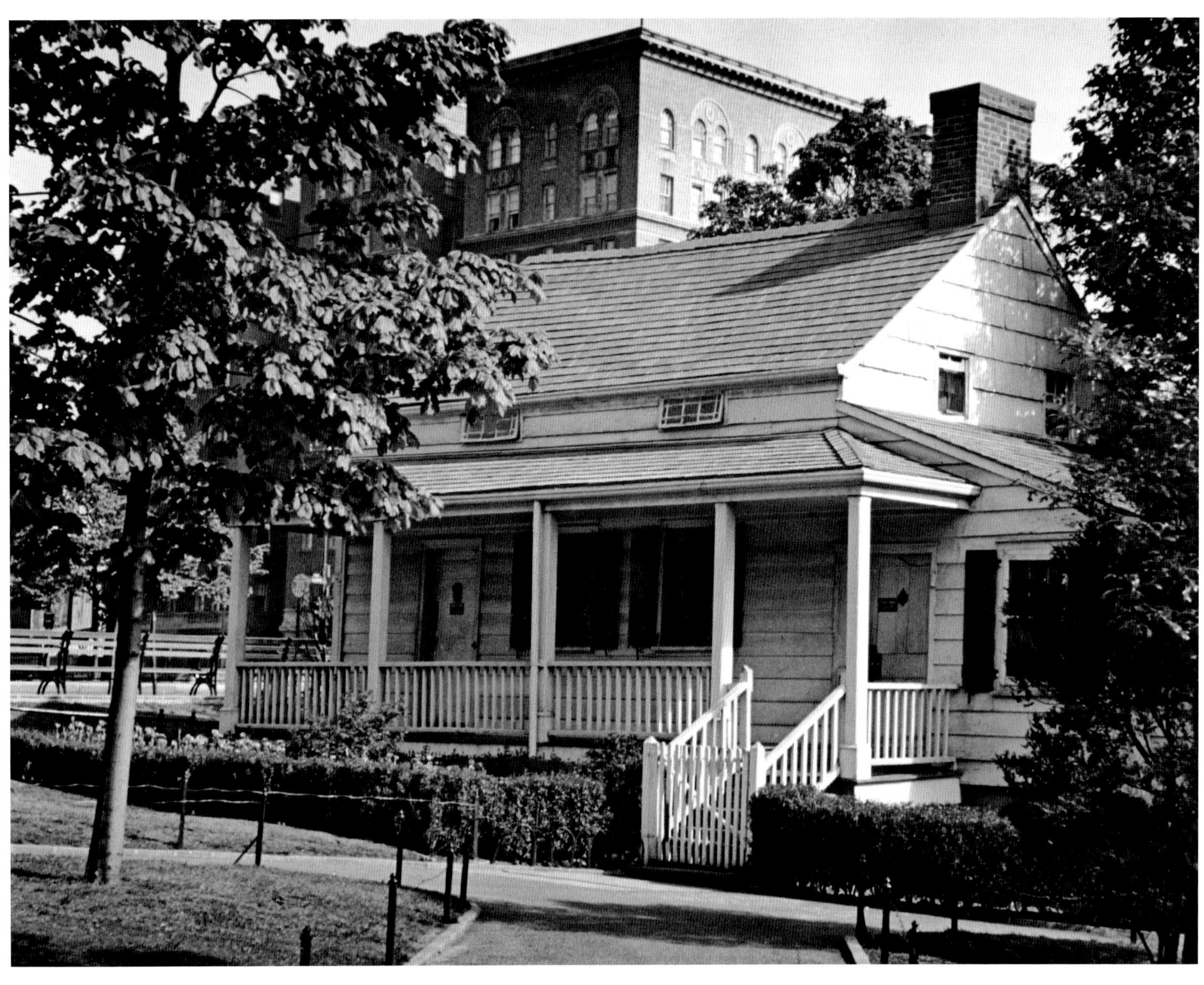

Dykman House. Broadway - 204ª Strada.
Dykman House. Broadway at 204th Street.

p. 140
L'ultima superstite casa colonica olandese
a Manhattan.
Last remaining Dutch colonial farm-house
on Manhattan.

p. 142-143
Spuyten Duyvil e Henry Hudson Bridge.
Spuyten Duyvil and Henry Hudson Bridge.

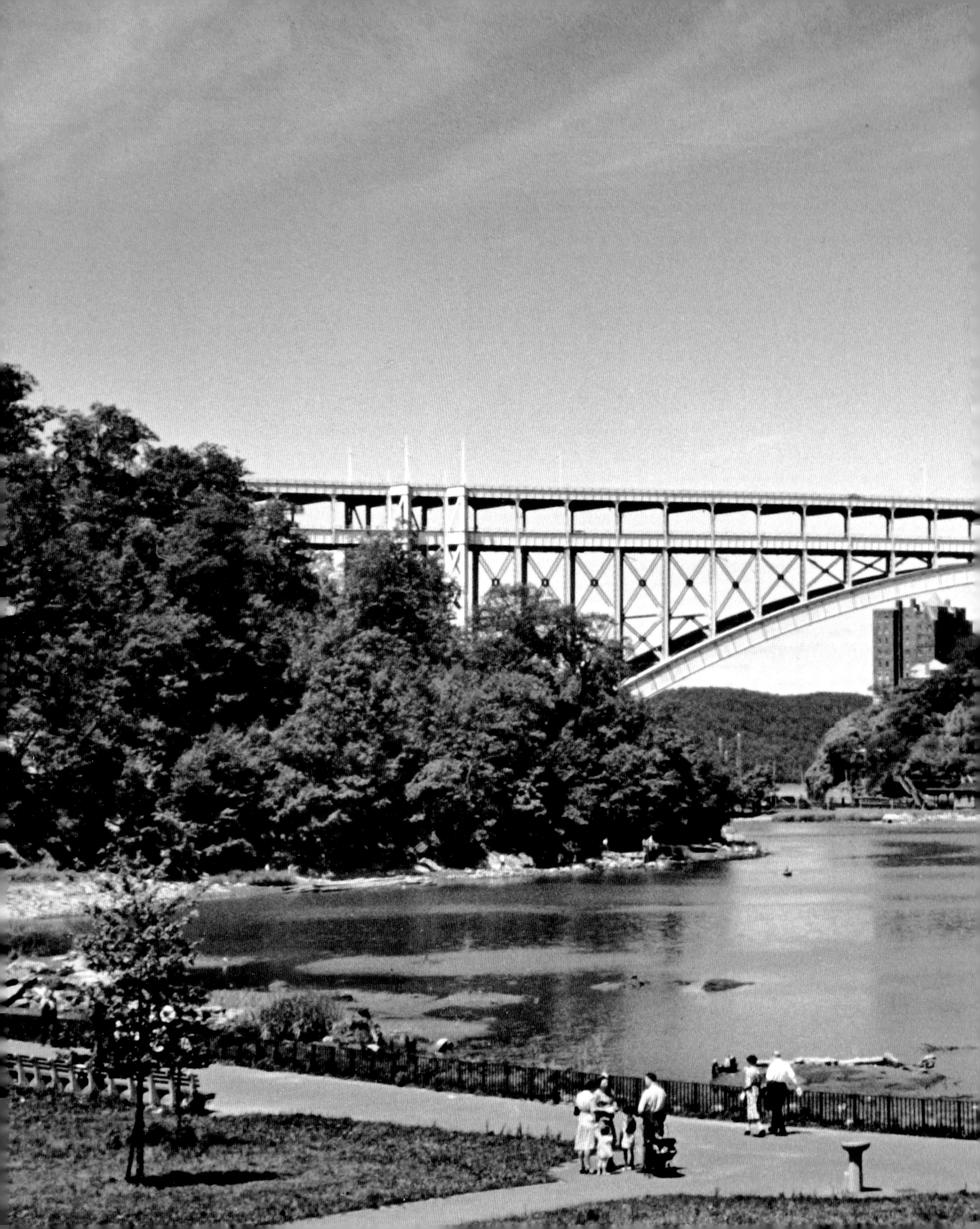

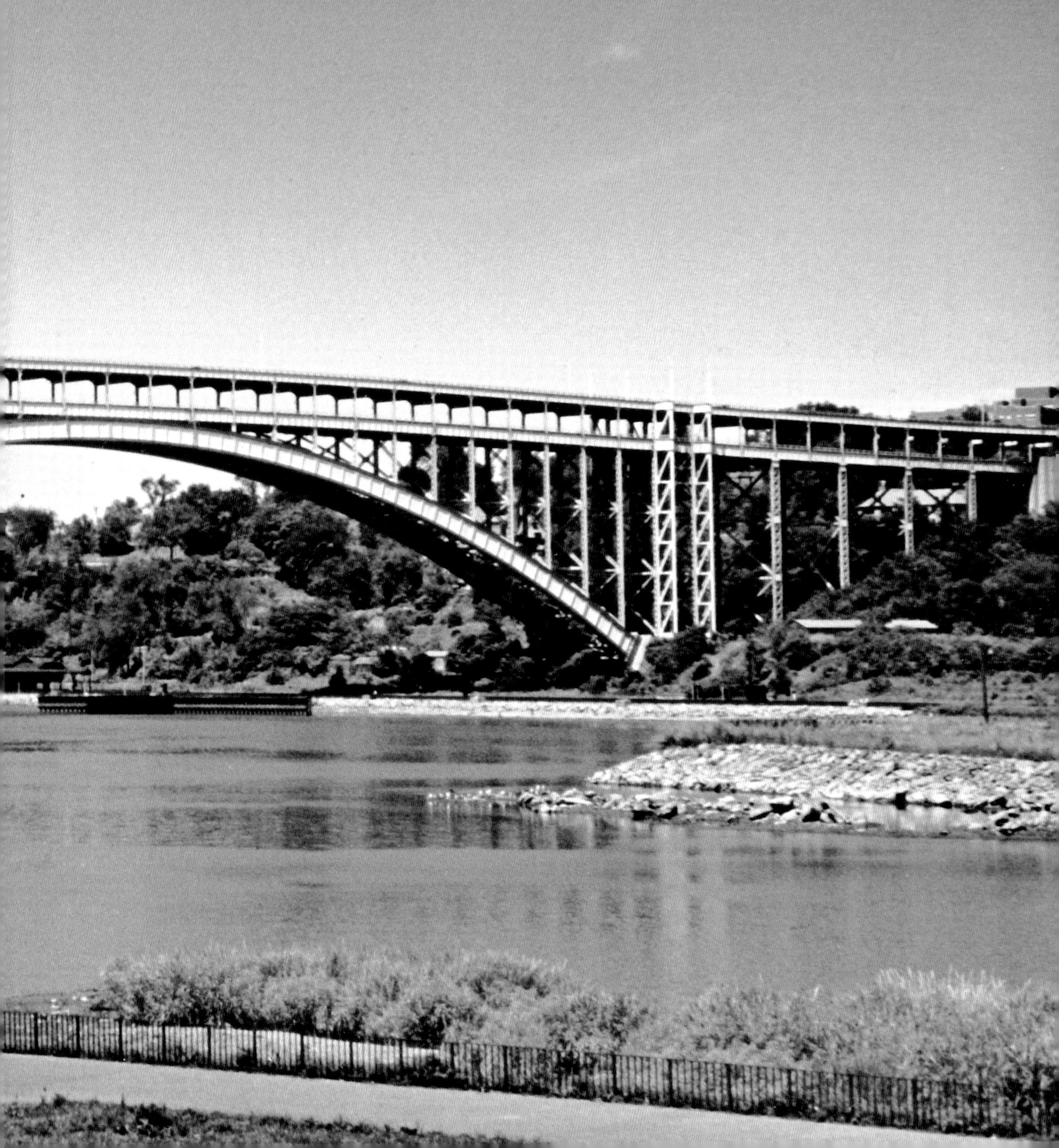

The emotions are engaged
Entering the city
As entering any city.

We are not coeval
With a locality
But we imagine others are,

We encounter them. Actually
A populace flows
Thru the city.

This is a language, therefore, of New York
For the people of that flow
Are new, the old

New to age as the young
To youth

| George Oppen, da *Of Being Numerous*, New York, New Directions, 1968

Finito di stampare
nel mese di maggio 2011
a cura di 24 ORE Cultura Srl, Milano
Printed in Italy